Christine Rädlinger

Kultivierte Wildnis

Geschichte des Murnauer Mooses

Das Loisachtal bei Murnau.
Im Vordergrund die alte Kirche
St. Georg, im Hintergrund
der Burgberg von Eschenlohe.
Stich von ca. 1850

Die Forschungen zum Murnauer Moos
und die Erstellung der Publikation
entstanden mit großzügiger Unterstützung
der Rosner & Seidl Stiftung München

Christine Rädlinger

Kultivierte Wildnis

Geschichte des Murnauer Mooses

mit einem Beitrag von
Sabine Tappertzhofen

Franz Schiermeier Verlag München

Johann Georg von Dillis
Mooshäusl

Inhalt

Naturschutzgebiet Murnauer Moos
gegen das Estergebirge
Foto Waltraud Klammet

Grußwort

Naturschutz und Heimatpflege, das sind die beiden Stiftungszwecke der Rosner & Seidl Stiftung. Diese Zwecke wählt ein Stifter für seine Stiftung, wenn er mit Liebe zur Heimat aufgewachsen ist und ihren Wert schätzen gelernt hat.

Der Stifterin der Rosner & Seidl Stiftung, Frau Ruth Rosner, wurde die Verbundenheit zur Heimat in die Wiege gelegt. Bis heute hat sie ihre Heimatliebe tief verinnerlicht und widmet sich der Pflege, dem Schutz und Erhalt ihrer bayerischen Heimat – vor allem ihrer Natur und Kultur – mit großem Engagement. Das Murnauer Moos ist eine einzigartige Natur- und Kulturlandschaft und damit geradezu ideales Terrain für das Anliegen der Stiftung: Ein malerisch von den Bergen eingerahmtes Biotop, das Lebensraum für viele Tiere und Pflanzen bietet. Ein Kulturraum, der durch die Jahrhunderte vom Verkehr auf der wichtigen Route von Bayern nach Süden und umgekehrt geprägt, entwickelt und bedrängt wurde und wird. Und ein Moor, dessen Bedeutung für die Umwelt als CO_2-Speicher erst in diesen Tagen erkennbar wird.

So kam es, dass sich die Rosner & Seidl Stiftung bereits unmittelbar nach ihrer Errichtung im Jahr 2013 gegenüber dem Landratsamt Garmisch-Partenkirchen verpflichtete, den Aufbau einer Biologischen Station im Murnauer Moos zu unterstützen und auch die Stelle eines Gebietsbetreuers für das Moos zu finanzieren.

Um das Engagement der Stiftung im Murnauer Moos abzurunden, fehlte nur noch eine Arbeit, die die Geschichte dieser einzigartigen Kulturlandschaft aufbereitete. Zur großen Freude der Stiftung konnte hierfür die renommierte Historikerin Frau Dr. Christine Rädlinger gewonnen werden. Sie hat trotz manchmal schwieriger Umstände mit großer Hingabe diese Aufgabe angenommen und unerschütterlich zu Ende geführt. Für beides gebührt ihr großer Dank. Unterstützt wurde sie durch Frau Dr. Sabine Tappertzhofen, die sich als Biologin ebenso fachkundig wie passioniert der Vegetationsgeschichte des Murnauer Mooses annahm.

Entstanden ist ein wunderbares Buch darüber, wie im Gang der Zeit Kultur und Natur einen der schönsten Flecken bayerischer Heimat geformt haben. Sowohl den beiden Autorinnen als auch dem Verleger Herrn Franz Schiermeier dankt die Stiftung aufs Allerherzlichste.

München im Sommer 2019

Karoline Spiegel
Vorsitzende des Vorstands
der Rosner & Seidl Stiftung

Florian Kopf
Vorsitzender des Stiftungsrats
der Rosner & Seidl Stiftung

Torfstiche im Ohlstädter Filz
Foto Waltraud Klammet

Vorwort

„Das Murnauer Moos kann den Ruhm für sich in Anspruch nehmen, die größten Moortiefen in Bayern aufzuweisen. Nach den Bohrungen der L.f.M. wurden diese mit 15,5 Meter an drei Stellen festgestellt."

Dies schrieben Hermann Paul und Selma Ruoff von der Landesanstalt für Moorwirtschaft in München in ihrer epochemachenden Darstellung zur Stratigraphie und Vegetationsgeschichte oberbayerischer Moore 1932. Die Größe des Murnauer Mooses hat sich seit dieser Zeit nicht geändert: Es wurde wie so viele andere Moore nicht zerstört. Mit einer Fläche von 32 Quadratkilometern gilt es heute als das größte zusammenhängende Moorgebiet Mitteleuropas.

Seine Bedeutung liegt damit auf der Hand: Im Lauf der letzten Jahrtausende ist es zu einem der bedeutendsten Kohlenstoffspeicher Mitteleuropas geworden. Natur- und Kulturgeschichte durchdringen sich in diesem Gebiet, und das muss im wahrsten Wortsinn verstanden werden: Eine wichtige römische Straße verlief quer durch das Moor. Sie war eine wichtige Datierungsmarke für die Verknüpfung der Moor- und Vegetationsgeschichte mit der Kulturgeschichte. Paul und Ruoff untersuchten die Pollengehalte in verschiedenen Tiefen von Torfprofilen aus dem Murnauer Moos und hofften, einen charakteristischen Ablauf der Vegetationsgeschichte über und unter der Schicht der Römerstraße zu finden.

Insgesamt wollte man durch Untersuchungen mehrerer Moore und die Verknüpfung von archäologischen Funden, deren Datierung und pollenanalytische Untersuchungen eine Grundlage für die mitteleuropäische Klimageschichte gewinnen.
Mit dem gleichen Ziel untersuchte man das Federseemoor oder auch die Seen und Moore im Umfeld der Ostsee.

Oft wagten die Archäologen vorschnelle Schlüsse, zum Beispiel, dass die vorrömische Zeit recht trocken gewesen sei. Doch Paul und Ruoff waren skeptisch: „Wir sehen, dass ein großer Teil der Argumente für trockenes, ja sogar für warmes Klima von den Archäologen stammt. Nicht alle Argumente sind unbedingt zwingender Natur."

Heute beachtet man auch andere Indizien für den Klimawandel, schwankende Gletscherstände, unterschiedliche Jahrringbreiten im Holz, Einlagerungen von Sauerstoffisotopen im grönländischen Eis, und man datiert kohlenstoffhaltige Ablagerungen mit C14-Messungen. Aber die internationalen Ansätze, mit denen verschiedene Forschungsansätze zu Beginn des 20. Jahrhunderts miteinander verknüpft werden sollten, imponieren bis heute.

Die vielfache Bedeutung als Kohlenstoffspeicher, Standort und Habitat seltener Pflanzen- und Tierarten sowie landschaftliche Schönheit machen das Murnauer Moos zu einem Juwel. Es braucht unseren besonderen Schutz, wobei die Kulturgeschichte nicht vergessen werden darf. Der Rosner & Seidl Stiftung in München ist erstens für die Anstrengungen zur Bewahrung des Murnauer Mooses zu danken und zweitens für die Förderung der Darstellung der Kulturgeschichte des Moores durch Christine Rädlinger. So wird eine wichtige Basis für eine gute Zukunft des Moores gelegt.

Hannover im September 2019

Hansjörg Küster

Simon Warnberger,
Gegend bei Schwaiganger

Christine Rädlinger

Einleitung

Das Murnauer Moos im Landkreis Garmisch-Partenkirchen zählt heute mit etwa 32 Quadratkilometern zu einem der ausgedehntesten und mit Torflagen von vereinzelt bis zu 20 Metern Dicke wohl auch mächtigsten Moorgebieten Mitteleuropas.
Die Existenz unterschiedlicher Moortypen und verschiedenartiger Gewässer in diesem Moor bilden die Lebensgrundlage selten gewordener Pflanzen und Tiere, die in dem großflächigen Feuchtgebiet überleben können – ein Grund für den Schutz dieses Moores vor weiteren Eingriffen und Veränderungen. Seit 1980 steht das Moor daher unter Naturschutz.

Aber auch die klimatische Bedeutung des Moores ist unschätzbar groß: So kann es große Mengen an Regenwasser speichern und sehr verzögert an seine Umgebung wieder abgeben – angesichts der zu erwartenden Zunahme von Starkregenereignissen ein ganz wesentlicher Faktor für den Hochwasserschutz. Daneben speichert es seit der letzten Eiszeit große Mengen an Kohlenstoff; bei einem Austrocknen des Moores würde der Kohlenstoff als CO_2 frei werden und damit weiter zur derzeitigen Erwärmung der Erde beitragen. In diesem Fall bedeutet Naturschutz also Klimaschutz.

Die Randbereiche des Moores sind heute kultiviert und werden landwirtschaftlich genutzt. Nur im Zentrum ist die ursprüngliche Moorlandschaft noch gut sichtbar. Dieser erste Eindruck jedoch täuscht, denn über Jahrhunderte hinweg wurde das Moor in fast allen seinen Bereichen von Menschen erschlossen und für seine Zwecke auch verändert. Und über Jahrhunderte hinweg war es in einigen Bereichen nicht dieser stille und geschützte Ort, als den wir das „Moos" heute kennen.

Schon in der frühen Bronzezeit existierte wohl entlang der Loisach und damit am Rand des Moores ein wichtiger Fernhandelsweg, der aus dem Inntal kommend weiter nach Norden führte. In der Römerzeit wurde diese Fernstraße und die Verbindung über Murnau–Weilheim nach Augsburg ausgebaut. Für einige Jahrzehnte existierte sogar eine zweite Straßenverbindung am Fuß des Aufackers; für die römische Siedlung auf dem Moosberg entstanden weitere Wegeverbindungen durch das Moor.

Der Handelsweg am Moor war auch in den folgenden Jahrhunderten eine wichtige und regelmäßig frequentierte Fernstraße. Seit dem Mittelalter aber begannen die Bewohner der umliegenden Dörfer das Moor stärker für landwirtschaftliche Zwecke zu nutzen. Es war deshalb unterteilt in Gebiete, deren Nutzung den jeweiligen Dörfern überlassen waren. Der Moorbereich war Teil der dörflichen Allmende und trug deshalb auch die Namen der dörflichen Gemeinden: Eschenloher Moos, Ohlstädter Filz oder eben Murnauer Moos.

Da die Bauern der umliegenden Gemeinden das Recht hatten, im Wald und in den Filzen Bäume zu fällen, war Torf als Heizmaterial uninteressant; vor flächendeckenden Eingriffen blieben die mächtigen Torflager daher weitgehend verschont. Schon im Mittelalter aber zogen die Bauern dort Gräben und veränderten damit die hydrologischen Verhältnisse im Moor.

Der beginnende Tourismus entdeckte das Murnauer Moos vorerst nicht, Wanderungen im Moor blieben einigen wenige Forschern vorbehalten. Mit dem 20. Jahrhundert aber begann der industrielle Gesteinsabbau an zwei der Köchel. War über Jahrhunderte hinweg das Moor trotz der dort ausgeübten Jagd, der Beweidung mit großen Herden und dem regelmäßigen Abmähen der Streuwiesen ein stiller Ort, zog nun der Lärm der neuen Anlagen und nach Sprengungen auch Staubwolken über das Moor, die sich auf der Vegetation absetzten und eine Staubschicht hinterließen. Gleichzeitig aber formte sich auch der Widerstand von Menschen, die sich für den Schutz des Moores einsetzten und bereits früh einen gewissen Schutzstatus für diese außergewöhnliche Landschaft erreichten.

Mit der wachsenden Motorisierung wurde das Moor für Einheimische und Touristen zu einem vielfältig nutzbaren Ausflugsziel. Einige Moor-Seen waren gut mit dem Auto oder dem Motorrad erreichbar, von einem kleinen Flugplatz konnte man zu Erkundungsflügen aufbrechen. Seitdem für das Moor der Status eines Naturschutzgebietes erreicht werden konnte, ist es hier wieder ruhiger geworden.

1
Straßen im Moos

Aus der Vogelperspektive betrachtet, liegt das Murnauer Moos eingebettet in einem dreieckigen Becken zwischen den Ammergauer Bergen im Westen, dem Estergebirge im Südosten und dem Höhenrücken zwischen Staffelsee und Moos im Norden. Im Zentrum ragen Hügel empor, die von oben betrachtet, und abgesehen von einigen wenigen Ausnahmen, eine erkennbare, in Südwest-Nordost Richtung verlaufende Rinne bilden. Diese sichtbare Topographie des Moores ist das Ergebnis unterschiedlichster geomorphologischer Prozesse, deren Entwicklung in den beiden folgenden Kapiteln kurz skizziert werden soll.

Die Entstehung des Murnauer Beckens
Das mit Torf gefüllte Becken des Murnauer Mooses entstand nach der letzten Eiszeit, die begrenzenden Höhenzüge sowie die markanten Köchel in seinem Zentrum sind dagegen wesentlich älter. Die heute noch in den Alpen und im Voralpenland sichtbaren unterschiedlichen Gesteinsschichten gehen zurück auf Vorgänge in dem riesigen Meer zwischen Afrika und Europa. In dem Flachmeer südlich des Inntals entstanden vor etwa 245 Millionen Jahren aus dem von Kalkalgen produzierten Kalkstein die mächtigen Kalkschichten, die heute die Nördlichen Kalkalpen bilden. Nördlich daran anschließend bildete sich zwischen 120 Millionen Jahren und etwa 90 Millionen Jahren in einem tiefer eingesunkenen Meeresbecken erneut Kalkstein durchsetzt mit Fossilien. Dazu transportierten Flüsse Partikel in das Meer, die sich in der Form von Schlamm und Sand am Meeresboden ablagerten und sich dann allmählich zum Sandstein bzw. in Verbindung mit Kalkstein zu Glaukonit (Gault-Grünsandstein oder heute Garschella-Formation) verfestigten, dem Gestein, das heute noch in einigen Köcheln des Murnauer Mooses zu finden ist.[1]

Unter hohem Druck wurden während der anschließenden Alpenfaltung die Gesteinsschichten gefaltet, hochgeschoben und stellenweise übereinander geschoben. Auf diese Weise gelangte auch das ursprünglich weiter südlich gelegene Flysch, zum Fließen neigende Mergelkalke, Mergelschiefer und Sandsteine, nach Norden. Heute ist Flysch u.a. sichtbar im Westen des Murnauer Mooses an den rutschgefährdeten Hängen des Aufacker- und Hörnlegebiets. Besonders eindrucksvoll ist die starke Erosionsfähigkeit dieser Hänge an der Scharte am Rissberg bei Grafenaschau.[2]

Bild links
Luftbild Murnauer Moos und Staffelsee, Westen ist oben. Sehr gut ist hier der Molasseriegel zwischen Murnauer Moos und Staffelsee zu erkennen.

Bild rechts
Blick von Hechendorf auf den Hangabrutsch am Aufacker
Foto Edgar Hohl

Bild oben und rechte Seite
Das vom Gletscher geformte Tal der Loisach zwischen Garmisch und Eschenlohe (Überfliegung der 1920er Jahre)

Bei der langsamen Hebung der Alpen bis zu einer Höhe von einigen hundert Metern fanden im Vorland als Ausgleich zu dieser Bewegung Absenkungen zwischen dem Nordrand der Alpen und der heutigen Donau statt, in die vor etwa 35 Millionen Jahren das Meer eindrang. In dieses Becken lagerten Flüsse Sand und Kies aus den Alpen ab und bauten große Deltas auf. Aus dem Sand entstand Sandstein, aus dem Kies Nagelfluh und zusammen mit im Meer abgelagerten Schichten von Mergel und Tonsteinen bildete sich eine neue Gesteinsformation: die Molasse. Unter subtropischem Klima entwickelte sich an der Küste eine üppige Sumpfvegetation, deren abgestorbene Pflanzen unter Wasser nicht verrotteten, sondern über Jahrhunderte hinweg mächtige Torfschichten bildeten, die erneut von Sand und Kies bedeckt schließlich zu Kohle bzw. Pechkohle umgewandelt wurden, wie sie in Peißenberg, Penzberg und Hausham, aber auch bei Murnau abgebaut wurde.[3]

Durch die Ablagerungen der Flüsse verlandete das Molassemeer. Die darauf von den Flüssen weiter abgelagerten Gesteinsschichten bedeckte schließlich wieder ein Meer, ein Vorgang der sich mehrmals wiederholte. Diese Schichten von Molasse wurden schließlich gefaltet und stellenweise hochgestellt.

Nach dem allmählichen Auswaschen der leichter lösbaren Mergel und Tonsteine blieben Sandsteine und Konglomerate als heute noch sichtbare Hügel stehen und sind sichtbar als lang gestreckte Hügelketten, die in West-Ost-Richtung verlaufen wie z.B. der markante Höhenzug zwischen Staffelsee und Murnauer Moos und seine Fortsetzung Richtung Hagen und Guglhör, die dann aber umschwenkt und in Form eines Hufeisens bis Hofheim verfolgt werden kann.[4]

Vor etwa 2,4 Millionen Jahren begann die erste der mindestens sechs bekannten Eiszeitphasen, die dazu führten, dass der Raum Murnau und das gesamte Alpenvorland von Eismassen überdeckt waren. Der „Loisachgletscher“ schürfte bei jedem Vorstoß große Wannen aus, transportierte aber auch riesige Mengen an Schutt in das Alpenvorland; aus der letzten Eiszeit, der Würm-Eiszeit zwischen 11.5000 und 10.000 Jahren v. Chr. sind noch Reste dieser Schuttmengen vorhanden. Das sich in der davorliegenden Warmzeit zwischen Eschenlohe und Großweil erstreckende Moor presste der Loisachgletscher zu einer dünnen Schicht und es entstand Schieferkohle, die in den 1950er Jahren bei Großweil, Schwaiganger und Ohlstadt abgebaut wurde.

Beim letzten Vorstoß des Loisachgletschers, dies allerdings in mehreren Vorstoß- und Rückzugsphasen in den dazwischenliegenden wärmeren Phasen, vereinigte sich der Loisachgletscher mit den Gletschern anderer Alpentäler und reichte bis nach Fürstenfeldbruck. Dabei schuf er vor dem Alpenrand erneut tiefe Wannen, das heutige Murnauer Becken, und es blieb bei diesem Vorstoß nur das besonders harte Gestein der Köchel erhalten. Diese von West-Südwest nach Nord-Nordost streichenden Köchel trennen heute das Murnauer Moos in zwei Teilbereiche, in einen südlichen und einen nördlichen Teil.[5] Beim Rückzug des Gletschers gab es längere Haltephasen, deren Spuren noch im Gelände sichtbar sind, wie z.B. der Lange Filz, ein Moränenhügel als Überrest der letzten Haltephase.[6] Das Murnauer Moos und der Lange Filz entstanden also unabhängig voneinander. Nach dem Abschmelzen der Eismassen in diesem Stammbecken gegen 16.000 BP befand sich hier nach neueren Forschungen nur für kurze Zeit ein bis zum Kochelseebecken reichender See, der dann aber bereits im Spätglazial auslief.[7]

Nach dem Rückgang des Gletschereises betrug die Tiefe des Murnauer Beckens zwischen 150 und 250 Meter, langsam aber wurde das Becken gefüllt mit den großen Schottermengen in der Loisach, mit Schotter, Sand und Seetonen aus der Archtallaine bei Eschenlohe, den Lainen bei Ohlstadt, sowie den verschiedenen Graben bei Grafenaschau, die Schutt bis weit in das Moor hinein transportierten. Bereits ab 15.000 BP setzte im nördlichen Teil des Moores an besonders geschützten Lagen die Torfbildung ein, relativ kontinuierlich dann ab etwa 13.500 BP. Daher kam es hier auch zu besonderer Torfmächtigkeit von bis zu 20 Metern. Dazwischen liegende Sedimentschichten zeugen von Überflutungen nach starken Regenfällen; immer wieder entstanden seichte „Seen“, die allerdings wenig dauerhaft waren, ähnlich den Überflutungen der Neuzeit (wie z.B. das Pfingsthochwasser 1999). Im südlichen Teil des Moores entwickelte sich die Torfbildung weniger kontinuierlich: Hier drängte vor allem der Eschenloher Schwemmkegel die Loisach immer wieder nach Westen ab, sodass die Loisach innerhalb der Grenzen des gesamten südlichen Beckens pendelte, je nach Stärke der Schüttungen aus den Seitentälern. Daher lassen sich hier mindesten fünf Phasen der Torfbildung erkennen und die Torfschichten sind immer wieder durch Einlagerungen schluffiger Elemente durchbrochen. Erst in der Zeit des Präboreals (9.610–8.690 BP) entwickelte sich ein stärker definierter Flusslauf der Loisach und damit auch ungehindertes Torfwachstum an den vom Fluss entfernt liegenden Stellen.[8]

Das Gewässersystem im Moos

Der Wildflusscharakter der Loisach blieb bis zu den Flussregulierungen der Neuzeit weiterhin erhalten, nach starken und lang andauernden Regenfällen brach sie auch später nach Westen aus und überflutete nicht nur Teile des Moores, sondern auch die nahe ihrem Ufer entlang geführte Straße. In der Zeit des Frühmittelalters ließ sich noch einmal die frühere starke Pendelbewegung des Flusses feststellen, möglicherweise eine Folge der einsetzenden Waldweide und der damit verbundenen Ausdünnung des Waldes. Auch die konstante Aufschotterung durch den Fluss und die daraus folgende Erhöhung seines Bettes nahm in historischer Zeit nicht ab; das Flussbett liegt damit heute 20 Meter über der früheren Oberfläche und damit auch etwas höher als die Bäche im Moor. Von den Gräben erfolgen auch heute noch Einschüttungen, die Schwemmfächer und Schwemmkegel von Grafenaschau, Ohlstadt und Eschenlohe, die von Süden und Westen in das Moor hineinragen, sind jedoch heute Siedlungsstandorte, die durch Verbauungen geschützt werden müssen.[9]

Bild oben
Der Schwarzsee
gegen den Heimgarten
Foto Karl Wolf

Bild rechts
Die Lindach im Oberlauf
Foto Reinhold Lehmann

Ramsach, Rechtach und Fügseegraben benutzen heute die eng begrenzten Sand- und Schotterkörper, die als Ablagerungen ehemaliger Loisach-Seitenarme anzusehen sind. Diese Ablagerungen dienen außerdem als wichtige Grundwasserleiter, die dort, wo sie angeschnitten sind bzw. an die Oberfläche kommen, die Bäche speisen. Diese fließen etwa parallel zur Loisach und wenden sich erst am Nordrand vor der Barriere des Molasseriegels nach Osten. Nur der Lindenbach entspringt außerhalb im Nordwesten des Beckens und kommt aus der Kohlgruber Furche, biegt dann nach Süden und fließt um den Moränenrücken des Langen Filzes, um sich mit der nach Osten fließenden Ramsach zu vereinigen. Diese ist der eigentliche Vorfluter des Murnauer Mooses. Sie wird am Südrand des Moores aus mehreren Quellen am Höllenstein gespeist, nimmt auf ihrem Weg nach Norden und zwischen den Kocheln fast alle Bäche des Moores auf und mündet erst bei Mühlhagen in die Loisach. In die Ramsach münden der aus dem Krebssee entspringende Krebsbach, zahlreiche andere kleinere Wasserläufe sowie schließlich auch der im Quellgebiet des Fügsees entspringende Weidmoosgraben.

Bild oben
Am Moosbergsee im Naturschutzgebiet Murnauer Moos
Foto Gerhard Klammet

Die Rechtach
Foto Reinhold Lehmann

Bild oben
Der Krebssee
Foto Reinhold Lehmann

Bild unten
Strukturwechsel Kies-Moor
im Weidmoosgraben
Foto Reinhold Lehmann

Neben diesen Bächen erhält die heute begradigte Ramsach außerdem Zulauf aus den Lainen von Laber und Aufacker im Westen.

Parallel zur Ramsach fließt die Rechtach; sie entspringt im Süden aus mehreren Quelltöpfen und nimmt den Abfluss aus mehreren Quellbecken auf, um dann bei Hechendorf in die Ramsach zu münden.[10]

Nur mehr der zentrale Bereich des Murnauer Mooses um die Kögel weist heute noch eine weitgehend naturbelassene Oberflächenhydrografie auf. Ramsach und Rechtach haben hier schmale Zungen mineralischer Lagen aufgeschüttet und hier befinden sich auch noch die großen Seen mit einer Ausdehnung von über einem Hektar wie Krebssee, Schwarzsee, Fügsee und Moosbergsee, oder ganz im Norden der Rollischsee. Krebssee und Schwarzsee werden aus zahlreichen Druckquellen in ihrer Umgebung gespeist, der Schwarzsee südlich des Weghausköchels ist eine echte (Hochmoor-)Blänke. Das Wasser der Druckquellen v.a. im Süden des Moores stammt aus Schotterlagen, zwischen oder unter dem Torfkörper bzw. seinen Muddenlagen die bedeutende Grundwasserströme führen, die unter hydrostatischem Druck stehen. Diese Schotterkörper stehen offensichtlich in Verbindung mit der Loisach,

denn bei Hochwasser ist ein erhöhter Druckausstoß in den Quellen zu beobachten. Wie bei Bohrungen festgestellt werden konnte, steht im Nordteil das Grundwasser wohl knapp unter der Oberfläche, daher kommt es hier fast alljährlich periodisch und großflächig zu Überflutungen.[11]

Das Grundwasser wird außerdem gespeist mit Zuflüssen aus dem Bereich Eschenlohe sowie dem Kalkalpin des Höhenbergs zwischen Oberau und Höllenstein. Der Grundwasserstrom im Moos teilte sich vor Weghaus- und Schmatzerköchel in zwei Teile: Richtung Ramsach/Krebsbach und Richtung Rechtach/Fügsee. Im Umkreis des südlich gelegenen Steinköchel ist daher eine starke Häufung der Druckquellen oder auch Mooraugen festzustellen. Diese Grundwasseraufstöße waren wohl früher sehr zahlreich, viele von ihnen verschwanden aber infolge der Entwässerungsmaßnahmen im 19. und 20. Jahrhundert. Das Wasser dieser Mooraugen wird vom Krebsbach gesammelt und der Ramsach zugeführt. Aus der Ramsach aber gelangt Wasser in die Schilfseen nördlich des Schmatzerköchels und schließlich in das Weidmoos, worauf noch zurückzukommen sein wird.[12]

Bild oben
Der Rollischsee
Foto Reinhold Lehmann

Bild links
Einer der Quelltöpfe
im Moos
Foto Reinhold Lehmann

Über den Hellerberg, Hagen und Perlach verlief der alte Fernweg. Foto Edgar Hohl

Die frühe Besiedelung

Die in den 1990er Jahren sowohl im Pfrühlmoos bei Oberau als auch im westlichen Teil des Murnauer Mooses durchgeführten Pollenuntersuchungen ergeben kein eindeutiges Bild: Während im Pfrühlmoos keine Hinweise auf eine Ansiedlung gefunden wurden, ergaben die Untersuchungen im Langen Filz für das 5. Jahrtausend vor Christus erste Nachweise von Getreide, dazu aber auch eine wiederholte Ansiedelung der Pionierpflanzen Heidekraut und Birken – ein Zeichen dafür, dass diese frühen Siedlungsplätze wieder verlassen wurden. Möglicherweise siedelten hier in der Zeit des Übergangs vom Mittleren Neolithikum zum Jungneolithikum zeitweise Menschen der Münchshöfener Kultur wie sie auch bei Polling nachgewiesen wurden.[13]

Das älteste greifbare Zeugnis menschlicher Anwesenheit im Murnauer Raum stammt aus dem jüngeren Neolithikum: Eine bei Hausarbeiten in Seehausen am Staffelsee entdeckte geschliffene Steinaxt, die dort wohl im frühen 4. Jahrtausend vor Christus benutzt wurde. Da eine ähnliche Axt auch aus dem Walchensee geborgen werden konnte,[14] ist für das Jüngere Neolithikum anzunehmen, dass sich in der Gegend zumindest phasenweise Menschen aufhielten, auch wenn keine Aussagen darüber getroffen werden können, ob es sich um für einige Zeit hier lebende oder durchziehende Gruppen handelte, die diese Gegenstände zurückließen.

Früheste Zeugnisse einer dauerhafteren Besiedelung des Loisachtales und des Murnauer Raumes wie die Funde vom Riegsee, bei Spatzenhausen, Uffing, Weindorf stammen aus der Bronzezeit bzw. der jüngeren Hügelgräberzeit. Während aber das im Staffelsee gefundene Vollgriffschwert, die bronzene Dolchklinge aus Höllenstein bei Eschenlohe der auch das Lappenbeil aus Pömetsried bei Ohlstadt nur als Belege für einen Aufenthalt von Menschen gelten können – Waffen und anderer wertvoller Besitz wurde auch als Opfer dargebracht –, sind die auf der Veste Schaumburg bei Ohlstadt aufgefundenen Keramikteile oder aber Gräber wie das Hügel- oder Flachgrab bei Mühlhabing eindeutige Hinweise auf eine Besiedelung. Auch die eingeebneten Hügelgräber bei Moosrain könnten aus dieser Zeit stammen.[15]

Ein Pollenprofil aus dem Langen Filz im nördlichen Murnauer Moos unterstützt die aus archäologischen Funden gewonnenen Erkenntnisse: Hier konnten ab der Bronzezeit verschiedene Kulturanzeiger und eine von nun an ununterbrochene Kurve von Getreidepollen festgestellt werden, die auf den Anbau von Getreide in der näheren oder auch weiteren Umgebung schließen lassen – Pollen können vom Wind über weite Strecken transportiert werden. Allerdings zeigt das Pollenprofil auch eine sehr wechselhafte Siedlungsintensität. Dies dürfte bedeuten, dass Siedlungsplätze bzw. Dörfer nach einer Zeit der Nutzung,

Auf der „Veste" oberhalb von Ohlstadt befand sich spätestens seit der Spätbronzezeit ein Siedlungs- und Beobachtungsposten. Foto Thomas Lenhart

die von 50 bis zu 150 Jahren reichen konnte, wieder aufgegeben wurden, eine Praxis, die in großen Teilen Bayerns bis in das Frühmittelalter üblich war. Die aufgegebenen Flächen verbuschten und waren schließlich wieder bewaldet.[16] Neben dem nicht völlig sicher belegten Getreideanbau dürften die Menschen in dieser Zeit vor allem Weidewirtschaft betrieben haben.[17]

Möglicherweise wurden in dieser Zeit auch ausgesuchte Bereiche des Murnauer Moores als Viehweide genutzt, denn archäologische Forschungen haben ergeben, dass bereits die Menschen des Jungneolithikums Randgebiete von Niedermooren aufsuchten: Bei Pestenacker (Landkreis Landsberg am Lech) war die vermoorte Talrandlage des Verlorenen Baches phasenweise von Menschen der Altheimer Kultur besiedelt und durch Eingriffe der hier Wohnenden – vor allem durch das Roden des Erlenbruchwaldes für Weidezwecke – der Naturhaushalt so verändert worden, dass es im Tal möglicherweise zu einem Absenken des Grundwasserspiegels und sogar zum Stillstand des Torfwachstums kam.[18] Aus anderen Gegenden Mitteleuropas ist bekannt, dass Flussniederungen und Moorränder grundsätzlich seit der späten Bronzezeit bzw. frühen Eisenzeit als Viehweiden vor allem für die begehrten Pferde genutzt wurden.[19] Es ist daher durchaus denkbar, dass in dem zum großen Teil von Mooren überzogenen Loisachtal wie auch nördlich von Murnau die Randgebiete dieser Moore als Viehweiden dienten.

Als einer der wahrscheinlichen Siedlungsplätze im Raum Murnau konnte bisher anhand verschiedener Keramikfunde aus der Frühbronzezeit der Burgstall von Hagen ausgemacht werden.[20] Keramikfunde vom Spielleitenköpfl bei Farchant und vom Freisinger Domberg zeigen wirtschaftliche Verbindungen dieser Siedlungen auf und es ist zu vermuten, dass schon in der jüngeren Frühbronzezeit eine überregionale Handels- und Verkehrsverbindung vom Inntal über den Seefelder Sattel und durch das Loisachtal bestand, eine Route, die dann weiter zur Isar und bis zum damaligen Hauptknotenpunkt Freising führte.[21] Ein weiterer Siedlungs- aber auch Beobachtungsposten an diesem Handelsweg dürfte sich auf der bereits erwähnten „Veste" oberhalb des Dorfes Ohlstadt befunden haben. Dort wurden ebenfalls Keramikreste aufgefunden, die auf eine spätbronzezeitliche bzw. urnenfelderzeitliche befestigte Höhensiedlung auf 900 Metern Höhe verweisen (erst später entstand dort die Veste Schaumburg). Während der Bronzezeit und der folgenden Urnenfelderzeit existierte also ein intensiver Handel und Güteraustausch im bayerischen Voralpenraum, Handelsverbindungen, die über den Fernpass bis zu den Kupfervorkommen im Inntal führten.[22]

Blick vom Hörnle auf das Murnauer Moos. Sehr gut sind rechts die beiden Hügelketten der Köchel zu erkennen, die das Moor in einen nördlichen und südlichen Teil trennen.
Foto Edgar Hohl

Die Bedeutung dieser überregionalen Verkehrsverbindung dürfte sich während der folgenden Jahrhunderte noch verstärkt haben. Während der jüngeren Hallstadtzeit jedenfalls (7. Jahrhundert bis 450 vor Christus) gab es auf dem Spielleitenköpfl bei Farchant nicht nur einen bedeutenden Brandopferplatz, sondern auch eine Werkstatt für Eisenerzverarbeitung. Das dafür erforderliche Kupfererz dürften die Handwerker über die alte Handelsroute aus Nordtirol bezogen haben. Die Abbaugebiete für Erze gehörten zu dieser Zeit zum Kreis der Fritzens-Sanzeno-Kultur; auch die auf dem Spielleitenköpfl gefundenen Keramikteile sind diesem Kulturbereich zuzuordnen. Es ist daher davon auszugehen, dass es sich bei den damaligen Bewohnern der – übrigens noch nicht aufgefundenen – Siedlung bei Farchant ebenfalls um Angehörige des Fritzens-Sanzeno-Kulturkreises handelte und damit um Räter und nicht, wie lange Zeit angenommen, um Kelten. Auf eine rätische Bevölkerung verweisen auch die im Pürschlinggebiet 2009 dokumentierten Inschriften.[23]

Ein weiterer Siedlungs- und Beobachtungsposten befand sich auf dem Bergsporn, der bei Eschenlohe als natürliche Sperre in das Loisachtal hineinragt und später die Burg der Grafen von Eschenlohe trug. Auch wenn diese Siedlung noch nicht näher datiert werden kann, gehörte sie doch der vorgeschichtlichen Zeit an [24] und ist ein Anzeichen dafür, dass erhöhte Plätze entlang der Fernstraße als Kontrollpunkte an einer wichtigen Nord-Südverbindung dienten. Hier und weiter nördlich, am Staffelsee und auf dem Burgstall von Hagen bei Murnau lebten zu dieser Zeit wohl ebenfalls Räter. Die archäologischen Funde aus Hügelgräbern oder auch Zufallsfunde wie der beim Torfstechen bei Uffing gefundene Bronzeeimer zeugen außerdem von einem beträchtlichen Wohlstand der hier lebenden rätischen Führungsschicht. Sie dürften über die Handelsroute im Loisachtal nicht nur Rohstoffe wie Erze bezogen haben, sondern auch handwerkliche Kostbarkeiten, die im Mittelmeerraum hergestellt worden waren.[25]

Anhand der Pollendiagramme konnte für diese Zeit im Bereich des Pfrühlmooses, abgesehen von einem gestiegenen Holzverbrauch für die Eisenwerkstätte, Anzeichen von Ackerbau und Waldweide festgestellt werden. Im Umkreis von Murnau handelte es sich dabei aber wie schon während der vorangegangenen Bronzezeit nicht um eine durchgängige Besiedlung, sondern nur um eine phasenweise Nutzung, wobei auch jetzt noch der Schwerpunkt auf Weidewirtschaft gelegen haben dürfte. Auf eine nachlassende Siedlungskontinuität könnten die spärlichen archäologischen Funde aus der folgenden Latènezeit verweisen (wenn auch der Mangel an Funden aus diesem Zeithorizont Zufall sein kann). Immerhin fanden sich auf dem Burgstall bei Hagen sowie der später bedeutenden Insel Wörth im Staffelsee zwischen 500 und 15 vor Christus Spuren menschlicher Anwesenheit und der Fund einer Sichel vom Moosberg belegt, dass auch dieser Köchel in der Nähe der Fernstraße von Menschen des Latène aufgesucht und vielleicht sogar für die Gewinnung von Viehfutter genutzt wurde.[26]

Der Rückzugsort am Köchel

Nach der Eroberung der Alpen durch die Stiefsöhne von Kaiser Augustus, Tiberius und Drusus im Jahr 15 vor Christus – die über 700 am rätischen Opferplatz „Döttenbichl" bei Oberammergau aufgefundenen Metallobjekte geben davon ein eindrucksvolles Zeugnis – wurde das von Rätern bewohnte Gebiet zum römischen Okkupationsgebiet und schließlich zum Teil der Provinz Rätien.[27] Und mit der Römerzeit ist schließlich auch eine dauerhafte Besiedelung in der Umgebung des Murnauer Mooses anzunehmen, darauf verweisen Pollendiagramme sowie archäologische Funde im Werdenfelser Land und im Raum Murnau. [28] Wie in anderen Landstrichen Bayerns waren wohl auch hier einzelne Höfe zu finden wie die „villa rustica" bei Leutstetten (Landkreis Starnberg), oder größere Gehöfte, die für durchziehende Truppen und Reisende die Versorgung mit Lebensmitteln und Tierfutter sicherstellten. Eines dieser Versorgungszentren könnte sich am Staffelsee befunden haben.[29] Archäologische Funde stehen für diese Annahme vorerst nicht zur Verfügung. Da jedoch die Häuser zu dieser Zeit nicht nur aus Stein, sondern auch aus Holz erbaut wurden, ist ein archäologischer Nachweis zwar nicht unmöglich, aber wesentlich schwieriger.[30]

Eines der Siedlungszentren befand sich im Raum Hechendorf bzw. Murnau, denn das spätere Murnau lag in der Nähe des alten Handelsweges entlang der Loisach sowie an der von der Loisachroute abzweigenden Straße über Hechendorf/ Murnau und dem westlichen Ufer des Ammersees bis nach Augsburg. Während der frühen Kaiserzeit entwickelte sich diese Verkehrsverbindung als wichtige Fortsetzung der Via Claudia Augusta von Oberitalien über den Brenner und durch das Inntal über den Seefelder Sattel nach Parthanum – Partenkirchen.[31] Von Partenkirchen führte der Weg entweder über eine wohl weniger gut ausgebaute Trasse nach Oberammergau, Schongau und Epfach bzw. Lorenzberg und weiter bis Augsburg oder aber von Partenkirchen entlang der Loisach nach Eschenlohe und von hier, wie später die moderne Bundesstraße über Hechendorf bzw. Murnau und Weilheim nach Augsburg.[32] Einer der Ausgräber am Moosbergköchel, Friedrich Wagner, konnte in den 1930er Jahren am Weghauser Köchel und von hier weiter nach Süden schwache Dammreste und Spuren der Beschotterung dieser römischen Straße ausmachen.[33] In der Umgebung von Hechendorf befand sich die wichtige Straßenstation *ad Cofeliacas*, benannt nach einem auffälligen Landschaftsmerkmal, den Köcheln im Murnauer Moos oder aber nach nur einem dieser Köchel, dem erwähnten Moosbergköchel, der ab dem 3. Jahrhundert n. Chr. für einige Jahrzehnte besiedelt war.[34]

An dieser Stelle sollte man sich den unberechenbaren Verlauf des Wildflusses Loisach vor Augen führen: Sie bildete immer wieder neue Seitenarme, eine Überquerung des gesamten Flusses war daher nur mit mehreren oder einer langen Brücken zu bewerkstelligen, die außerdem immer wieder vom Hochwasser weggerissen oder häufig unpassierbar gewesen sein dürfte. Es ist daher durchaus denkbar, dass aus diesem Grund eine neue Straße am westlichen Rand des Moores gebaut werden sollte, die von Eschenlohe bis zum Bergriegel zwischen Staffelsee und Moor führen und eine dauerhaftere Verkehrsverbindung ermöglichen würde. Hinweise auf diesen Versuch wurden 1934 gefunden: In diesem Jahr entdeckte man bei Arbeiten an Entwässerungsgräben nordwestlich von Eschenlohe im moorigen Untergrund in zwei Metern Tiefe einen noch intakten Bohlenweg. Eine erste Datierung ergab schließlich eine Zuordnung in die römische Zeit und die Bezeichnung „römischer Prügelweg". In den Jahren 1996 bzw. 1998/99 und noch einmal 2002/2003 konnten an dieser Straße weitere Untersuchungen durchgeführt werden, die diese Datierung im Wesentlichen bestätigten. Die Straße bestand aus einem Holzunterbau aus Längshölzern mit darauf gelegten Querhölzern, einer darauf angebrachten Schicht Lehm sowie einer abschließenden Kiesschüttung von 20 Zentimetern. Im Abstand von zwei Metern vom westlichen Straßenrand entfernt verlief der übliche Straßengraben von einem Meter Breite. Ein östlicher Graben wurde nicht gefunden. Mit einer Straßenbreite von etwa vier bis fünf Metern und damit der Breite einer *via publica* war die Straße für eine zweispurige Befahrung ausgelegt; deutliche Radrillen mit einem Achsabstand von 1,10 Meter zeigten sich allerdings nur auf der östlichen Seite der Straße.[35]

Bilder links und unten
Reste der 1934 entdeckten römischen Straße zwischen Eschenlohe und Grafenaschau

Wie die dendrochronologischen Untersuchungen ergaben, wurden die für den Straßenbau nötigen Tannen-, Fichten- und Buchenstämme sowie einige Obstbaumhölzer zwischen Frühjahr und Frühherbst des Jahres 43 n. Chr. wohl an den Berghängen des Aufackers zwischen Eschenlohe und Grafenaschau geschlagen und an die Lagerplätze gebracht. Noch im Herbst des gleichen Jahres verbauten die römischen Bautrupps die Stämme von etwa 7,30 bis 9,95 Zentimeter Dicke wobei sie im Norden bei Grafenaschau mit den Arbeiten begannen und sich nach Süden vorarbeiteten. Im Bereich des Langen Köchels kam Hartsteinschotter zutage, der direkt vom Köchel stammen dürfte. Weiter südlich musste die Ramsach überquert werden, wahrscheinlich mit einer Brücke. Bei Eschenlohe dürfte die Straße in die Fernstraße entlang der Loisach gemündet sein. Anfang und Ende der Straße wurden nicht gefunden, bei Grafenaschau könnte sie der dortige Schwemmkegel zerstört haben, bei Eschenlohe die Loisach.[36]

STAFFEL SEE
MURNAU
Ohlstatt
LOISACH
Eschenlohe

Das römische Straßensystem im Murnauer Moos, eingetragen auf den Urpositionsblättern von 1839.

Anders als an dem im Lermooser Moos aufgefundenen Abschnitt der Via Claudia Augusta zwischen Fernpass und Reutte, erbaut 46 n. Chr., fanden sich bei Eschenlohe keine Reparaturarbeiten. Die Straße im Murnauer Moos war also nur für höchstens 20 bis 30 Jahre in Betrieb, wie darüber gelagerte Torfschichten zeigen. Zwischen den Torfschichten liegende Lehmschichten deuten außerdem auf wiederholte Überschwemmungen hin. In spätrömischer Zeit wurde sie vielleicht noch vom lokalen Verkehr benutzt. Möglicherweise gab man die Straße auf, als man die instabile Lage der Flysch-Hänge des Aufackers erkannt hatte und die Straße durch die vom Berg herabziehenden Lainen immer wieder von Schuttmassen bedeckt war. Die großflächigen Abholzungen von Bäumen für den Straßenbau verstärkten vorerst die Erosion an den Hängen noch: Für nur einen Kilometer der Straße benötigte man etwa 4.800 Bäume, für die ganzen sechs Kilometer mussten die Arbeiter also Bäume auf einer Fläche von 89 Hektar fällen, das sind etwa 1.683 Festmeter. Für etwa zwei Jahre nach der Fertigstellung dürfte das Gelände oberhalb der Straße deutlich ausgelichtet gewesen sein.[37] Schwierige Situationen im Gelände wussten römische Bautechniker allerdings zu meistern und der Unterhalt eines Übergangs über die unberechenbare Loisach war wohl nicht weniger aufwändig als die Wiederherstellung einer mit Schutt bedeckten Straße.

Als Grund für den Bau der Straße 43 n. Chr. wird eine Verkürzung und auch Verbesserung der Verbindung nach Augsburg angenommen: Die Trasse führte damit von Grafenaschau weiter auf den Molasseriegel bis nach Bad Kohlgrub und von hier über Bayersoiern zur Ammer, weiter nach Schongau und dann Augsburg. Als direkten Anlass für den aufwändigen und auch teuren Straßenbau nimmt Werner Zanier die Rückreise von Kaiser Claudius von Britannien über Mainz und Augsburg nach Rom an, das der Kaiser schließlich im Jahr 44 n. Chr. erreichte. Trotz dieser möglichen Verbeugung vor den Reiseplänen des Kaisers war der Straßenbau Teil eines umfassenden Planes zur Verbesserung der Infrastruktur für das Militär, die Verwaltung und den Handel im „unterentwickelten" Rätien.

Nur wenige Jahre später, 46 n. Chr., entstand die Straßentrasse im Lermoser Moos und etwa zur gleichen Zeit ließ die römische Verwaltung weitere Straßenbauarbeiten im Alpenvorland durchführen.[38]

An römischen Straßen waren in gewissen Abständen Straßenstationen eingerichtet, die für den Unterhalt der Straße und die Versorgung der Reisenden mit Ersatzpferden, Verpflegung und auch Übernachtungsmöglichkeiten zu sorgen hatten. Eine in friedlichen Zeiten benutzte Straßenstation bei Hechendorf oder auch Murnau konnte bisher nicht gefunden werden. Sie muss es aber gegeben haben, denn sowohl der Brückenübergang als auch die Abzweigung der Nebenstraße entlang der Loisach Richtung Kochelsee machten eine Station erforderlich.[39] Möglicherweise liegt sie unter einer Schlamm- und Geröllawine begraben, Auswirkung einer Hochwasserkatastrophe, wie man sie auch für die Zeit zwischen 650 und 370 v. Chr. feststellte. Bei dieser Überschwemmung verschwand bei Farchant ein ganzer Wald unter den Geröllmassen.[40]

Auf einem der Köchel in der Nähe der Straße jedoch befanden sich bis zu seinem Abbruch in den 20er und 30er Jahren des 20. Jahrhunderts die noch gut erkennbaren Reste einer römischen Siedlung. Vor allem die Ruine eines Torturms stellte einen markanten Punkt dar und ein deutliches Kennzeichen der Befestigung auf dem Köchel, Reste einer mit Mauern geschützten Straßenstation, die in weniger friedlichen Zeiten sowohl den Bewohnern als auch Reisenden Schutz geben sollte.[41]

Staffelsee
Kochelsee
Amber fl.
Loysa fl.
Etal
Murnaw
Ramsee
Rechsee
Kolgruch
Saulgruch
Soyen
Ascha
Ambergew
Weghausen
Moschberg
Eschelach
Scheffperg
Kienperg m.
Kanerach
Forchenper
Hirschperg
Wessen
Holweg
Klain weil
Zell
Häbach
Dürnhausen
Eglfingen
Uffing
Spatzenh.
Hoffhaim
Oetling
Seehausen
Frochhausen
Haggen
Anzern
Schlehdorff
Weix
Olstat
Heilig plnet
Vnter
Roffel
Fons
Amb.
Pl
E

Diese Siedlung auf dem Moosbergköchel untersuchten die Archäologen Paul Reinecke und Friedrich Wagner in den Jahren 1926 bis 1931 und noch einmal 1934 unter enormem Zeitdruck und es ist deshalb zu vermuten, dass damals nicht alle Schichten und Zeithorizonte vollständig erfasst werden konnten. Die Grabungsergebnisse veröffentlichte Jochen Garbsch schließlich im Jahr 1966. Grabungsberichte und neuere Erkenntnisse liefern heute immerhin ein vollständigeres Bild der Siedlung auf dem Moosbergköchel.[42] Offenbar wurde die Siedlung auf dem Köchel zwei Mal als Siedlungsstandort genutzt: Zum ersten Mal, als zwischen etwa den Jahren 260 bis 280 n. Chr. die Provinz Rätien von Plünderungszügen der Juthungen heimgesucht wurde. Möglicherweise war die Errichtung der Siedlung auf dem Moosbergköchel Teil eines Bauprogramms von Kaiser Probus, der nach Unruhen und Kämpfen an der Grenze zu Germanien zivile Siedlungen im rätischen Hinterland mit der Hilfe von militärischen Einheiten neu befestigen ließ wie z.B. den Lorenzberg bei Epfach. In der folgenden friedlicheren Phase kehrten die Bewohner in ihre ursprüngliche Siedlung am Nordrand oder Ostrand des Moores zurück, um dann nach erneuten Kriegszügen der Juthungen 375 und 376 auf den Berg zu flüchten und die dortige Siedlung noch besser zu befestigen und auszubauen, ein Siedlungsverhalten wie es auch in Südtirol zu beobachten war.[43]

Zur Siedlung auf dem Köchel führte ein Prügelweg mit Kiesdecke als Stichstraße von der Hauptstraße abgehend bis hinauf zum Tor auf der Nordostseite.[44] Während des zweiten Siedlungsabschnitts entstand wie z.B. auch in Bettmauer bei Isny ein weiteres Tor an der südwestlichen Seite mit einem Ausgang nur für Fußgänger,[45] vielleicht auch als Zugang für Viehherden, vor allem aber als ein zweiter Fluchtweg. Für die offensichtlich in Eile gebaute und nicht an allen Seiten durchgeführte Ummauerung der Siedlung mit einer Fläche von 180 auf 55 Metern benützten die Erbauer den Glaukonit des Moosbergköchels und dazu noch Tuffquader und Werkstücke aus Häusern der aufgegebenen Siedlung. Gefunden wurde außerdem ein in der Mauer verbautes Grabmalbruchstück mit dem Kopf eines Mannes, Überrest eines zur Siedlung gehörigen Gräberfeldes, das aber ebenfalls noch nicht lokalisiert werden konnte [46] und das möglicherweise wie in römischer Zeit üblich, entlang der Straße zu suchen ist.

Während die Ausgräber in der ersten Siedlungsphase nur wenige, durch Zäune voneinander getrennte Anwesen ausmachen konnten, ermittelte Reinecke für die zweite Siedlungsphase zehn Anwesen mit zum Teil mehreren Gebäuden. Im Norden des Ortes befanden sich Wohnhäuser, im Süden Häuser für gewerbliche Zwecke, Werkstätten und Läden. Alle Häuser waren an der geschotterten Verbindungsstraße angelegt und alle waren aus Holz gebaut, auch ein größerer Unterkunftsbau und die Schmiede und Gießerei nahe dem Südtor. Reste von Steinhäusern wurden nicht gefunden. Hausgrundrisse und Funde zeigen, dass die Siedlung auf dem Moosbergköchel sowohl als reguläre zivile Siedlung, als *vicus*, als auch als Straßenstation für die Versorgung Reisender des staatlichen Kurierdienstes mit Wechselmöglichkeit für Reit- und Zugtiere, also *mansio* oder *mutatio*, genutzt wurde. Die Einwohner betrieben Ackerbau – darauf verweisen Hacken, Pickel, Sicheln und auch Mühlsteine von zwei Hausmühlen –, auf Weidewirtschaft bzw. Pferdehaltung dagegen Teile von Trensen und Hufeisen. Daneben wurde Material für das Ausbessern von Wagen gefunden, wie auch die Schmiede möglicherweise ein Hinweise auf die Funktion der Siedlung als Straßenstation. Ein größeres, anlässlich der Grabungen aufgefundenes Unterkunftshaus (Haus VI) könnte auch eine militärische Besatzung von etwa 120 bis 140 Männer zum Schutz der Straßenstation und ihrer zivilen Bevölkerung beherbergt haben, sodass die Gesamteinwohnerschaft auf etwa 300 Menschen geschätzt wird. Ihr Wasser erhielten die Bewohner aus einer überdachten Zisterne.[47]

Die aufgefundenen Zähne und einige Tierglocken zeigen, dass die Bewohner neben Pferden auch Rinder, Schafe, Schweine und Ziegen hielten, die zahlreichen in den Haushalten verwendeten Reibeschalen verweisen auf Milchwirtschaft.[48] Rinder, Schafe, Ziegen und Schweine wurden in römischer Zeit üblicherweise in den Wald oder in die Talauen getrieben und dort sich selbst überlassen.

Philipp Apian,
Karte des Herzogtums Bayern,
1563 (Ausschnitt)

Links der Loisach Eschenlohe, Weghaus und der Moosbergköchel mit den noch gut sichtbaren Ruinen der römischen Siedlung. Nördlich der Ramsach die Kirche St. Georg, die Mühle Mühlhabing und Murnau.

Bild rechts
Der Moosbergköchel, gesehen von Westen. Im Vordergrund der Moosbergsee

Die Siedlungsfläche auf dem Moosbergköchel

Für Arbeits-, Zucht-, und Trosstiere musste zusätzliches Futter beschafft und daher Wiesen angelegt und Futterpflanzen angebaut werden. Daher dürften für das Vieh nicht nur die Weiden auf dem Moosbergköchel bzw. dem gegenüberliegenden Heumoosberg genutzt worden sein, sondern auch die Randlagen der umgebenden Moore. Dort konnten auch die in der Siedlung gehaltenen Rinder grasen, denn anhand ihrer Zahngrößen ließ sich feststellen, dass die Rinder der Moosbergsiedlung nicht zu der von den Römern entwickelten großen Rinderrasse gehörten, sondern deutlich kleiner waren und damit der im Mittelalter gehaltenen Rinderrasse entsprachen.[49]

Die Bewohner vom Moosbergköchel, mittlerweile nicht mehr als Räter, sondern Romanen zu bezeichnen, da sie nicht nur römische Lebensform und Bräuche angenommen hatten, sondern sich hier inzwischen auch Menschen aus verschiedenen Regionen des römischen Reiches angesiedelt hatten, dürften während der zweiten Siedlungsphase zumindest offiziell Christen gewesen sein, denn das Christentum war seit dem ausgehenden 4. Jahrhundert n. Chr. alleinige Staatsreligion im gesamten Römischen Reich.[50]

Im frühen 5. Jahrhundert kam mit der Erstürmung der Tore das gewaltsame Ende der Siedlung – darauf lassen Brandschichten sowie Brandspuren und Skeletttteile an den Toren und am Südwestturm schließen.[51] Eine weitere Besiedelung des Moosbergs ist nicht nachzuweisen, zur Zeit der Ungarneinfälle entstanden neue Sperren für eine bessere Verteidigung auf dem Moosbergköchel; ob sie benutzt wurden, ist nicht mehr zu ermitteln.[52]

Eine weitere Rückzugsmöglichkeit für die von Germanen bedrohte Bevölkerung befand sich auf der Insel Wörth im Staffelsee. Wie Bruchstücke von Tongefäßen zeigen, hatten sich auf der Insel seit der Latènezeit immer wieder Menschen aufgehalten, Knochenreste deuten darauf hin, dass sich hier im 1. Jahrhundert ein Bestattungsplatz befand.[53] Aus der mittleren Kaiserzeit sind nur einige Funde erhalten, eine dauerhafte Besiedelung dürfte also zu dieser Zeit nicht auf der Insel bestanden haben. Als aber ab dem 3. Jahrhundert Germanen die zivile Bevölkerung bedrohten, schufen sich die Menschen aus der Umgebung des Staffelsees auch hier eine befestigte Zuflucht. Im Gegensatz zur Siedlung auf dem Moosbergköchel war die wesentlich kleinere Siedlung auf der Insel Wörth – sie umfasste nur eine Fläche von ca. 1400 Quadratmeter – wohl kein dauerhafter Wohnort. Im Innern der Anlage gab es offensichtlich keine Häuser, denn Mauererste oder Holzreste wurden dort nicht gefunden, die Insel war wohl ein Rückzugsort, der nur in Notfällen aufgesucht wurde. Dabei verließ man sich aber nicht nur auf den fragwürdigen Schutz der Inselsituation, sondern baute wie auf dem Moosbergköchel eine Mauer: Reste dieser Befestigung zeigten sich an der südlichen und nördlichen Hangkante des späteren Kirchenhügels. Im Westen und Osten könnte der steile Abhang als Schutz genügt haben, auch die Reste von zwei Türmen waren auszumachen.[54] Der Sitz eines spätantiken Bischofs, wie auch vermutet wurde, war die bescheidene Notsiedlung auf der Insel Wörth wohl nicht.[55] Etwa hundert Jahre später aber stellte die Insel ein bedeutendes kulturelles und auch politisches Zentrum im Umkreis von Murnau dar, worauf noch zurückzukommen sein wird.

Mauerreste der römischen Siedlung auf dem Moosbergköchel

Das Südtor der Befestigungsmauer

Der Schwarzsee im Murnauer Moos
gegen das Estergebirge
Foto Gerhard Klammet

Die frühen „Baiern"

Wie lange die Provinz Rätien II noch als Teil des römischen Reiches galt, wie sich der Übergang der politischen Macht an die Agilolfinger gestaltete und damit auch die Bildung des baierischen Stammes, wird noch kontrovers diskutiert.[56] Das Fehlen römischer Kupfermünzen für den Sold der Legionäre nach etwa 400 n. Chr. galt bisher als Zeichen für das Ende der römischen Provinzialverwaltung; germanische Föderaten verließen sich jedoch auf Gold und Funde von Goldmünzen deuten eine weitere Belegung einiger Kastelle und römischer Stützpunkte mit Soldaten aus den Reihen germanischer Verbündeter an. Das Ende der römischen Herrschaft in Rätien und damit auch das Ende einer geordneten Verwaltung und Versorgung der Bevölkerung könnte demnach das Jahr 476 n. Chr. bedeutet haben, als Odoaker den letzten Kaiser Westroms Romulus Augustulus absetzen ließ.[57]

Ob in den Jahren nach der Zerstörung der Siedlung am Moosbergköchel in der Umgebung der Fernstraße nach Italien noch Menschen wohnten, lässt sich vorerst nicht feststellen. Wie auch in anderen Teilen Bayerns und vor allem des bayerischen Alpenvorlands sind die Belege für eine kontinuierliche Besiedelung dünn und deuten eine für verschiedene Regionen Bayerns höchst unterschiedliche Entwicklung an. So wohnten auch weiterhin in einigen Zentralorten wie Augsburg, Regensburg oder Passau zumindest Reste der romanischen Bevölkerung. Dagegen siedelten nicht nur auf einigen Arealen der Stadt Regensburg, sondern auch beispielsweise um Straubing oder Friedenhain ehemalige sogenannte *foederati*, vertraglich an Rom gebundene Fremde aus Böhmen, die Boiarii, sowie Angehörige unterschiedlicher germanischer Stämme. Im Westen Bayerns sind ostgermanische oder auch ostgotische und schließlich ab dem frühen 6. Jahrhundert alemannische Einflüsse erkennbar. Grabbeigaben des 5. Jahrhunderts nordgermanischen (München-Ramersdorf) und ostgermanischen Ursprungs (in Fürst und Götting), dazu ein Einfluss östlicher Steppenvölker im Chiemsee-Gebiet ergeben schließlich ein äußerst heterogenes Bild und zeigen ein von unterschiedlichsten Gruppen bewohntes Bayern. Da es sich aber bei den Zeugnissen für diese Siedlungen vor allem um Grabbeigaben handelt, ist nicht feststellbar, ob es sich bei den Bestatteten um Angehörige hier lebender Verbündeter handelte oder aber durchziehender plündernder Stämme.[58]

Staffelsee mit der Insel Wörth. Die Insel wurde schon in der Latènezeit von Menschen besucht und wurde ab dem 3. Jahrhundert n. Chr. zum Rückzugsort für die von germanischen Stämmen bedrohte Bevölkerung.

Insgesamt ist ein Verlust römischer Macht von West nach Ost festzustellen: In Passau konnte der hl. Severin römische Verwaltung und einen gewissen Schutz für die Bevölkerung bis 476 aufrecht erhalten, während im Westen an manchen Orten bereits ehemalige Föderaten bisher von Romanen bestellte Anbauflächen besetzt hielten. Auch von Nord nach Süd ist dieses Gefälle erkennbar: Während um die Donaukastelle sowie in Augsburg und Regensburg Reste der römischen Bevölkerung und römische Kultur, wenn auch mit großen Einschränkungen erhalten blieben, nahm die Besiedlung gegen die Alpen hin deutlich ab und war wohl besonders im Wallgau, ein Landstrich für den die ursprünglich dort ansässigen Romanen namengebend wurden, noch in der zweiten Hälfte des 8. Jahrhunderts sehr spärlich.[59]

Nur wenige Jahrzehnte nach dem offiziellen Ende des weströmischen Reiches 476 n. Chr. übernahm der Ostgotenkönig Theoderich im Jahr 493 Italien und damit auch Rätien II als Herrschaftsgebiet. Dass diese Herrschaftsübernahme in Bayern nicht nur fiktiv, sondern auch real stattfand, zeigen archäologische Funde aus dem Hachinger Tal bei München: In Unterhaching entdeckte man ein Gräberfeld, das nur für kurze Zeit genutzt und ausschließlich von Angehörigen einer Gruppe belegt war. Sowohl die Ausrichtung der Gräber als auch die Ausstattung der Verstorbenen mit wertvollen Kleidungsstücken und in Oberitalien gefertigten Schmuckstücken mit christlicher Symbolik zeigen, dass es sich bei den Bestatteten um Angehörige einer wohlhabenden und hochrangigen Familie handelte, die im Hachinger Tal die Interessen Theoderichs vertrat und allein durch ihre Anwesenheit die Machtansprüche des christlich-arianischen Ostgotenkönigs dokumentierte. Dieser Eindruck wird noch unterstrichen durch ihre gut genährten Körper ohne die typischen, aus den Knochen ablesbaren Mangelerscheinungen und die Tatsache, dass acht der zehn Bestatteten ihre Kindheit nicht im Hachinger Tal verbracht hatten. Der alte Siedlungsbereich im Hachinger Tal war als neues ostgotisches Machtzentrum geschickt gewählt, denn es lag an einer alten und wichtigen Süd-Nord-Fernhandelsstraße, dem „Finsinger Weg".[60] Das Ende der Belegung dieses Gräberfeldes liegt bei 520–530, und damit nahe 536, dem Zeitpunkt der Abtretung des Alpengebiets durch den Ostgotenkönig Witigis an die Franken bzw. die Merowinger. Nur wenig später wurde Garibald I. aus der fränkischen und christlich-katholischen Familie der Agilolfinger als bayerischer Herzog eingesetzt.[61]

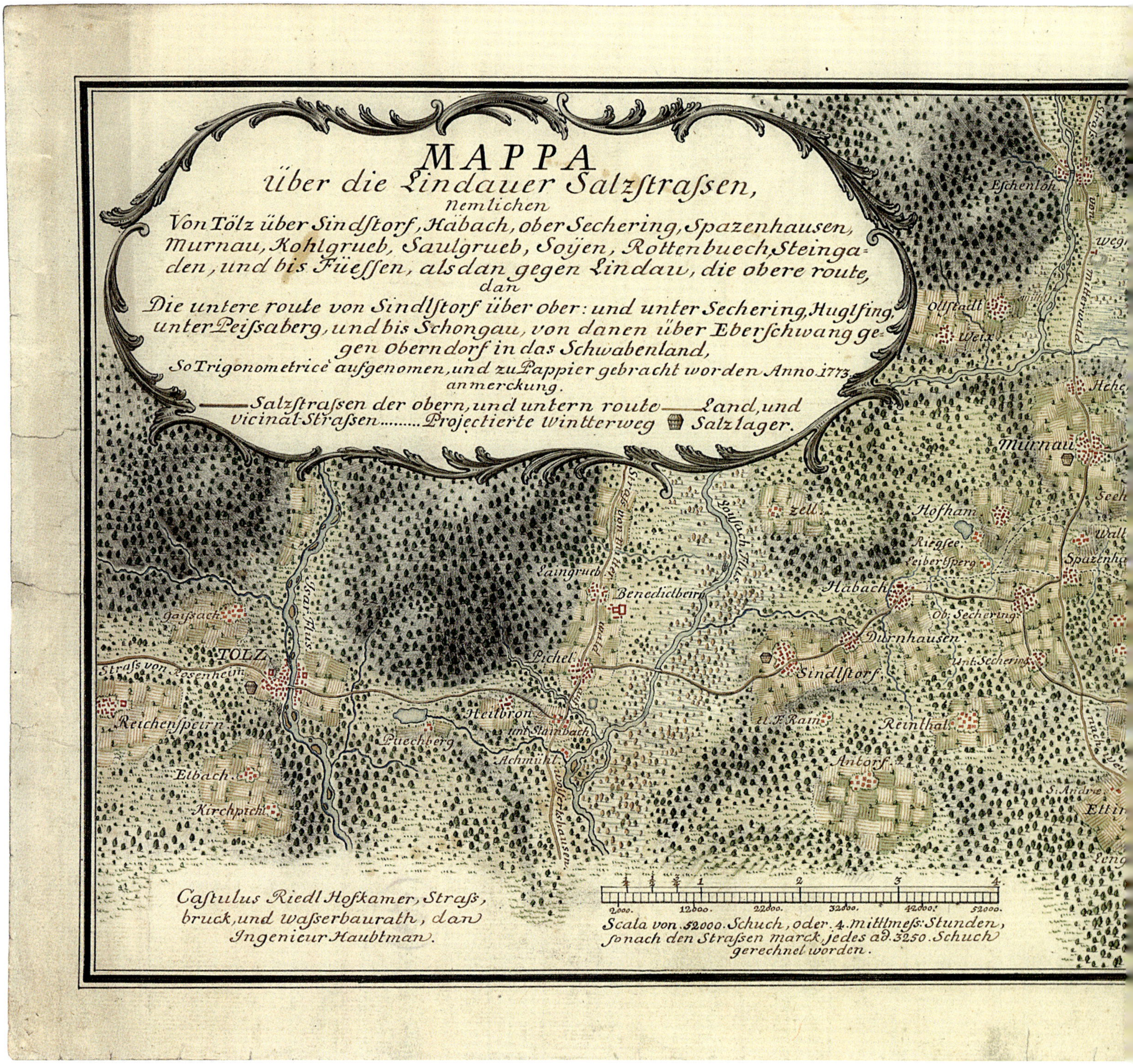

Karte zur alten Salzstraße nach Lindau von Castulus Riedl
Nördlich von Saulgrub kreuzt die alte Salzstraße von Tölz nach Schongau die alte Fernstraße aus Oberitalien über Seefeld, Partenkirchen, Eschenlohe und Murnau nach Augsburg.

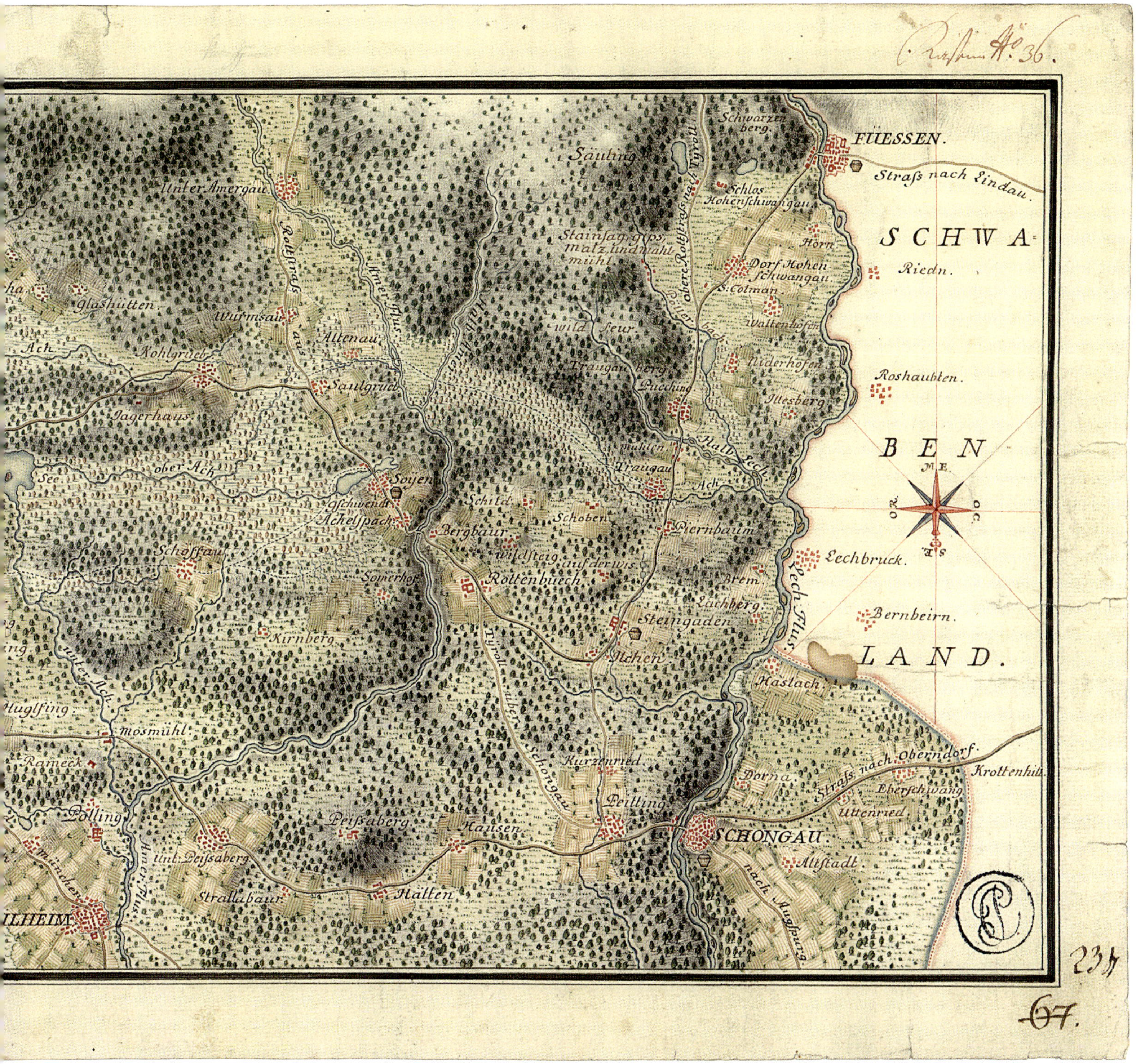
FÜESSEN.
Strass nach Lindau.
SCHWA
BEN
LAND.
Riedn.
Roshaubten.
Lechbruck.
Bernbeirn.
Schwarzen berg.
Säuling
Schlos Hohenschwangau.
Dorf Hohen schwangau.
S. Colman.
Hörn
Wattenhofen
Niderhofen
Ittesberg
Unter Amergau.
Glashütten
Wurmsau
Altenau.
Kohlgrueb
Saulgrueb
Jägerhaus
ober Ach
Ach
See.
Soyen
Achelspach
Schöffau
Somerhof
Kirnberg
Bergbaur
Schild
Schober
Rottenbuech
Steingaden
Ilchen
Trauchgau
Piernbaum
Brem.
Lachberg.
Lech Fluss
Haslach
Dorna.
Strass nach Oberndorf.
Krottenhil.
Eberschwang
Uttenried
SCHONGAU.
Altstadt.
nach Augspurg
Peitting.
Kurzenried.
Hausen
Peissaberg.
unt. Peissaberg
Stralabaur
Hatten
Mosmühl
Rameck.
Polling
Ammer Flus
ILHEIM
Tyroll über Schongau
237
67.

Bestattungen in Steinplattengräbern beim Dorf Hagen deuten darauf hin, dass sich hier um etwa 600 n.Chr. eine Siedlung befand.
Foto Edgar Hohl

Wieweit der Einfluss des ostgotischen Königreiches in Rätien II-Bayern wirklich reichte und ob auch der Raum Murnau zu diesem Einflussbereich gehörte, ist unsicher. Für alle aber, die in diesem Landstrich Macht ausübten, waren die Straßen im Loisachtal und vor allem die Straße durch das Murnauer Moos Richtung Augsburg eine wichtige Fernverbindung, die man kontrollieren musste. Bei Sindelsdorf und damit an der Kreuzung zweier bedeutender Straßen, der alten Salzstraße von Reichenhall nach Tölz und Murnau sowie der Verbindungsstraße durch das Loisachtal bis nach Partenkirchen und weiter über Seefeld nach Italien, befand sich spätestens seit dem 6. Jahrhundert einer dieser Kontrollposten: Hier fanden Archäologen ein Gräberfeld mit Bestattungen ab dem 6. Jahrhundert bis in das 8. Jahrhundert. Die Bestattungen waren romanisch geprägt, ein Zeichen dafür, dass sich auch im Loisachtal zumindest Reste römische Kultur erhalten hatten.[62]

Ein weiterer Kontrollpunkt an der so wichtigen Fernstraße nach Italien dürfte sich bei Hagen befunden haben. Im Jahr 1851 waren 500 Meter nordwestlich von Mühlhagen angeblich insgesamt 17 Gräber entdeckt worden, die zum Teil mit Steinplatten ausgekleidet waren, mit „Kissen" aus Tuffstein für die Köpfe der Toten.[63]

Leider sind die Gräber nicht mehr datierbar, mit Steinplatten versehene Gräber waren jedoch Zeichen einer herausgehobenen Stellung der Verstorbenen sowie einer römischen Tradition, die auch bei den Langobarden und Ostgoten bekannt war. In Bayern war dieser Grabtypus vor allem im Alpenvorland in Gebrauch, im Bereich der Seen südlich von München, zwischen Loisach und Isar, im Mangfallgebiet, am Oberlauf der Glonn und der Attel. In der Tradition römischer Bestattungsriten legten die Bewohner der Siedlungen ihre Gräber vorwiegend entlang der Römerstraßen an wie z.B. bei Murnau, Polling, Weilheim oder Wielenbach, aber auch in Sindelsdorf. Hier konnte das älteste Grab auf eine Zeit um 600 n. Chr. datiert werden, der größte Teil der Steinplattengräber entstand im 7. und 8. Jahrhundert.[64] Eine Bestattung in Steinplattengräbern an alten Römerstraßen muss nicht zwingend Zeichen eines Weiterbestehens romanischer Bevölkerungsreste sein, sondern könnte auch auf eine mächtige Familien verweisen, die hier für die Sicherung der bestehenden Straßen zuständig war und ihre Angehörigen nach römischen Vorbildern bestattete.

Auch Weichs mit der Kirche St. Georg hat möglicherweise römische Ursprünge. Die Kirche liegt wie ein Brückenkopf an der Loisach. Schräg gegenüber befand sich die Siedlung auf dem Moosbergköchel.
Foto Edgar Hohl

Schräg gegenüber Hagen und auf einem Ausläufer des Höhenrückens, der das Loisachtal südöstlich der römischen Fernstraße Augsburg – Weilheim – Murnau – Partenkirchen begrenzt, liegt Weichs (Wihse im Jahr 1185). Direkt gegenüber Weichs befand sich aber auch die spätrömische Siedlung auf dem Moosberg, dazwischen das weite Bett der Loisach, das zu römischer Zeit mit einer langen Brücke überspannt gewesen sein muss. Beide Orte wirken wie Wachtposten oder Brückenköpfe am Fluss. Der Namentyp *wîhs* entspricht dem gotischen *weihs* für Dorf oder Flecken und hat mit dem lateinischen Wort *vicus* gemeinsame Wurzeln. Dieser Namentyp kennzeichnet, so wird vermutet, Siedlungen einer vorbairischen, nicht-romanischen Bevölkerung. Auch außerhalb Bayerns finden sich Weichs-Orte in der Nähe zu wichtigen Verkehrsverbindungen, die häufig auf römischen Strukturen beruhen.

In Weichs liegt die Kirche St. Georg in bevorzugter Lage auf einem leichten Sporn; hier wurde im 19. Jahrhundert das Grab eines kriegerischen Mannes mit Spata und Sax aufgedeckt, Anzeichen einer militärisch gesicherten Niederlassung.

Nach der Ansicht Irmtraud Heitmeiers könnte es sich bei der Besatzung am Brückenposten Weichs um Anzeichen eines militärischen Zugriffs der fränkischen Merowinger bzw. des von ihnen eingesetzten agilolfingischen Herzogs auf die immer noch wichtige Fernverkehrsstraße und damit auf das Voralpenland handeln.[65]

Standorte von Brücken waren in römischer Zeit Staatsbesitz; Rechtsnachfolger des römischen Fiskus nicht nur an Brückenstandorten wurden die fränkischen Könige, später auch die Herzöge. Nicht selten wurde dieser Besitz an Bischöfe und neu gegründete Klöster weitergegeben, um mit den Gründungen neuer, fränkisch orientierter Machtzentren die Macht des Königs zu dokumentieren. Genau dieser Vorgang – der Übergang römischen Fiskalbesitzes an den fränkischen König und dann an den Bischof von Augsburg – dürfte bei der Gründung eines Klosters im Norden des Murnauer Mooses, jenseits des Molasserückens, eine wichtige Rolle gespielt haben.

Ludwig Neureuther
Seehausen mit Staffelsee 1802

Das Machtzentrum im Staffelsee

Das Kloster auf der Insel Wörth im Staffelsee war zweifellos seit dem 8. Jahrhundert ein regionales Machtzentrum. Die Lokalisierung des Ortes „civitas Stafulon" in einer Quelle aus dem Ende des 7. Jahrhunderts mit möglichen Wurzeln bis in das 6. Jahrhundert ist unsicher [66] und somit auch die Vermutung, hier hätte sich ein spätrömischer oder frühmittelalterlicher Bischofssitz befunden. Auf der Insel, die in der mittleren und spätrömischen Kaiserzeit als Rückzugsort für die bedrohte Bevölkerung gedient hatte, wurden bei den Ausgrabungen keine Beweise für den Sitz eines Bischofs im Staffelsee gefunden, wohl aber Gebäudereste, vielleicht die Relikte eines großen Hofes, eine Begräbnisstätte des 6. Jahrhunderts und ein steinernes Gebäude, wahrscheinlich eine Kirche, aus der zweiten Hälfte des 7. Jahrhunderts. All dies sind Hinweise auf die Präsenz einer reichen und mächtigen Familie am Staffelsee.[67] Das Machtzentrum im See war also bereits im 6. Jahrhundert vorhanden, wenn auch besetzt von Laien, nicht von Mönchen. Und es spricht viel für die Annahme, dass schon die adelige Familie auf der Insel Wörth eine Funktion als Kontrolleure des Verkehrs auf der Fernstraße übernahm.

Dieser Kirche mit dem Patrozinium des hl. Michael, gelegen „ad stagum Staphala", also am Staffelsee, und damit an der römischen Fernstraße von Italien über Augsburg an die Donau, schenkte die begüterte Adelige Wangart im Jahr 750 n. Chr. ein Gut in Obersöchering, möglicherweise zur finanziellen Unterstützung eines Neubaus. Denn noch in der ersten Hälfte des 8. Jahrhunderts wurde das steinerne Gebäude samt einigen Nebengebäuden abgerissen und das Gelände planiert, um Platz für einen größeren Kirchenbau samt Kloster zu schaffen. Obersöchering liegt allerdings auch an der alten Salzstraße, die Schenkung Wangarts verschaffte also dem Kloster einen Standort an dieser Fernstraße. Eine später im Kloster Benediktbeuern beschriebene Gründung und damit Abhängigkeit des Staffelseeklosters von Benediktbeuern ist nicht wahrscheinlich; Beziehungen der beiden Klöster untereinander müssen aber bestanden haben, denn zwei Äbte von Benediktbeuern starben angeblich auf der Insel Wörth: Abt Lantfrid (bald nach 772) und Abt Ringrim. Anstöße zur Gründung des Klosters gab wohl der örtliche Adel, vielleicht ein Zweig der Huosi, das Michaelspatrozinium deutet allerdings eine Beteiligung der agilolfingischen Herzogsfamilie an.[68]

Durch seine Lage an der alten Römerstraße, einer auch noch im Frühmittelalter wichtigen Fernverbindung, reiht sich das Kloster ein in die Kette adeliger oder auch herzoglicher Klostergründungen an schon länger bestehenden Fernstraßen: Zu nennen sind neben Polling und Wessobrunn vor allem Benediktbeuern, Scharnitz-Schlehdorf oder auch Schäftlarn.[69] Die Gründerfamilien waren in allen genannten Fällen äußerst mächtige und wohlhabende Adelsgruppen mit weitreichenden politischen Beziehungen – die erwähnte Adelige Wangart schenkte übrigens nicht nur an das Staffelseekloster, sondern auch an Benediktbeuren und an Schlehdorf. Durch die Gründung eines Klosters und damit eines Versorgungszentrums für Reisende an einer Straße mit überregionaler Verbindung konnte ein Netz von Kontrollpunkten über das Alpenvoland gelegt, dabei aber auch die Machtposition der eigenen Familie weiter gefestigt und ausgedehnt werden und damit letztendlich des fränkischen Königs.[70]

Die Situierung der neu gegründeten Klöster wurde später häufig als „in der Einöde" angegeben, eine Rechtfertigung späterer Zeitgenossen für die weltlichen Aufgaben der Gründung angesichts der geforderten Abgeschiedenheit nach den Regeln Benedikts lebender Mönche. Eine Lage des neuen Klosters auf einer Insel im See war gut vereinbar mit dem Topos der mönchischen Einsamkeit, der allerdings auch im Falle des Klosters Staffelsee keineswegs der Realität entsprach: Jedem Reisenden musste das Kloster auf der Insel sofort ins Auge fallen und die Erreichbarkeit dürfte durch eine Brücke gesichert gewesen sein, wie sie noch bis ins späte 18. Jahrhundert von den Seehauser Kirchenbesuchern benutzt werden musste.[71]

Die im Staffelseer Urbar erwähnte Mühle „Ascha" bei Uffing auf einem Plan (Ausschnitt) von 1699

Als Beauftragte des Bischofs von Augsburg um 800 n. Chr. Kirche und Kloster besuchten und ein Inventar von Kirche und Grundherrschaft anlegten, fanden sie einen mit wertvollen Kultusgegenständen aus Gold, Silber und Kristall ausgestatteten Kirchenbau vor, dazu Altartücher und Priestergewänder aus Seide und gefärbter Wolle. Das Kircheninnere war geteilt durch Chorschranken aus Sandstein, die darauf hindeuten, dass die Kirche von Anfang an nicht nur als Klosterkirche, sondern auch für die Bevölkerung der Umgebung gedacht war, die durch die Chorschranken von den Mönchen getrennt, in der Kirche an der Messe teilnahmen. Die Bibliothek umfasste 43 Bücher, ein wertvoller Schatz in dieser Zeit, und in der gut ausgestatteten klösterlichen Schreibstube könnte das Wessobrunner Gebet entstanden sein, dieses frühe schriftliche Zeugnis des Christentums in Bayern. Im Klosterbereich war außerdem eine Werkstatt für Metallverarbeitung bzw. eine Gießerei untergebracht.[72]

Sowohl die Ausstattung der Kirche als auch des Klosters mit seiner Schreibstube deuten darauf hin, dass das Kloster bereits längere Zeit vor der Inventarisierung existierte und während dieser Zeit überregionale Bedeutung als geistiges Zentrum erlangt hatte; für die Christen der Umgebung war und blieb die Kirche St. Michael das Zentrum der christlichen Religion, die zu dieser Zeit wohl nicht nur in der Gegend um Murnau ausgeübt wurde. Seit dem späten 4. Jahrhundert war das Christentum im Römischen Reich und damit auch in Rätien II Staatsreligion, zumindest offiziell gab es heidnische Kulte nun nicht mehr. Unter gotischer Hoheit und schließlich auch unter fränkischer Herrschaft seit der Mitte des 6. Jahrhunderts waren die Herrscher Christen und förderten christlichen Kultus und christliche Priester. Welchen Religionen die Germanen oder Alemannen folgten, die auf unterschiedlichen Wegen in Bayern ankamen und hier sesshaft wurden, ist nicht bekannt. In einem Gebiet mit nachweislich christlichen Herrschern aber ist ein in der Öffentlichkeit praktizierter heidnischer Glaube nicht denkbar. Ihre Bestattung ohne christliche Zeichen, dafür aber mit Beigaben wie Amulette oder Schmuck und Waffen, sogar Anzeichen veranstalteter Kultmäler sind nicht zwingend Beweise für heidnische Glaubensrichtungen, sondern deutet eher darauf hin, dass sich in Bayern Angehörige unterschiedlicher christlicher Glaubensgemeinschaften befanden.[73] Im Umkreis des Staffelsees war eine offene Verehrung heidnischer Gottheiten seit dem 7. Jahrhundert sicher nicht mehr möglich.

Der Reichtum des Staffelseeklosters zeigte sich in der umfangreichen Ausstattung von Kirche und Schreibstube, die finanzielle Grundlage dafür bildete jedoch ein umfangreicher Grundbesitz von insgesamt 740 „jurnales" Ackerland, also eine Fläche, die an insgesamt 740 Tagen umgepflügt werden konnte (schätzungsweise etwa 250 Hektar) sowie Wiesen, die 610 Wagenladungen Heu ergaben. Zentrum der Bewirtschaftung dieser riesigen Fläche war der große Gutshof, der Fronhof (curtis et casa indominicata) mit immerhin 72 Landarbeitern; der größte Teil des direkt zum Gutshof gehörigen Grundbesitzes samt einer Mühle (bei Uffing) – befand sich nicht auf der Insel sondern auf dem festen Land um den Staffelsee.[74]

Neben dem Anbau von Getreide war der Gutshof auch Zentrum einer gut organisierten Vieh- und Geflügelzucht, im See wurden Fische gefangen, die Bienen von 17 Bienenstöcken lieferten Honig. Für welchen Zweck 24 Frauen in der Weberei Tuche aus Wolle oder Leinen herstellten, bleibt unklar, es dürfte sich aber dabei um den Bedarf der hier Lebenden gehandelt haben. Wie das Inventar zeigt, konnte der Hof über einen längeren Zeitraum eine größere Anzahl von Menschen mit Nahrung versorgen und diese gleichzeitig auch beherbergen – fünf Federbetten samt Kopfkissen für besonders hochstehende Gäste sind ebenfalls verzeichnet. Wie alle Klöster war auch das Staffelseekloster verantwortlich für die Beherbergung des reisenden Königs oder Bischofs samt ihrem Tross. So ist von Bischof Ulrich von Augsburg bekannt, dass er sich häufiger am Staffelsee aufhielt und König Otto III reiste im Jahr 1000 nach Chr. von Rom über den Staffelsee nach Norden.[75]

Die dem zentralen Gutshof angegliederten Bauernhöfe, 23 *mansi ingenuiles* sowie 19 *mansi serviles*, Höfe freier und unfreier Bauern, lieferten Lebensmittel wie Eier und Schlachttiere über das Jahr verteilt. Die Bauern hatten außerdem gewisse Botendienste zu verrichten, Wein für das Kloster zu transportieren oder auf dem Land des großen Hofs zu arbeiten. Ihre Frauen buken Brot oder rösteten Malz für Bier. Trotz der großen Anzahl von Rindern, die auf dem Hof und auch bei den angegliederten Bauernhöfen – hier waren es vor allem Ochsen, die auch auf dem Feld eingesetzt werden konnten –, finden sich die später so beliebten Käselaibe nicht auf der Liste der Abgaben. Die Milchwirtschaft beschränkte sich anscheinend auf die Herstellung von Butter, Rinder dienten als Zugtiere auf den Feldern oder als Fleischlieferanten, Pferde wurden für Botendienste oder den Krieg benutzt.[76]

Die Größe der gesamten Grundherrschaft des Staffelseeklosters wird auf etwa 850 Hektar geschätzt.[77] Die dem Gutshof angegliederten Höfe sind nicht einzeln genannt und daher schwer zu lokalisieren. Die Grundherrschaft war jedoch sehr ausgedehnt, umfasste mehrere Dörfer und reichte mindestens bis nach Obersöchering, wo, wie schon erwähnt das Kloster im Jahr 750 eine Schenkung erhielt, wahrscheinlich aber reichte der Klosterbesitz bis Murnau.

Das Vorhandensein eines römischen *vicus* bzw. *castrum* auf dem Moosberg setzte voraus, dass für die Versorgung dieser Siedlung und der Reisenden auf der Fernstraße eine landwirtschaftliche Anlage in der Nähe zuständig war und vieles spricht dafür, dass dieser landwirtschaftliche Komplex in dem großen Haupthof des Klosters weiter bestand, wenn auch vielleicht in veränderter Form. Als Rechtsnachfolger übernahm dann zuerst der fränkische König diesen Besitz bzw. später der Augsburger Bischof.[78] Auch einige für die Pächter der Höfe festgelegten Leistungen verweisen auf römische Wurzeln dieser Anlage. So findet sich im Urbar der Begriff *paravredus*. Nach römischem Recht hatten die Bewohner des Römischen Reiches bestimmte Dienste zu leisten, die *munera publica*. Dazu zählte auch das *paravredus*, das „Bedarfsdienstpferd" für den *cursus publicus*, der „Staatspost" auf den römischen Fernstraßen.[79]

Für das Kloster auf der Insel Wörth hatten 19 *mansi servilis* (unfreie Mansen) diesen Dienst zu leisten – ein Hinweis auf das Weiterbestehen der römischen Reichsstraße – unüblich aber war die Verpflichtung von Unfreien zu diesem Dienst. Noch zur Zeit Ludwigs d. Frommen wurde die Stellung des Pferdes als eine öffentliche Aufgabe angesehen und war abhängig vom Vermögen des jeweiligen Grundherrn. Grundbesitzer aber neigten schon seit dem 5. Jahrhundert dazu, diesen Dienst an ihre Grundholden weiter zu geben, so auch das Staffelseekloster: Hier gab es im Haupthof nur ein einziges Reitpferd, man konnte ja auf die Pferde der Bauern zurückgreifen, die für „ihre" Pferde auch noch das Futter zu besorgen hatten. Die Inhaber freier Hufen waren außerdem zu Reiterdiensten für militärische Zwecke verpflichtet – falls sie sich nicht mit der Zahlung einer Kuh davon befreiten.

Auch grundherrliche Leistungen wie Holzlieferungen, Brotbacken etc., ebenfalls genannt im Staffelseer Urbar, waren ursprünglich öffentliche Leistungen, die später vom eigentlich dazu verpflichteten Grundherrn an seine bäuerlichen Pächter weitergegeben wurden. Das Vorhandensein einer Weberei (genitium) im Haupthof, mit 24 Weberinnen, wird als zusätzlicher Hinweis auf einen seit der spätrömischen Zeit dort existierenden Hof gesehen und für antike Vorbilder spricht möglicherweise auch das angewandte Getreidemaß „carrada", ein antikes Hohlmaß für Getreide, das bei Lieferungen für den Kriegsdienst verwendet wurde. Ob allerdings die zweigeteilte Grundherrschaft des Klosters, die bisher als für das Mittelalter beispielhaft gesehene „Villikation" mit einem großen Gutshof und mehreren angegliederten Höfen ebenfalls auf spätantiken Vorbildern beruht, ist noch nicht ausreichend geklärt.[80]

Irmtraut Heitmeier nennt als einen weiteren Beleg für das Vorhandensein einer spätantiken Rast- oder Versorgungsstation am Staffelsee den Namen des Sees *Staphala* oder *Staphinsei*: Das Wort Stafel oder Stofel, das in Siedlungsnamen an wichtigen Straßenverbindung zu finden ist, geht auf *stabulum* – Stall zurück, konnte aber auch Gasthof oder Herberge bedeuten.[81] In einem *stabulum* wurden auch Pferde für die Weiterfahrt zur Verfügung gestellt – man ist versucht, diese Dienste mit den genannten Reit- und Botendiensten der Staffelseer Pächter in Verbindung zu bringen.

Die Funktion des Klosters im Staffelsee war also vielfältig: Es übte in der Nachfolge spätantiker Gegebenheiten die Kontrolle über den Personen- und Warenverkehr aus, ließ Leistungen von Transport, Hand- und Spanndiensten erbringen und war dabei wohl auch zuständig für die Sicherung von Verpflegung und Unterkunft auf dem Weg – nicht nur für hochstehende Reisende wie Bischöfe oder den König, die hier eine luxuriöse Unterkunft fanden. Sicherheit auf dem Weg boten die Mönche auch in anderer Form: mit ihren Gebeten als religiösem Beistand, ein nicht zu unterschätzender Vorteil in diesen unsicheren Zeiten. Daneben war das Kloster und sein Personal eingebunden in eine vom Herzog – und im Auftrag des Königs – organisierte, überregionale Militärorganisation, die auf eine Verteidigung des Voralpenlandes ausgerichtet war.[82]

Über das Ende des Klosters im Staffelsee ist nichts bekannt. Noch im Jahr 1000 n. Chr. konnte hier Kaiser Otto III. einen längeren Aufenthalt nehmen und für Magdeburg eine Urkunde ausstellen – ein Hinweis darauf, dass das Kloster oder zumindest der große Gutshof zu dieser Zeit noch intakt war und nicht von den Ungarn zerstört worden war, wie man vermutet hatte. Auch fanden sich bei den Grabungen auf der Insel keine Spuren einer Zerstörung oder Skelette. Im 14. Jahrhundert entstand dann ein dreiseitiger Chorbereich für die mittlerweile zur Pfarrkirche umgewidmete Klosterkirche, zu dieser Zeit existierte das Kloster nicht mehr.[83]

Ob das Inselkloster im Staffelsee auch Sitz eines Bischofs von Neuburg war, wie vermutet wurde, konnte bisher nicht geklärt werden. Das Bistum Neuburg, das als ein schmaler Streifen südlich der Donau und östlich des Lechs zu suchen ist, bestand nur für kurze Zeit ab ca. 750 und war bereits zu Beginn des 9. Jahrhunderts mit dem Bistum Augsburg vereinigt.[84] Während der kurzem Zeit des Bestehens eines Neuburger Bistums oder auch Chorbistum für den bayerischen Teil des Augsburger Bistums östlich des Lechs könnte der Neuburger Bischof allerdings die Gründung einer Versorgungsstation für die Reisenden im Murnauer Moos veranlasst haben.

Das Heiliggeist-Spital „Weghaus"

Als neue Straßenstation und Herberge sollte möglicherweise eine Unterkunft am Weghauser Köchel dienen – eine Erklärung für bisher ungelöste Rätsel, die eine nur als Abschrift überlieferte Urkunde von 1246 aufgibt. In dieser Urkunde verfügte Bischof Siboto von Augsburg die Trennung der bisher gemeinsam verwalteten Hospitäler von Murnau und Burgheim südwestlich von Neuburg an der Donau. Das Hospital in Burgheim unterstellte Bischof Siboto im Jahr 1246 mit Zustimmung des Grafen von Lechsgemünd dem Kloster der Zisterzienserinnen von Niederschönenfeld, das Schicksal des Spitals Murnau konnte bisher nicht geklärt werden. Murnau besaß im Mittelalter kein Spital, mit dem „Hospital" dürfte aber das nahe Weghaus „bei Puelach" gemeint sein, an der Straße entlang des Murnauer Moores, und das als Heilig-Geist-Spital im 15. Jahrhundert ein gewisser Ulrich Nick verwaltete.[85]

Die ursprünglich gemeinsame Verwaltung zweier so weit voneinander entfernten Einrichtungen erscheint widersinnig; sie kann nur als ein vorläufiger Notbehelf entstanden sein. Zieht man aber in Betracht, dass der römische *vicus* Burgheim ebenfalls an einer Straßenverbindung über Augsburg nach Neuburg lag, einem seit der frühen römischen Kaiserzeit belegten Kastell, und darüber hinaus im Bereich des ehemaligen Bistums Neuburg, ergibt sich durchaus ein Zusammenhang:[86] In dem schmalen Streifen seines Bistums ordnete der Bischof die begleitende Infrastruktur an bestehenden Fernverbindungen und gründete Versorgungsstationen für Reisende.

Die Wahl des Standorts war wohl von mehreren Faktoren abhängig: Der Weghauser Köchel liegt nur wenige Meter von der römischen Straße entfernt und im Fall eines Hochwassers bietet der Köchel Schutz. Darüber hinaus war das Weghaus herzogliches Kammergut, ein Hinweis auf ursprünglich römisches Fiskalgut im Bereich der Straße, das mittlerweile der wittelsbachische Herzog an sich gebracht hatte. Die für die Versorgung des Spitals zugrunde gelegten Grundstücke und Hofstellen befanden sich zum Teil ebenfalls auf Herzoggut, das vom Bistum Augsburg erkauft worden war: auf dem Molasseriegel zwischen Murnau und Staffelsee.

Und das Heilig-Geist-Spital Weghaus konnte bis in das 15. Jahrhundert den Zins aus einem Gut in Zirl einnehmen, der Spital-Pfleger verkaufte nun erst diesen Zins an einen Kleinbauern in Zirl.[87] Der Ort Zirl in Tirol lag bekanntlich ebenfalls an der Verbindung zum Brenner und war ein wichtiger und mit Mauern befestigter Straßenknotenpunkt im römischen Straßennetz. Es bestanden also besitzgeschichtliche Verbindungen des Weghauses zur römischen Via Claudia Augusta.

Schon in der merowingischen Zeit konnte bei Siedlern an römischen Straßenabschnitten die Verpflichtung zum Bauunterhalt eingefordert werden, wie Beispiele aus Gilching und Helfendorf nahelegen. (Auch im Bereich von Murnau fanden sich übrigens Gräber aus der Zeit des Frühmittelalters am Rande der ehemaligen Römerstraße.[88] Möglicherweise handelte es sich also beim Weghaus um eine Einrichtung, die ursprünglich und seit der Frühen Neuzeit auch für den Straßenunterhalt zuständig war. Die Einrichtung eines Spitals kam dann vielleicht erst im 8. Jahrhundert dazu. Der Name des Hauses „Weghaus des hl. Geist zu Pulach" (auch puelah) ist jedenfalls nicht römisch, sondern könnte zurückgehen auf „Buchenwald" bzw. „Buchenhain".[89]

OCCIDENT.
A.
A.
B
C
E.
F.
G.
ORIENT.

Das Kloster auf der Insel Wörth im Staffelsee mit den Dörfern des Pfarrsprengels und dem Markt Murnau 1772/73

Das Kloster war im Mittelalter Herrschaftsmittelpunkt im Raum Murnau. Bewohner der umgebenden Orte mussten für den Weg zu ihrer Kirche auf der Insel eine Brücke überqueren. Der Markt Murnau erhielt erst im 15. Jahrhundert eine eigene Kirche.

Heinrich Bürkel
Im Murnauer Moos um 1845/50

Das Bild enthält die typischen Versatzstücke: Ein kleiner Moorsee mit Kiebitz, eine Ansammlung von Weidetieren und eine Mutter mit Kind auf einem Weg durch das Moor vor dem Gebirge als Hintergrund.

2
Das bäuerliche Weidegebiet

Herrschafts- und Besitzverhältnisse

Ob der Hof „in Ramsach" der 1316 in einem Urbar des Hochstifts Augsburg genannt wird, bereits um 800 zur Grundherrschaft des Staffelseeklosters zählte, lässt sich nicht mehr mit Sicherheit feststellen, es spricht jedoch einiges gegen eine Verbindung zu dieser frühen Zeit. Um 1300 jedenfalls ist hier ein großer Hof, eine *curia* zu finden. Eine Besonderheit dieses großen Hofs am Rand des Murnauer Mooses ist die Nähe zu einem der ältesten Kirchenbauten der Umgebung, zur Kirche St. Georg. Diese kleine Kirche, die noch bis in das späte 17. Jahrhundert ohne Kirchturm abgebildet wird,[90] gilt nach der örtlichen Tradition als älteste Kirche der Umgebung; eine Inschrift an der Decke nennt als angenommenes Gründungsdatum „c. anno 750" und damit auch etwa den Zeitpunkt des Neubaus der Staffelseer Klosterkirche. Die noch in der Kirche aufbewahrte kleine Glocke aus Eisenblech, die deutliche Ähnlichkeiten mit einer Kuhschelle aufweist, dürfte ebenfalls im 8. Jahrhundert entstanden sein.[91] Irische Mönche des Klosters Iona könnten diese Glocke mit nach Bayern gebracht haben, im fränkischen Reich war das Vorhandensein einer Glocke seit 801 in jeder Kirche ein Pflichtbestandteil. Wie Karl der Große in diesem Jahr verfügte, musste vor dem Gottesdienst die Glocke läuten und die Gläubigen hatten diesem Ruf zu folgen. Die Glocke einte damit nicht nur die Gläubigen zu einer Gemeinschaft, sondern war das Zeichen einer von außen aufgezwungenen Zeiteinteilung.[92]

Einen Hinweis auf ältere, auf provinzialrömische Ursprünge der kleinen Kirche könnte das Georgspatrozinium liefern. Der hl. Georg wurde vor allem im Alpenraum an römisch-christlichen Kultorten oder Siedlungen verehrt und hier, in der Nähe zur Römerstraße bzw. der Siedlung auf dem Moosbergköchel könnte sich auch der in friedlichen Zeiten bewohnte *vicus* befunden haben. Die Kirche des bereits erwähnten Ortes Weichs ist ebenfalls dem hl. Georg geweiht und eine Verehrung des hl. Georgs ist auch für den merowingischen Adel seit dem 6./7. Jahrhundert bezeugt, frühe Kirchen mit dem Georgspatrozinium entstanden in Mainz oder in Regensburg. Eine Entstehung dieser beiden Kirchen in der Phase der Besetzung des Voralpenlandes durch die frühen bayerischen Herzöge im Auftrag der Franken ist also auch denkbar.

Max Fastlinger sieht außerdem in den Patrozinien St. Georg und St. Margareth Anzeichen für eine Moorkolonisierung, wobei eine Verbindung besteht von „altchristlichen Georgskirchen" in den älteren Dörfern und der hl. Margarethe geweihten Kirchen in Orten, die erst durch die Kultivierung der umgebenden Moore entstanden sind. Beide Heilige weisen außerdem noch ein gemeinsames Attribut auf: den Drachen, eine Sagengestalt aus dem Moor. Auch wenn sich diese Patrozinien nicht bis in das Frühmittelalter zurückverfolgen lassen, ist die Häufung der beiden Heiligen und ihr gemeinsames Attribut, der Drache, im Bereich der bayerischen Moore doch auffällig: St. Margareth in Zell bei Sindelsdorf mit St. Georg in Großweil, dazu auch Beispiele im Kolbermoor und im Langenbürgener Moor sowie St. Margareth in Moorenweis, eine Kultivierung des Klosters Wessobrunn.[93]

Bild oben
Ramsachkirche und Wettersteingebirge, Postkarte von 1911

Bild unten
Die alte Glocke der Kirche St. Georg
Foto Thomas Lenhart

Im Jahr 1332 erwarb Kaiser Ludwig der Bayer vom Augsburger Bischof ausgedehnten Grundbesitz des Hochstifts für seine Stiftung Ettal; enthalten war darin auch die kleine Kirche an der Ramsach. Die Kirche wurde aber erst im Jahr 1444 in die Pfarrei Staffelsee inkorporiert,[94] sie war also bis zu diesem Zeitpunkt nicht Teil dieser Pfarrei gewesen und stand damit auch nicht in direktem Zusammenhang mit dem Staffelseekloster. Zur Pfarrei St. Georg gehörte übrigens auch das Dorf Aschau, heute Grafenaschau.[95] Damit könnte die Georgskirche an der Ramsach unabhängig vom Staffelseekloster entstanden und sehr wohl die frühe Gründung einer weiteren bedeutenden Familie im Raum Murnau gewesen sein. Auch der dazugehörige Hof „in Ramsach" befand sich dann im Besitz dieser Familie und kam erst nach 800 an das Hochstift Augsburg.
Die spätere Funktion dieser Kirche ist nicht völlig geklärt. Im 17. und 18. Jahrhundert diente sie offensichtlich als Begräbnisstätte für Fremde oder vielleicht auch an ansteckenden Krankheiten Verstorbene und Hingerichtete. Die Kirche in Weichs wurde ebenfalls erst später, im Jahr 1256, in die Pfarrei der Staffelseekirche inkorporiert. Auch sie entstand also unabhängig vom Staffelseekloster.[96]

Im Urbar des Hochstifts Augsburg von 1316 werden neben den Wohnhäusern in Murnau auch die Höfe aufgelistet, die an das Hochstift Abgaben zu leisten hatten. Danach befand sich u.a. ein großer Amtshof in Seehausen, dazu weitere Bauernhöfe in Seehausen, Riedhausen und Weindorf, der schon genannte Hof „in Ramsach" sowie der große Hof in Eschenlohe.[97] Um 1300 reichte also der Grundbesitz des Hochstifts Augsburg vom Staffelsee aus auf die andere Seite der Bergriegels bis hinein in das Loisachtal und umfasste damit auch einen großen Teil des Murnauer Mooses einschließlich Aschau, aber ohne den Ohlstätter Filz.[98] Diesen Augsburger Besitz kaufte, wie schon erwähnt, Ludwig der Bayer und übergab ihn seiner Neugründung Kloster Ettal als Grundausstattung.

Die Weiderechte der Dörfer Seehausen, Weindorf und Riedhausen im Murnauer Moos, die immer wieder vom Markt Murnau bestritten wurden, verweisen auf ehemalige grundherrliche Zusammenhänge, die zu einem gemeinsamen Nutzungsrecht an der „Allmende" führten, zu der das Moos offensichtlich gehörte. Laut einem „Zetl mit alter Handschrift" hätten die von Riedhausen, Seehausen, Weindorf früher in der Zeit, „in der man mähen soll im Moos, nach ihrer Notdurft gemäht, unbeirrt von den Murnauern, auch der Mair und Bauleut die gesessen sind auf Ramsach und Rolausch… mögen das fürbringen zur Wahrheit".[99] Die drei Orte liegen jenseits des Bergriegels und in ihrer Umgebung waren ebenfalls Moore zu finden, die die Bauern als Weiden und für andere Zwecke nutzen konnten. Riedhausen und ein Großteil von Weindorf dürften deshalb zusammen mit Höfen am Murnauer Moos zum großen Grundherrschaftskomplex des Staffelseeklosters gehört haben.[100]

Das weiter östlich gelegene Kloster Benediktbeuern besaß ursprünglich ebenfalls Besitzungen in Weindorf: Spätestens 1055 waren hier zwei Höfe dem Kloster Benediktbeuern zum Weinsaumdienst verpflichtet und eine eng mit dem Kloster verbundene Adelsfamilie tätigte später in Murnau den Ort Weindorf betreffende Rechtsgeschäfte; in Hagen saßen Ministeriale des Klosters Benediktbeuern. Der Ort Murnau lag also an einem Schnittpunkt der Einflusssphären zweier Klöster bzw. ihrer Rechtsnachfolger.[101] Mit der Gründung des Klosters Ettal 1332 waren sämtliche Bauernhöfe in Weindorf im Besitz dieses Klosters.[102]

Seit der Mitte des 12. Jahrhunderts erscheint in den Quellen der Ort Murnau, der weite Teile des Murnauer Mooses als Gemeindegrund verzeichnen konnte und dessen Bewohner damit zu den intensivsten Nutzern des Moores gehörten.[103] Murnaus Entstehung hängt eng mit seiner Lage an der Fernstraße nach Augsburg zusammen; wie schon in der Siedlung auf dem Moosberg wohnten hier Handwerker und Dienstleister für Reisende. Die schon erwähnte Nennung eines Hospitals bei Murnau, das mit Weghaus gleichgesetzt werden kann, deutet dies ebenfalls an. Die Existenz von Benediktbeurer Ministerialen in leitenden Positionen in Murnau legen nahe, dass dieses Kloster am Ort zumindest großen Einfluss besaß. Im Jahr 1233 entstand auf dem Murnauer Schlossberg ein Wohnturm als Kern der späteren Burg – ein Zeichen dafür, dass der Hagener Burghügel als Kontroll- und Wachposten an der Fernstraße seine Bedeutung verloren hatte. Initiatoren dieses Baus könnten die Andechs-Meranier gewesen sein; nach dem Aussterben dieses bedeutenden Geschlechts besaßen die Wittelsbacher als dessen Besitznachfolger Rechte an der Burg und am Markt Murnau.[104]

Nach 1300 umfasste der Ort Murnau mindestens 15 Häuser, die dem Hochstift Augsburg zinspflichtig waren.[105] Neben den genannten Dienstleistern für Reisende sowie Handwerkerfamilien der dringend benötigten Gewerbe gab es am Ort natürlich auch Landwirte; zahlreiche Handwerker betrieben auch eine kleine Landwirtschaft.
Alle Bewohner von Murnau mit Bürgerrecht jedoch besaßen Nutzungsrechte an der Allmende, also auch am Moos, das angesichts der schlechten Bodenqualität auch auf den höher gelegenen Gründen eine wesentliche Rolle für die Landwirtschaft spielte.[106]

Ramsachkirche
St.-Georgs-Altar
Foto Franz Schiermeier

1332 kam der Ort Murnau, nicht aber die Burg, zusammen mit den übrigen Gütern des Hochstifts Augsburg an das Kloster Ettal. Der Rechtsstatus des späteren Marktes wurde dabei allerdings nicht eindeutig geklärt und in den folgenden Jahrhunderten sollte dieser Umstand zu einer langen Reihe von Rechtsstreitigkeiten mit dem Kloster führen. So wurde Murnau 1344 und später noch einige Male als Stadt bezeichnet, ab 1370 aber als Markt. Weder eine Verleihung des Stadtrechts und die damit verbundenen Privilegien noch des Marktrechts sind überliefert. Bürgermeister und Rat pochten aber auf alte, leider nicht zu beweisende Rechte. Im Jahr 1350 unterstellte Herzog Ludwig der Brandenburger alle dem Gericht Murnau angehörenden Personen und diejenigen, die dem Kloster Ettal zu eigen waren, dem herzoglichen Richter in Murnau. Andererseits unterstand Murnau mit der Schenkung von 1332 bereits der Ettaler Grundherrschaft und Gerichtsbarkeit; 1347/48 ist für Murnau zum ersten Mal ein Richter des Klosters bezeugt. Diese heute nicht mehr nachvollziehbaren Widersprüche bemühte sich keiner der bayerischen Herzöge und Kurfürsten aufzulösen; sie unterstützten im Gegenteil die Forderungen beider Seiten.[107]

Bäume, Bäche, Wege und Grenzsteine als Grenzmarchen auf dem Grainbichl, bei Moosrain und im Langen Filz auf einem Plan von ca. 1600.

Auf dem gesamten Molasserücken oberhalb des Murnauer Mooses, an dem auch Murnau liegt und auf seiner Fortsetzung nach Osten befand sich im Spätmittelalter vor allem Besitz der Wittelsbacher, Besitz, den die Herzöge wie schon das Hochstift Augsburg vor ihnen zur Anlage von Schwaigen nutzten. So verkauften im Jahr 1338 Johann Heinrich von Ohlstadt und seine Frau Agnes ihre von Herzögen von Bayern als Lehen ausgegebene Schwaige auf dem Perlach (Perloh), später auch als Guglhör bezeichnet, an das Kloster Ettal.[108] 1476 stellte Herzog Albrecht IV. einen Erbrechtsbrief für den Markt Murnau aus und überließ damit den Murnauern die Güter Mitterried und Niederried sowie den Grainbichl-Wald.[109]

Der Rat des Marktes Murnau hatte schon 1360 zwei Höfe in Oberried vom Kloster Polling erstanden.[110] Um die Holzrechte im Grainbichl wurde jahrzehntelang mit Kloster Ettal sowie den Dörfern Riedhausen und Weindorf gestritten, da das Kloster den Riedhausern und Weindörfern erlaubt hatte, in dem Wald Holz zu schlagen.[111] Ebenfalls am Nordrand des Murnauer Mooses und in der Nachbarschaft des Hofs Ramsach bei der Kirche St. Georg war Besitz der Herzöge an das hl. Geist Weghaus ausgegeben: das Reischlgütl und der Rollischhof (Gut Rolausch). Nach langwierigen Tauschverhandlungen kamen diese Höfe in den Besitz des Marktes Murnau bzw. des Frühmessbenefiziums in der Murnauer Kirche St. Nikolaus.

Sämtliche Betriebsgebäude der Höfe wurden auf Befehl der Herzöge „wegen der Bärenjagd" abgerissen, die Grundstücke, soweit sie nicht schon anderweitig verpachtet waren, in Parzellen (Lüsse) unterteilt und an Murnauer verpachtet.[112]

Das bereits erwähnte Weghaus war und ist Teil des Gemeindebezirks Eschenlohe, nahm aber lange Zeit eine Sonderstellung ein. Noch im 15. Jahrhundert existierte dort zumindest nominell ein Heiliggeistspital, das ein Pfleger verwaltete, der gleichzeitig aber dazu verpflichtet war, die Straße zwischen Eschenlohe und Murnau intakt zu halten. Das gesamte Gut war herzogliches Kammergut.

Den Pfleger des Weghauses aber ernannten die Räte der Orte Murnau und Weilheim. In einem Leibgedingsbrief von 1454 werden für diese Position Ulrich Nick und sein Onkel Heiz genannt; sie erhielten das Weghaus für einen Zeitraum von 12 Jahren, waren verpflichtet zum Unterhalt der Wege und Stege – also auch der Brücken über die Loisach sowie der Ramsach – und sollten außerdem ein fränkisch-zweigädiges Haus „auf dem Weghaus" bauen lassen, womit wohl ein neues Unterkunftshaus gemeint war.[113]

Bild oben
Das Gut Weghaus am Weghauser Köchel
Foto Thomas Lenhart

Siegel des „Heiliggeist Weghauses zu Puelach" aus dem 15. Jahrhundert. Das Siegel benutzte der Pfleger des Weghauses für Rechtsgeschäfte.

Die Stellung der Pfleger war ähnlich der Stellung städtischer Spitalspfleger in München oder auch Weilheim: Er verwaltete den Grundbesitz des Weghauses sowie die Zinserträge, führte mit Zustimmung des ursprünglichen Eigentümers Tauschhandlungen und Verkäufe durch, vergab Höfe und Grundstücke an Pächter und siegelte Rechtsgeschäfte mit einem Siegel des Hl. Geist-Weghauses – das Siegel zeigt einen Vogel, vielleicht eine Taube. Die Einnahmen des Weghauses waren erheblich und angemessen für eine Einrichtung, die zuständig war für den Wegeunterhalt, aber auch für die Versorgung von Reisenden.[114]

Bis in das 15. Jahrhundert gehörten zu den Einnahmen des Hl. Geist-Weghauses der Zehnt aus den beiden Höfe Ramsach und Rollisch, ein Gut zu Spatzenhausen sowie einige Wiesen im Bereich der ehemaligen herzoglichen Güter Mitter- und Niederried, aber auch der erwähnte Zins aus einem kleinen Bauernhof in Zirl. In der Mitte des 15. Jahrhunderts fand eine Umschichtung der Güter statt: Zur Arrondierung des Weghausgutes verkaufte der Pfleger mit Zustimmung der Herzöge, des Klosters Ettal und des Murnauer Rates alle entfernter liegenden Grundstücke und Zinseinnahmen.[115]
Von nun an bildete das „Urbarsgut" Weghaus zwischen den Gemeindegründen von Eschenlohe und Hechendorf einen abgeschlossenen Landbesitz von „etlichen 100 Tagwerk im Moos" bestehend aus Feldern, Wiesen und Weiden.[116]

Um 1600 übernahm Kloster Ettal das Weghaus und richtete hier eine Schwaige ein, die nach bescheidenen Anfängen um die Mitte des 17. Jahrhunderts vor allem Pferdezucht betrieb und nun zehn Stuten, dagegen nur drei Milchkühe aufzuweisen hatte. Daneben blieb das Weghaus Raststation, also Wirtshaus, der Wegmann hatte auch weiterhin für den Straßen- und Brückenunterhalt zu sorgen und durfte dafür Holz und wahrscheinlich auch Steine aus dem Weghausköchel verwenden.[117] Bis 1711 befand sich am Weghaus auch die bayerische Zollstation, auf Anraten Kloster Ettals wurde jedoch in diesem Jahr das alte Zollhaus – angeblich „zum Schaden des höchsten Interesses" – abgerissen, ein neues Zollhaus bei Eschenlohe gebaut und ein Zöllner angestellt, der „bis jetzt nichts unternommen" – er war offensichtlich seinen Pflichten zum Wasser- und Brückenbau nicht nachgekommen.[118] 1777 ließ das Kloster die Schwaige zu einem größeren Hof ausbauen und dort neben den üblichen Zugpferden auch eine größere Anzahl Rinder halten. Die Tiere weideten auf den Weiden der Schwaiger bzw. des Klosters bei den Köcheln.[119]

Die Mühle Mühlhabing an der Ramsach.

Die Mühle war Anlaufstelle für Holzlieferungen auf der Ramsach. Rechts oben die Kirche St. Georg auf einem Plan von 1699 (Ausschnitt).

Die Mühle Mühlhabing im Murnauer Moos, eine Mahlmühle samt Säge gehörte bis in das 19. Jahrhundert zur Gemeinde Eschenlohe und stellte damit eine Enklave im Gebiet des Murnauer Burgfriedens dar. Im Jahr 1678 allerdings wurde die Mühle auf Wunsch des Müllers auf Murnauer Gemeindegrund neu errichtet.[120] Das Dorf Eschenlohe aber kam samt der strategisch günstigen Burg auf dem Bergsporn über der Loisach erst 1295 bzw. 1296 nach dem Tod des letzten Grafen von Eschenlohe an das Bistum Augsburg.[121] Dorf und Mühle waren also bis in das späte 13. Jahrhundert bzw. 17. Jahrhundert einem anderen Herrschaftsbereich zugeordnet. Im Augsburger Urbar von 1316 ist dann das Dorf Eschenlohe Teil der Augsburger Grundherrschaft. Nach dem Verkauf der Augsburger Besitztümer an Ludwig den Bayern stellten die Gemeinden Eschenlohe und Murnau eine Besitzeinheit dar, die der Wittelsbacher 1332 in dieser geschlossenen Form seiner Gründung Kloster Ettal übergab.[122] Die Mühle Mühlhabing (Hæuwegen-Dammwege[123]) allerdings war darin ausgenommen. Sie besaß bis in das 15. Jahrhundert der Partenkirchener Adam Hammerspacher; das Kloster Ettal erwarb die Mühle erst 1450 bzw. 1452.[124] Sowohl herrschafts- als auch besitzrechtlich führte also Mühlhabing eine Sonderrolle.

Im Gegensatz zu diesem geschlossenen Besitz des Klosters Ettal mit den Gemeinden Eschenlohe und Murnau lagen die Höfe der Gemeinde Ohlstadt im Südosten des Murnauer Moos in einem anderen Herrschaftsbereich. Die spätere Hofmark Ohlstadt, zu der u.a. auch die Barthlmämühle und der Ort Weichs sowie die Einzelhöfe südlich der Loisach bis Gstaig gehörten, entstand aus dem Herrschaftsbereich um die Schaumburg oberhalb Ohlstadt.
Zu Beginn des 12. Jahrhunderts war diese Burg im Besitz des Bischofs von Freising, in den folgenden Jahrhunderten verschiedener Adelsgeschlechter. Erst nach dem Schleifen der Burg durch die Münchner im Februar 1414 gelangte der zur Burg gehörige Besitz an das Stift Schlehdorf, das hier die Hofmark Ohlstadt als geschlossenen Verwaltungs- und Gerichtsbezirk errichtete, in dem jedoch auch die Klöster Benediktbeuern, Schäftlarn und Ettal Grundstücke und Höfe besaßen.[125] Die Bauern der Gemeinde Ohlstadt hatten bereits im Frühmittelalter Zugang zum Moor und der Ohlstädter Filz war später Teil der Ohlstädter Gemeinde.

Max Joseph Wagenbauer
Ansicht von Murnau um 1800

Die Landwirtschaft im Raum Murnau

Über die im Raum Murnau um 800 praktizierte Landwirtschaft gibt allein das Inventar des Staffelseeklosters Auskunft. Die jährlichen Leistungen der Bauern unterteilten sich in Dienste wie landwirtschaftliche Arbeiten auf dem Land des Grundherrn, aber auch Fuhrdienste z.B. der Weintransport oder die erwähnten Kurierdienste und Kriegsdienst. Auf der anderen Seite standen die Lieferungen der Erzeugnisse dieser Höfe an den Grundherrn wie z.B. Korn unbestimmter Sorte, Flachssamen und Linsen. Vier Höfe in der Nähe des Waldes hatten jeweils zehn Ladungen Holz zu liefern, wobei nicht definiert wird, ob es sich um Brennholz oder Bauholz handelte.

Fast alle Höfe mussten Hühner und Eier abliefern, die Bauern hielten also Geflügel auf ihren Höfen. Die Abgabe von einem oder sogar zwei Ochsen pro Jahr verweist auf eine ausgedehntere Rinderzucht, die Forderung nach einem Packpferd pro Jahr auf die später so erfolgreiche Pferdezucht. Sowohl Pferde als auch Ochsen wurden nicht nur für den Ackerbau, sondern auch für den Krieg verwendet. Einige Bauern züchteten auf „ihren" Höfen Schweine – immerhin hatten einige Höfe vier Schweine pro Jahr an den Grundherrn abzuliefern. Mindestens ein Bauernhof hielt dazu Schafe, denn die Bäuerin musste nicht nur ein Stück Leinen, sondern auch wollenes Tuch weben, wobei die Zutaten offensichtlich vom Hof zu stellen waren.[126]

Schweine wurden zu bestimmten Zeiten in den Wald getrieben, Rinder und auch Pferde weideten in den wärmeren Monaten frei und dürften auch die zugänglichen Bereiche der Moore genutzt haben, die nicht nur bei Murnau, sondern auch um den Staffelsee zu finden waren. Sowohl Pferde als auch Rinder oder Schafe erreichten bis in das 18. Jahrhundert noch nicht die Größen moderner Rassen; selbst das Murnau-Werdenfelser Rind ist wohl eine Züchtung des ausgehenden 18. Jahrhunderts.[127] Kleinere und leichtere Tiere aber konnten durchaus auf Moorboden weiden, der die großen Rinder von heute nicht mehr trägt.

Für den Gutshof auf der Insel Wörth war im Inventar nur ein einziges Pferd aufgelistet. Ein freier Bauernhof *(mansus ingenuilis)*, dessen Pächter auch Botendienste zu leisten hatte, zahlte als jährliche Pacht u.a. ein Packpferd. Botendienste und ein Pferd, das Lasten tragen konnte, gehörte außerdem zu den Leistungen, die alle 19 unfreien Mansen *(mansi servilis)* zu tragen hatten. Möglicherweise lagen diese unfreien Höfe auf weniger gutem Ackerland, Weiden für Pferde waren außerdem leichter zu finden als für Rinder, da Pferde sich auch mit weniger anspruchsvollem Futter zufriedengeben, z.B. mit Sauergräsern.[128] Die Pferdezucht war also bereits um 800 im Murnauer Raum verbreitet.

Um 1300 wird dann der bereits erwähnte Hof „in Ramsach" wie auch die Höfe in Huglfing und Eschenlohe als *curia* bezeichnet, ein Zeichen dafür, dass diese Höfe ursprünglich dem Salland des jeweiligen Grundbesitzers angehört hatten und wohl im Verlauf des 12. Jahrhunderts an Pächter ausgegeben worden waren. Als zentraler Verwaltungsort des grundherrschaftlichen Bezirk am Staffelsee wird eine *curia* mit dem Beinamen Amthof in Seehausen genannt.[129]

Nach den im Urbar verzeichneten Abgaben hatte der Hof „in Ramsach" immerhin 12 Metzen (ein Metzen zu ca. 37 Liter) Weizen zu liefern sowie eineinhalb Mut (ein Mut zu ca. 889 Liter) Hafer (avene), die ehemalige Schweinelieferung war nun mit Geld abgelöst (VI solidos pro porco), dazu mussten noch fünf Hühner und 50 Eier pro Jahr abgegeben werden.[130]

Weizen ist für das Mittelalter auch im Pollendiagramm des Pfrühlmooses nachzuweisen, es handelte sich also bei dieser Abgabe tatsächlich um das Getreide und nicht um Buchweizen. Rinderzucht und Milchwirtschaft war wohl in dieser Zeit weniger bedeutend auf dem großen Hof; auch eine Geldsumme als Ablösung für Spanndienste oder andere ehemalige Dienste findet sich hier nicht. Hauptaufgabe dieses Hofes war damit der Anbau von Korn – von Weizen für Weißbrot – und vor allem von Hafer. Weizen und Hafer lieferten auch die kleineren Höfe (Halbhufen) in Weindorf und Riedhausen; Hafer war dazu ein Schwerpunkt bei den Höfen von Riedhausen (18 Metzen) und Eschenlohe (15 Metzen); die für die Küche benötigten Eier (50 Stück verteilt über das Jahr) werden von anderen Höfen wie z.B. Eschenlohe (100 Eier) noch übertroffen. Die ehemaligen Naturalabgaben des Salhofs *(curia villicalis)* in Eschenlohe waren im 12. Jahrhundert zu einem großen Teil in Geldabgaben umgewandelt worden: immerhin ein Pfund Münchner Pfennige musste der große Hof dort zusätzlich zu den erwähnten hundert Eiern und zehn Hühnern zahlen, ein Schwerpunkt der Bewirtschaftung lag hier wohl auf der Geflügelzucht. Woraus die Haupteinnahmequelle des Hofs bestand, die den Bauern erst ermöglichte das geforderte Pfund Pfennige zu bezahlen, ist aus dem Urbar nicht ersichtlich.[131]

Die Nutzung des Moores für den Anbau von Ackerfrüchten war im Mittelalter sicher nicht die Regel. Bei den im Pfrühlmoos gewonnenen Pollendiagrammen konnten jedoch auch Hinweise auf Buchweizenpollen gefunden werden. Buchweizen ist eine anspruchslose Ackerfrucht, die mit einer kurzen Vegetationsphase auskommt und auch auf Moorflächen ausgesät werden kann. Möglicherweise entstanden nach der Drainage auf Flächen im Loisachtal oder im Eschenloher Moor Buchweizenfelder.[132] Zum Sammeln von Beeren und Pilzen im Murnauer Moor für die Vorratshaltung der einzelnen Bauernhöfe sind keine Belege vorhanden, jedoch dürfte dies eine Selbstverständlichkeit gewesen sein. Die Rechte an Fischfang und Jagd lagen schon im Frühmittelalter bei den Grundherrn und ging ein Bauer auf die Jagd, war das Wilderei.[133]

Milchwirtschaft, heute wirtschaftlicher Schwerpunkt der Bauern um das Murnauer Moos, spielte zu dieser Zeit zumindest bei den alteingesessenen Bauern keine herausragende Rolle. Milchprodukte und vor allem den in den Klöstern beliebten Käse lieferten zu dieser Zeit vor allem die Schwaigen. Diese Höfe für Viehzucht und Milchwirtschaft waren seit dem 11. Jahrhundert entstanden, als Grundherrn für die stark wachsende Bevölkerung auch landwirtschaftlich weniger attraktive Grundstücke wie z.B. starke Hanglagen oder Almen der landwirtschaftlichen Nutzung erschlossen. Die Grundausstattung einer Schwaige bestand aus sechs Kühen, die der Pächter einer Schwaige durch Nachzucht auf dem gleichen Stand zu halten hatte und von deren Milch er im Jahr 300 Käse an den Grundherrn ablieferte.[134]

Die Eschenloher Schwaige, wohl eine Gründung der Grafen von Eschenlohe in Wengen, hatte eben diese 300 Käselaibe abzugeben, während eine weitere, neu gegründete Schwaige noch von Abgaben befreit war. Eine dritte Schwaige im Besitz des Augsburger Bischofs, die Schwaige in „Fremried" bzw. Fronried am Nordrand des Murnauer Mooses gelangte als Rollischhof zuerst in den Besitz des Klosters Ettal und kam 1444 an den Markt Murnau; diese Schwaige war ebenfalls zur Abgabe von 300 Käselaiben verpflichtet.[135]

Die Schwaigen des gleichnamigen Ortsteils von Eschenlohe am westlichen Rand des Murnauer Mooses entstanden spätestens ab dem 14. Jahrhundert. Als älteste Schwaige findet sich die Schwaige Hölnstain *(Hölenstainsaue)* in den Quellen; auf sie verzichtete 1349 Konrad der Eschenweck zugunsten Kloster Ettals und einer ewigen Messe für sein Seelenheil.[136] Spätestens seit dem Ende des 14. Jahrhunderts existierte die Schwaige Hinterbraunau, im 15. Jahrhundert folgten die Gründungen von Vorderbraunau, Apfelbichl und schließlich Plaicken.[137]
Im Nordwesten des Murnauer Moores, in Aschau und damit in der Nähe der herzoglichen Schwaigen Mitterried und Niederried, verfügten spätesten seit der ersten Hälfte des 15. Jahrhunderts die Preysinger, ehemalige Ministeriale der Wittelsbacher, über Besitz, den sie 1465 dem Kloster Andechs verkauften und der später tauschweise an das Kloster Ettal ging.[138] Auch hier handelte es sich offensichtlich um einen Hof, der als „Leibgeding" an einen Schwaiger ausgegeben war. Neben der für die Schwaige üblichen Ausstattung mit Vieh und Gerät gehörte zu diesem Hof auch ein „Holzrecht", das Recht im Wald Holz für den eigenen Gebrauch zu schlagen.[139] In der zweiten Hälfte des 15. Jahrhunderts ließ Kloster Ettal zur Arrondierung des Grundbesitzes im Bereich Aschau einige Wiesen ankaufen. Auf dieser Grundlage konnten dann weitere Schwaigen bzw. Höfe entstehen.[140] Schwaigrohr, zwei von Brüdern bewirtschaftete Schwaigen in unmittelbarer Nachbarschaft von Aschau, war eine Gründung Ettals im Jahr 1467.[141]

Pferde in Hinterbraunau
Foto Franz Schiermeier

Der Kampf um Weiderechte
Seit dem 12. Jahrhundert entstanden also um das Murnauer Moos eine ganze Reihe neuer Höfe, deren Pächter sich vor allem auf Viehzucht und Milchwirtschaft spezialisierten. Besonders die Eschenloher und Aschauer Schwaiger benötigten ausreichend Weideland für das Vieh, das sie für die Klosterwirtschaft füttern mussten. Dazu gehörten nicht nur Kühe und Ochsen sowie die vor allem für den Eigenbetrieb gehaltenen Schafe und Ziegen, sondern vor allem Pferde: Bis in das frühe 16. Jahrhundert war die Pferdezucht um Murnau so weit gediehen, dass Kaiser Karl V. im Jahr 1522 Bayernherzog Albrecht V. um die Erlaubnis bitten konnte, hier einige tausend Pferde als Packtiere für sein Heer ausheben zu lassen.[142] Viehzucht betrieben aber auch Bauern in Hechendorf, in Ohlstadt und in Eschenlohe, wobei auch noch Getreide für den Eigenverbrauch angebaut wurde. Weideland wurde also knapp und die Viehweide musste in einem sorgfältig abgestimmten Turnus organisiert sein.

Das Vieh blieb vom Frühjahr bis Spätherbst tagsüber oder auch ganz auf der Weide und dort suchte es sich seine Nahrung selbst. Zuständig für die Aufsicht über die Tiere waren ein oder mehrere von der Gemeinde bestellte Hirten – nicht selten gab es auch einen „Sauhüter" – oder aber der Viehhalter selbst bzw. seine Kinder. Ab dem Frühling und bis in den Herbst blieben die Tiere auf der Weide, das Vieh musste deshalb im Stall nur wenig zugefüttert werden, durchgängige Stallfütterung war nur im Winter üblich.

Als „Weide" konnte grundsätzlich jeder Grund benutzt werden, auch die im Rahmen der Dreifelderwirtschaft ungenutzte Brache, dann das Stoppelfeld, in das Pferde, Rinder, Schafe und Schweine nach dem Abernten getrieben wurden, da dort neue Gräser und Kräuter nachgewachsen waren. Bis zur Ernte umgab man die Felder mit Zäunen, nach der Ernte aber öffnete man sie wieder. Als Viehweide dienten schließlich auch die abgemähten Wiesen, die bis zur Heuernte ebenfalls eingezäunt wurden und anschließend dem Weidevieh zur Verfügung standen.[143]
Weide konnte aber auch der Wald sein, in den die Bauern ihr Vieh trieben und jedes Dorf hatte auch eine oder mehrere Almweiden zur Verfügung, auf die Schwaiger und die Bauern der Dörfer um das Murnauer Moos ihr Vieh im Sommer trieben.[144]
Viehweide war schließlich das Murnauer Moos selbst und mit zunehmendem Siedlungsdruck und einer wachsenden Anzahl auf den Höfen gehaltener Tiere ab dem 15. Jahrhundert häuften sich die Beschwerden über zu Unrecht genutzte Weiden und Übergriffe auf das wertvolle Tierfutter im Moos.

Dieser umzäunte Bauernhof ist typisch für die Zeit um 1800.

Das Murnauer Moos war im 15. Jahrhundert keineswegs eine unzugängliche Landschaft aus Filzen und Moosen, sondern ein in weiten Bereichen gepflegtes und genutztes Gebiet. Auf besonders dafür geeignetem Gelände waren durch Kultivierungsarbeit hauptsächlich einmähdige Wiesen entstanden, für die einzelne Bauern das Nutzungsrecht besaßen und die von ihnen auch vererbt oder verkauft werden konnten. So veräußerte 1487 ein Murnauer Bürger eine Wiese in der Nähe der Braunauer Schwaigen, diesseits, also östlich der Ramsach gelegen. Die Wiese war das Heiratsgut seiner Mutter gewesen und zur besseren Nutzung von einem Entwässerungsgraben, aber auch einem Zaun umgeben, um sie vor Weidetieren zu schützen.[145] Etwa hundert Jahre später verkaufte der Wirt von Habach einem Plaickener Schwaiger seine eigene Wies', die „Käschnitz" bei Murnau im Moos westlich der Rechtach zwischen beiden Köcheln gelegen, womit wohl Schmatzerköchel und Weghausköchel gemeint sind, also mitten im Moor.[146] Besonders die Gemeinde Murnau war aber auch darum bemüht, den Gemeindegrund zu vergrößern. So kaufte der Rat um 1483 die „Schafwies" und verpachtet sie an den Ratsknecht, dem erlaubt wurde diese Wiese einzuzäunen oder mit einem Graben zu „versorgen", war doch der Graben im Moos ein Zaunersatz [147]

Die nicht mit Zaun oder Graben umfangenen Gebiete befanden sich im Besitz der Gemeinden und waren für die Gemeindemitglieder als Weiden nutzbar oder wie die Eschenloher Gemeinde mitteilen ließ: … ist doch „das Moos zwischen Kressbach und Ramsach ein gemaines Moos und der Eschenloher täglich Trieb".[148]
Die Gemeindegrenzen und damit Weidegrenzen waren mit „Marchen", Grenzzeichen, oder aber besonderen Landschaftsmerkmalen wie auffälligen Bäumen, Kreuzen oder auch großen Steinen, gekennzeichnet. Grenzlinien zogen sich entlang der Bäche oder bis zu bestimmten Furten. Zwischen Aschau und Murnau im Nordwesten des Mooses stellte der Lindenbach die Grenze dar, im Südosten war offensichtlich die Ramsach entscheidend, bei Eschenlohe und Ohlstadt die Rechtach sowie die aus den Seen entspringenden Bäche. Grundsätzlich waren diese Markzeichen und Grenzen bekannt, konnten aber in Vergessenheit geraten oder verschwinden. Vor allem aber wuchs mit der steigenden Anzahl an Vieh auf den umliegenden Höfen auch die Zahl der Übergriffe auf Weidegründe der Nachbargemeinde. Besonders zu kämpfen hatte hier die Gemeinde Murnau, nicht nur weil sie den größten Anteil am Moos besaß, sondern auch weil sie, wie schon erwähnt, den Dörfern jenseits des Bergrückens Rechte einräumen musste.

Simon Warnberger
Bei Murnau

Am Sonntag nach St. Bartholomä 1479 schlossen daher die Gemeinden Murnau, Seedorf und Weindorf sowie Riedhausen, aber auch Weichs und Ohlstadt bzw. Benediktbeuern, Schlehdorf und Habach eine Übereinkunft wegen eines strittigen „Mahdts"[149] zwischen Ramsachbrücke und Moosberg, eines Grundstücks, das die Gemeinden Murnau, Weindorf, Riedhausen und Seehausen für sich beanspruchten. Die Bauern von Weichs und Ohlstadt hatten aber ihr Vieh dorthin getrieben, waren dabei von den Murnauern erwischt worden, die das Vieh nach Murnau getrieben hatten – es war „gepfändt". Noch einmal wurden die bereits bestehenden Grenzmarken aufgelistet und diese Grenze, über die mit „Madt, Trieb und Besuch" nicht gegangen werden soll, für alle als zwingend festgelegt. Andernfalls drohte eine Geldstrafe. Einschränkend findet sich dann aber die Bedingung: Das Mähen und Hauen innerhalb der Marken an der Loisach sollen sie bis zum St. Bartholomäustag (24. August) „bewahren", „darnach mögen beide Parteien darin mähen und hauen nach ihrer Notdurft".[150]

Auch mit der Gemeinde Hechendorf musste 1483 eine Übereinkunft zur Nutzung des Weidmooses bis zur steinernen Brucken getroffen werden. Diesen gemarchten Teil konnten die Hechendorfer bis zum Sonntag nach Hl. Kreuz (Karfreitag) und wieder nach St. Lorenztag (10. August) für ihre Pferde und Rinder als Weideland benutzen, durften dort aber nicht mähen. Den Murnauern, Weindorfern und Riedhausern war erlaubt, entlang der Grenze einen Graben zu ziehen, über den die Hechendorfer aber eine Brücke bauen konnten, um ihr Vieh darüber zu treiben.[151]

Besonders umkämpft war das Murnauer Weideland im Südwesten des Moores, in der Nähe der Ettaler Schwaigen, denn dieses Land war weit entfernt vom Ort Murnau und die dort lebenden Schwaiger versorgten mittlerweile wesentlich mehr Tiere, als sie für ihre Grundausstattung erhalten hatten, das Weideland war also knapp. Anstoßend an die Ramsach und schon fast bei den „Gärten" von Braunau befand sich eine große Wiese, die „Krinne", die der Markt Murnau in der Regel verpachtete.

1465 nutzte die Krinne ein gewisser Hans Christl, der bei einem Besuch seines Grundstücks 68 Tiere der Schwaiger von Braunau dort grasend fand. Er ließ die Tiere wegtreiben und verklagte die Schwaiger beim Pfleger in Murnau, der den Schwaigern eine Geldbuße auferlegte. Der Pächter allerdings sollte mit seiner Wiese kein Glück haben. Als er versuchte in der Krinne einen Wohnsitz für sich und seine Familie einzurichten, ließen die herzoglichen Jäger sein Haus abbrechen, da es die herzogliche Bärenjagd behinderte.[152]

Die Schwaiger dagegen erhielten schließlich 1486 doch noch Zugang zur Krinne: Bis zum St. Ulrichstag (4. Juni) und dann wieder nach Barthlmä (24. August) sollten sie ihre Rinder und Pferde in die Krinne treiben dürfen, allerdings nur ihre eigenen bzw. die des Klosters, nicht aber fremdes Weidevieh.[153] Etwa 100 Jahre später ließ das Kloster Ettal schließlich für die Schwaiger von Braunau einen Teil der Krinne bis zur Ramsach „wegen gewissem überlassenem eigentümlichem Verzicht" aus dem Gebiet der Murnauer ausmarken. Dieser Teil stand ihnen nun auch für die Mahd zur Verfügung, den Murnauern dagegen nur noch als Weideland.[154] Die im 15. Jahrhundert unter dem Flurnamen „Krinne" zusammengefassten Grundstücke waren unterteilt in eine große und eine kleine Krinne. Krinnen konnten March- oder Grenzzeichen u.a. an Steinen oder Bäumen bedeuten, andererseits aber Schlucht oder Gerinne.[155] Dies würde für eine Existenz der „Krinne" zwischen den vier Köcheln sprechen, die eindeutig eine Rinne bilden. Andererseits befand sich die besagte Krinne nahe bei Braunau. Hinweise auf einen neuen Graben in der Krinne im Auftrag des Murnauer Rats verorten die „Krinne" zwischen Steinköchel und Langem Köchel (s.u.). Im 20. Jahrhundert finden sich auf den Wiesen zwischen Langem Köchel und Braunau die Bezeichnungen „die Langen Grünen", weiter im Norden die „Grünen bei der Aschau". Die Langen Grünen waren in lange Lüsse eingeteilt, daher wohl auch der Name.[156] Die genaue Lage der „Krinne" ist damit noch nicht geklärt – immerhin muss es im 16. Jahrhundert möglich gewesen sein, dort ein Haus zu errichten.

Ob man bereits zu dieser Zeit die abgemähten Schilfwiesen mit kontrolliertem Feuer abbrannte, um ein rasches Nachwachsen von Kräutern zu begünstigen, ist aus den Quellen nicht ersichtlich.[157] Die Versuche von Bauern in der Hofmark Benediktbeuren Streuwiesen abzubrennen, um sie in Wiesen umzuwandeln – eine Art der Düngung, wie man sie auch im neu gerodeten Wald zwischen den Baumstümpfen einsetzte –, sind für das Murnauer Moos für die frühe Zeit nicht belegt.[158]

Wie viele Stückzahlen an Vieh im 15. und 16. Jahrhundert im Murnauer Moos weideten ist schwer festzustellen. Der geschilderte Konflikt zwischen einem Murnauer Pächter und den Schwaigern von Braunau nennt als Stückzahl für die Tiere auf den Baunauer Schweigen 68 Kühe und Pferde. Die Riedhauser und Weindorfer Bauern trieben etwa zur gleichen Zeit 400 Stück Vieh in die Murnauer Lüsse.[159] Wieviele Tiere die Murnauer Bauern selbst, dazu die Hechendorfer, Ohlstädter, Weichser, Eschenloher Bauern und nicht zuletzt die direkt vom Kloster betriebene Schwaige Weghaus besaßen bleibt ungewiss, ebenso die Zeiten, während derer das Murnauer Moos grundsätzlich als Viehweide genutzt wurde und die Tiere nicht auf der Alm, nach der einzigen oder zweiten Heuernte (Grummet) auf den Wiesen oder auch im Wald weideten.

Die für eine Schwaige auf sechs festgelegte Stückzahl an Milchkühen kann für diese Zeit keinesfalls als Richtschnur genommen werden, denn dann wären in Braunau gerade 36 Tiere der sechs Höfe auf der Weide gestanden.[160] Grundsätzlich war den Bauern erlaubt, so viele Tiere zu halten, wie sie im Stall im Winter durchfüttern konnten; für einen ganzen Hof bedeutete das immerhin 32 Stück, für einen Halben- oder Viertelhof je 16 Stück, Ross oder Rind, Schafe und Ziegen nicht mitgerechnet.[161] Die Schwaigen Höllenstein, Plaicken, Apfelbichl und Praunau bestanden im 17. Jahrhundert nicht mehr aus ganzen Höfen, sondern aus insgesamt acht halben Höfen und sechs Drittelhöfen; für das 17. Jahrhundert war also theoretisch mit einer maximalen Stückzahl von immerhin 224 Tieren sämtlicher Schwaigen auf der Weide zu rechnen. Die Schwaiger von Praunau, die im 17. Jahrhundert einen Weiler mit vier halben Höfen und zwei Drittelhöfen bildeten, hätten zu dieser Zeit 96 eigene Stück Vieh auf die Weide gebracht; dazu kamen dann noch diejenigen Tiere, die ortsfremden Bauern gehörten und bei den Schwaigern über den Sommer in Pflege waren.[162]

Graben machen im Moos

Die Technik der Entwässerung von Moorflächen durch das Ziehen von Gräben und zur Moorkultivierung war grundsätzlich bekannt. Das Kloster Wessobrunn, gegründet in der Mitte des 8. Jahrhunderts, besaß ausgedehnte Moorflächen, die es zum Teil durch kriegsgefangene Sachsen oder auch Wenden kultivieren ließ. Das Kloster Benediktbeuren gelegen loisachabwärts und in der Nachbarschaft des Murnauer Mooses war eine Gründung mitten im Moor, die Mönche hatten deshalb für den Bau der Anlage zuerst einen geeigneten Untergrund zu schaffen. Für die Kultivierung eines Teils des Moores bei Königsdorf beschäftigte das Kloster ebenfalls umgesiedelte Slawen. Bei Sindelsdorf bemühten sich gleich zwei Klöster um die Kultivierung des Moores: Kloster Schlehdorf und das benachbarte Kloster Benediktbeuern. Das technische Wissen war also grundsätzlich bereits seit dem Frühmittelalter vorhanden,[163] eine Kultivierung größerer Moorbereiche an der Loisach erschien hier jedoch unrentabel und noch 1752 bezeichneten Autoren wie Hazzi die Gegend um das Kloster Benediktbeuren „bestehend aus Filzen und Mooren“. Die Bauern dort waren angeblich arm und zogen nur einen gewissen Gewinn aus der Pferdezucht.[164]

Für das Donaumoos sind Entwässerungsanlagen seit dem 14. Jahrhundert belegt, für die Gegend um Hohenschwangau finden sich die Belege hauptsächlich ab dem 16. Jahrhundert.[165] Im Murnauer Moos existierten Entwässerungsgräben spätestens seit dem 15. Jahrhundert: Sämtliche Wiesen im Westen des Moores, so z.B. die 1487 verkaufte Wiese Käschnitz bei Braunau oder aber die Schafwies' waren mit Gräben und meistens auch mit einem Zaun umgeben. Jeder Zaun und wohl auch Entwässerungsgräben waren noch im 18. Jahrhundert vom Pfleger zu genehmigen, um zu verhindern, dass die Rechte der Weidegenossen beschnitten wurden oder das Jagdrecht der Grundherrn beeinträchtigt war.[166]

Um die Weideverhältnisse bei der Krinne zu verbessern, ließ der Rat des Marktes Murnau hier 1583 einen neuen Graben von fünf Schuh Breite und drei Schuh Tiefe (ein Schuh zu ca. 27 cm.) zwischen Ramsach und Krebsbach ziehen.[167]

Für das Jahr 1564 finden sich in den Rechnungen der Marktgemeinde Zahlungen an einen Arbeiter, der nicht nur um die Galthütte westlich des Langen Filzes einen Graben gezogen hatte, dazu einen Graben von der Lindach bis zum Grainbichlwald, sondern auch einen Nebengraben im Hohenboigen, einem der nassesten Bereiche des Murnauer Mooses, in dem offensichtlich schon ein Hauptgraben vorhanden war und der nun erweitert wurde. Dieses Grabensystem samt Rollischsee forderte schließlich im Jahr 1570 ein Fischer aus Hechendorf als Leibgeding um dort zu fischen.[168]

Die Anrainer nutzten also wie in ganz Bayern spätestens seit dem ausgehenden Mittelalter fast alle Bereiche des Murnauer Mooses als Viehweide oder für ihre Streumahd, in besseren Teilen sogar als Wiese.[169] Um die Erträge der Moosgründe zu steigern, „bei einem Wolkenbruch das Regenwasser“ abzuleiten oder „durch ein Gewitter ertrunkene Gründ“ trocken zu legen, wie die Gemeinde Murnau meldete, oder aber zur Trockenlegung bisher wenig genutzter Gebiete wie dem Hohenboigen, entstanden weitere Grabensysteme.[170] Überliefert ist dieses Vorgehen vor allem für den Markt Murnau, in den Gemeinden Eschenlohe und Ohlstadt dürften ähnliche Arbeiten stattgefunden haben. Im darauffolgenden 17. Jahrhundert setzten sich die Arbeiten an den Gräben fort, die Gemeinde Murnau ließ nun zusätzlich zu den „neun alten“ neue Gräben ziehen, z.B. den Schlechtergraben. Vorhanden waren zu dieser Zeit auch schon der Schmatzergraben und der Wiesmahdgraben samt einigen Nebengräben[171] – das Moos war also bereits von einem Netz an Gräben durchzogen. Der Weidmoosgraben ist wohl ein natürlicher Bachlauf. Die Gräben waren in der Regel zwischen fünf bis sieben Schuh breit, also etwa zwischen einem und zwei Meter.

Damit die von der Gemeinde verbesserten Moosgründe der Marktgemeinde Gewinn brachten, führte sie eine neue Art der Verpachtung ein: Die Moosgründe wurden nicht mehr als Leibgeding ausgegeben, wie z.B. 1529 das Moos auf dem Kresbach an Martin Fischer oder auch die Krinne an den glücklosen Hans Christl, sondern ab der zweiten Hälfte des 16. Jahrhunderts in einzelne Parzellen, die „Lüsse", unterteilt und auf zehn Jahre verpachtet, wie man auch mit den Wiesen ehemaliger Höfe auf der Ramsachleiten verfahren war. Sollte ein Bürger und Pächter einer dieser Lüsse während dieser zehn Jahre sterben, so die Bedingung, konnte seine Ehefrau als Pächterin folgen, nicht aber seine Kinder. Das Hohenboigenmoos wurde dazu auf 116 Lüsse aufgeteilt, die Krinne auf vier, im Jahr 1583 dann auf weitere sechs, mit den Kresbachmösern verfuhr man ebenso.[172]

Für die Bewirtschaftung der besonders wasserreichen Möser wie z.B. im Hohenboigen waren die Moosbäche und breitere Gräben zwingend, denn der Abtransport des „Heus" konnte an vielen Stellen nur auf dem Wasserweg erfolgen. Bis zur Mitte des 16. Jahrhunderts benutzten die Murnauer Bauern dafür Flöße. Als sich aber der Müller von Mühlhabing über das Heu beschwerte, das über die Ramsach in seinem Mühlbach gelangte, an seinem Rechen hängen blieb und ihm die Wasserzufuhr unterbrach, zwang der Abt von Kloster Ettal die Murnauer Bauern dazu, ab dem Jahr 1557 ein Schiff für den Transport zu bauen und in allen folgenden Jahren nur noch das Schiff zu benützen. Sollte die vorgeschriebene Zeit für den Transport – die Tage zwischen Michaeli und Allerheiligen – nicht ausreichen und der Boden zu weich sein, um den Transport über Land zu ermöglichen, konnten sie zwischen Lichtmess und Fastnacht noch einmal den Wasserweg benutzen. In der Zwischenzeit lagerte die Moosstreu auf den „Trischen", was nicht immer sicher war – gegen Ende des 16. Jahrhunderts kam es zur „Entführung" zweier Trischen.[173]

Abtransport von Schilfstreu vom Lagerplatz „Ödenanger" mit dem Schlitten.

Nutzungsrechte und Holztransport am Grainbichl auf einem Plan von 1699

Auf dem Grainbichl konnte das dort geschlagene Holz entweder über eine lange Riese zur Mühle Mühlhabing abtransportiert werden oder zur Mühle Aschau am Staffelsee über verschiedene Fahrwege. Auf dem Staffelsee ist ein Floß zu erkennen.

Die Murnauer Gemeinde war nicht nur zuständig für den ungehinderten Wasserlauf im Mühlgraben von Mühlhabing, sondern musste auch den Weg zur Mühle instand halten. Dieser Weg fand schon im Mittelalter seine Fortsetzung in das Moos, um den Bauern den Weg dorthin zu erleichtern; auch hierzu waren die Arbeiten von der Gemeinde zu leisten, damit jedermann dort „fahren und reiten" könne und „ohne Not allda wandern möge".[174] Neue und alte Gräben mussten regelmäßig von Gemeindearbeitern ausgebessert und ausgeräumt bzw. ausgemäht werden, denn ein verlandeter Graben erfüllte seinen Zweck nicht mehr und die Möser wurden überschwemmt. Teil der gemeindlichen Arbeiten an den Gräben waren außerdem Brücken, die einen leichteren Zugang für die dort arbeitenden Bauern ermöglichten – auch wenn man nach Aussagen des Müllers diese Gräben leicht überspringen konnte.[175] Für die bessere Zugänglichkeit der Ramsachlüsse am Hang westlich der Kirche St. Georg entstand sogar eine sogenannte Riese. Diese Brücke auf hohen Stelzen verband die Ramsachlüsse mit dem Grabensystem Hohenboigengraben und Wiesmahdgraben bis zur Ramsach. Die Riese dürfte also für den Abtransport von Gras aus den Lüssen aber von Holz aus dem Wald oberhalb der Wiesen gedacht gewesen sein.[176]

Das Gemeindegebiet des Marktes Murnau dehnt sich am südlich Bergrücken zwischen Staffelsee und Murnauer Moos sehr weit nach Westen aus, denn hier waren die Schwaigen Mitterried und Niederried gelegen, die mit dem Grainbichl-Wald 1476 dem Markt übergeben worden waren.

Die Grenze zu Kohlgrub und dem Ort Aschau bildete der Lindenbach oder auch Lindach. Wie die Bauern der übrigen Angrenzer an das Moos hielten sich auch die Schwaiger von Aschau nicht an die vereinbarten Grenzen, sondern trieben, sehr zum Ärger der Murnauer, ihr Vieh in deren Möser. Schon 1511 kam es darüber zum Streit, wobei allerdings die Aschauer Schwaiger mit der Hilfe des Ettaler Abts weitreichende Weiderechte gewinnen konnten.[177]

Die Lindach, ein Bach, der große Mengen an Schutt und Sand mit sich führt, blieb allerdings weiterhin offizielle Grenze, eine „lebendige Hauptmarch",[178] für deren Unterhalt die Gemeinde Aschau zuständig war. Im Jahr 1640 brach die Lindach aus ihrem aufgeschütteten Bett aus und verlegte ihren Lauf weiter nach Osten in den Rettengraben, sehr zum Ärger der Murnauer, deren Gemeindeland durch diese Veränderung der „lebendigen" Grenze geschmälert wurde.

Betroffen von der Grenzverlegung war besonders wertvolles Mahd- und Weideland, denn bei der von den Murnauern erbauten Galthütte befand sich trockener Untergrund, auf dem auch Heustadl errichtet werden konnten und selbst in nassen Sommern fanden die Tiere hier noch genügend Futter.[179]

Einer Aufforderung der Gemeinde Murnau, das Bachbett der Lindach wieder in seinen früheren Zustand zurückzuführen, kamen die Aschauer Bauern nicht nach. Die Murnauer waren inzwischen der Meinung, der Ausbruch der Lindach sei auf Betreiben der Aschauer geschehen und forderten Schadenersatz. Der Pfleger von Murnau sah zwar keinen Grund für eine Schadenersatzforderung an die Aschauer, denn „das ausgelaufene Wasser war Gottesgewalt", trotzdem verlangte auch er, die Lindach „aus dem neuen Graben in das alte Rinnsal zurückzuführen" und zu befestigen, „damit die Lindach keineswegs mehr auskommt."[180]

Grenzverlauf zwischen den Gemeinden Aschau und Murnau auf einem Plan von 1754.

Der Lindenbach oder auch Lindach war der Grenzfluss zwischen den beiden Gemeinden. Als der Bach nach starken Hochwässern seinen Lauf änderte, veränderte sich auch der Grenzverlauf zu Ungunsten der Gemeinde Murnau.

A. Graünbichel.
B. Retten graben.
C. Gaüra Wiss.
D. Schwaben Reüth.
E. Daüidtn Wällä.
F. Lint ach.
G. Aschaü.
H. Glaßhütten.
G.
F.
C.
C.
D.
B.
B.
B.
A
A

Das „Schiff“ oder „die Plettn“, gebaut für den Abtransport von Schilfstreu, durfte an Kirchweih die Jugend benutzen.

Aschau kam seiner Verpflichtung die folgenden hundert Jahre nicht nach und der Streit beschäftigte schließlich auch die kurfürstliche Hofkammer in München. Diese ließ 1730 eine Zeugenbefragung durchführen, um herauszufinden, wo die Grenze zwischen den beiden Gemeinden zu suchen sei. 1756 verwiesen Bürgermeister und Rat des Marktes Murnau noch einmal auf die Tatsache, dass die „gegenseitige Gemeinde zur Tragung der Unkosten obrigkeitlich bestellt und auch dahin condemniert worden“ den von der Lindach neu geschaffenen Graben „zu vermachen und zu verschlagen“, damit die Lindach nicht mehr aus ihrem Bett ausbrechen könne. 1757 äußerte sich der beauftragte Spezialist für Wasserbau, Castulus Riedl, nach einer Ortsbesichtigung. Einen Beweis für die Beteiligung der Aschauer am Ausbruch des Baches wollte auch Riedl nicht erbringen, denn die Lindach hatte sehr viel Gries und Geröll aufgeschüttet, damit ihren Lauf selbst verlegt und war deshalb in den Rettengraben ausgewichen. Der Vorschlag, den Lindenbach an einigen Stellen zu begradigen, um einen Auslauf zu schaffen, erschien ihm kostspielig und wenig Erfolg versprechend, denn nach ein paar Jahren sei das Wasserbett wieder mit Steinen gefüllt und die Arbeit beginne von Neuem. Castulus Riedl schlug daher vor, die Lindach auch weiterhin in dem völlig „nutzlosen“ Rettengraben fließen zu lassen und den alten Bachgraben als March auszuweisen.[181] Der Ausgang des Streits ist nicht bekannt, der Lindenbach wurde im 18. Jahrhundert aber wohl noch nicht begradigt.

Die Köchel im Moos reklamierte das Kloster für sich oder wie gegen Ende des 16. Jahrhundert bestimmt wurde: „In den Köcheln sollen die [Dörfer] nichts zu suchen haben. Nur das Kloster Ettal hat hier seit alters her Rechte“. Diese Rechte bezogen sich auf das Holzrecht, das hier das Kloster besaß, das aber auch verpachtet werden konnte wie z.B. an einen Hechendorfer oder an den Müller von Mühlhabing, die beide in der ersten Hälfte des 17. Jahrhunderts hier einzelne Abschnitte (gehilze) nutzten. Der Weghauser besaß außerdem eine Ausnahmegenehmigung, damit er Holz von den Köcheln für seine Arbeit schlagen konnte.[182]

Alter Steinbruch am Moosbergköchel in den 1930er Jahren

Wesentlich wichtiger aber war das Recht hier Stein zu brechen. Für die klösterlichen Bauarbeiten war der Stein aus klostereigenen Steinbrüchen unabdingbar, bedeutete aber auch eine Einnahmequelle, falls der betreffende Steinbruch verpachtet wurde, wie z.B. die Steinbrüche des Klosters Polling am Hörnle oberhalb von Grafenaschau oder auch der 1402 eröffnete Steinbruch des Klosters Ettal.[183] Bei gerechtfertigten Forderungen nach Steinladungen aus den Köcheln war das Kloster Ettal allerdings nicht kleinlich, so erlaubte das Kloster z.B. 1648 einem Murnauer Brauer „einige Fuder Stain" dort zu brechen und abzutransportieren. Als Zahlung wurde ein Kreuzer pro Fuder verlangt, verbunden mit dem Hinweis beim Abtransport den Gehölzen des Müllers und des Ostlers von Hechendorf keinen Schaden zuzufügen.[184]

Bei den Köcheln befanden sich auch Weiden der Schwaige Weghaus, in nassen Sommern standen die Tiere dort allerdings im Wasser und fanden kein Futter. Im Jahr 1573 wandte sich der Abt von Ettal deshalb an den Rat der Marktgemeinde Murnau und forderte diesen auf, in diesem Jahr das eigene Vieh nicht auf die Weideplätze bei Aschau östlich der Lindach zu führen, sondern das Galtvieh des Klosters, das „in dieser bösen Zeit" in den Köcheln „im Wasser steht", auf der trockenen Weide der Murnauer weiden zu lassen. Ein Jahr später kam diese „Bitte" noch einmal und in den 90er Jahren des 15. Jahrhunderts beschwerte sich schließlich der Murnauer Rat, dass die Hirten des Klosters inzwischen alle Jahr das Vieh oder Stiere gleich gar auf ihre Möser herabtreiben und die Möser „abfressen" lassen. Noch einmal 20 Jahre später hatten die Hirten diese Praxis angeblich schon zu einem „Recht" ausgeweitet.[185]

Jagdrechte und Fischfang

In einem Punkt aber waren die Rechte des Klosters Ettal an den Köcheln eingeschränkt: beim Jagdrecht. Noch in der ersten Hälfte des 20. Jahrhunderts schätzte man die Anzahl der im Murnauer Moos vorkommenden Tierarten auf „2 – 3000".[186] Zum jagdbaren Wild zählten neben Hirschen, Rehen und Wildsauen auch Füchse und Dachse, dazu das im Moor besonders reich vertretene Federwild wie Birkhühner und Enten. Hin und wieder besuchten sogar vom Gebirge zu den Köcheln ziehende Gämsen das Moos. Die Moosköchel waren allerdings nicht nur ein Rückzugsgebiet für die Gämsen, sondern bis in die frühe Neuzeit auch bevorzugter Aufenthaltsort von Bären.

Das Recht in der Hofmark Ettal Wild zu jagen, besaßen das Kloster Ettal bzw. die Ettaler Jäger, die im Auftrag des Klosters Hirsche, Sauen und Rehe erlegten. Die Jagd nach Bären jedoch beanspruchte der Landesherr für sich, denn die erfolgreiche Jagd auf ein so großes und gefährliches Tier stärkte das Charisma und damit die Macht eines Herrschers erheblich. Um die Bärenjagd ungehindert ausüben zu können, hatten die Bayerischen Herzöge die Ökonomiegebäude der ehemals herzoglichen, später murnauerischen Höfe Mitterried und Niederried abbrechen lassen[187] und verboten die Klosterjagd in der Umgebung der Köchel „wo die Bären ihre Wohnung haben".[188] Anlässlich einer herzoglichen Lustjagd im November 1570 entdeckten die Jäger bei den Köcheln die Spur eines dort lebenden Bären, den der Landesherr zu seinem Verdruss nicht erlegen konnte – das Kloster und dessen Jäger traf dabei keine Schuld, wie er betonte. Nun aber ließ er die sieben Köchel als sein alleiniges Jagdgebiet erklären und darüber hinaus den Ettaler Jägern die Jagd im Moos verbieten: Sie sollten zwar weiter im Gebirge um Ettal jagen dürfen, das Gebiet im Moos aber weder betreten noch dort Hirschen, Sauen oder Rehe schießen und überhaupt nicht weiter als bis zu dem „Praunerberg", oberhalb der gleichnamigen Schwaigen kommen. Da offensichtlich nicht nur die Ettaler Jäger gegenüber Bären eine dem Herzog gegensätzliche Haltung einnahmen, ließ der Herzog jedes Jahr die Ermahnung ausgeben, nur das Vieh zu hüten, dem Bären aber nichts zu tun und ihn nicht zu vertreiben, um ihm dem Fürsten „zu seiner Lust bleiben zu lassen".

Bärenjagd Erzherzog Ferdinands, 2. Hälfte 16. Jahrhundert

Das Erlegen eines gefährlichen Tieres wie der hier dargestellten Bärin erhöhte das Ansehen eines Herrschers, denn er bewies damit Kraft und Mut.
Erzherzog Ferdinand schoss aus sicherer Entfernung auf die Bärin bei Reutte/Tirol, den Fangstoß gab der Jäger. Der Habsburger ließ diese Heldentat malerisch verewigen.

Als sich ein Jäger trotz dieses Verbotes erdreistete, am Steinköchel eine Sau zu hetzen und zu erlegen, wurde nicht nur der Abt des Klosters befragt, ob dies denn mit seinem Wissen geschehen sei, sondern auch dem Jäger Strafen angedroht.[189]

In den folgenden Jahren fahndeten die herzoglichen Jäger nicht nur bei den Köcheln, sondern auch im „Oberen Gebirg" nach dem Bären – und forderten dabei vom Kloster Proviant und Hunde. Inzwischen stieg der Ärger des Landesherrn kontinuierlich an, denn es war ihm zu Ohren gekommen, dass zwischen Hohenschwangau und Ettal gleich zwei Bären geschossen worden waren, die er selbst hatte erlegen wollen. Auch hier sollte deshalb in Zukunft das Schießen auf Bären verboten sein. Bis in den Sommer 1580 hielt jedoch der Moos-Bär die Untertanen in Angst und Schrecken, denn er schlug nicht nur „drei schöne Roß" der Eschenloher Bauern und dazu drei Ochsen des Wengwieser Forstknechts, sondern sorgte auch im „Ausland" für großen und merklichen Schaden, also im angrenzenden Werdenfelser Land und in Tirol. Die armen Leute wandten sich also an die klösterlichen Jäger sowie an die Herren in Ettal um Hilfe, nur um dort zu erfahren, dem Bären dürfte kein Haar gekrümmt werden. Nachdem in der Grafschaft Werdenfels wieder „viel Ross und schöne Vieh niedergeschlagen" worden waren, setzten dem Bären die freisingerischen „Grafschafter" nach, angetrieben von den 10 Gulden Ehrengeld, die auf den Bären inzwischen ausgesetzt waren. Sie konnten ihn aber nur an den „vorderen Tatzen treffen" und der Bär entkam. Am 15. Juli wanderte der Bär auf die Eschenloher Almen und schlug dort „im Kessel" sieben Rinder und in derselben Woche drei Ochsen. Da er diese riesige Menge nicht sofort verspeisen konnte, ordnete er den Rest zu einem Haufen, griff erneut zwei Ochsen an und ließ sie ebenfalls liegen. Die Eschenloher waren inzwischen in äußerster Sorge um ihr Vieh und wollten es von den Almen treiben, als „das schädliche Tier" doch mit zwei Schuss erlegt werden konnte, als es gerade wieder das Vieh angriff. Für den Abtransport des Bären mussten dann „viele Leut und viel Müh" aufgewandt werden, wie sich die Eschenloher beklagten.[190] Von einer Entschädigung für das vom Bären gerissene Vieh ist in den Quellen nichts zu lesen, die Bauern mussten wohl für ihren Schaden selbst aufkommen.

Im Gegensatz zur Bärenjagd war die Jagd auf Wölfe im Bereich Murnau kein Jagdvergnügen der Herzöge, sondern die Pflicht der Bürger. Da sich einige Murnauer Bürger dieser Pflicht mit Unterstützung des Rates entzogen hatten, wurde dem Rat unter Strafandrohung das eigenmächtige Vorgehen untersagt und die ungehorsamen Bürger bestraft.[191] Diese Notiz liegt ohne Datumsnachweis vor, dieses Vorgehen ist deshalb zeitlich nicht einzuordnen, scheint jedoch in die Frühe Neuzeit zu verweisen.

Die Fischrechte im Murnauer Moos lagen grundsätzlich beim Kloster, so jedenfalls die Auffassung der Ettaler Mönche. Im Eschenloher Gemeindebezirk waren daher die Fischwässer in der Ramsach und Rechtach samt Zuflüssen aus den kleinen Seen (darunter auch die Sechta) sowie einzelne Abschnitte in der Loisach seit dem 14. Jahrhundert verpachtet an Eschenloher Bauern.[192] Dabei gehörte das Fischwasser „ab dem Santen Brunnen ... bis dahin wo man dieses Wasser die Rechtach zu nennen beginnt" und der Esterbach, der beim Weghauser entspringt" üblicherweise zum Eschenloher Wirt.[193]

Im Murnauer Teil des Moores waren die Verhältnisse komplizierter. Im 16. Jahrhundert beanspruchte ein gewisser Ostler aus Hechendorf vom Kloster Ettal den Rollisch-See und die Gräben als sein Leibgeding.[194] Das Fischwasser in der Lindach aber vergaben im Jahr 1540 die Gemeinderäte von Murnau.[195] Etwa hundert Jahre später aber, am 22. Oktober 1658 erhoben die Murnauer Klage gegen den Müller von Mühlhabing, weil er nicht nur die Ramsach aufstaue und das Wasser in die „Möser" der Murnauer laufe, sondern auch „Reischen" also Reusen in die Murnauer Wasser, dem Hallbach, dem Wiesmahdgraben und die Lindach einlege.[196] Im Murnauer Teil des Mooses stritten also nicht nur zwei sondern gleich drei Kontrahenten um das Fischrecht: die Murnauer und das Kloster Ettal zusammen mit dem Müller von Habing.

Das Gewässersystem im Nordteil des Murnauer Mooses 1699.

Gezeichnet sind nicht nur die natürlichen Flüsse Ramsach (Bildmitte), Rechtach (links) und Lindach (oben rechts), sondern auch das künstliche Grabensystem zwischen den beiden Flüssen. Zu sehen ist auch die lange Riese vom Grainbichl bis zur Ramsach.
Foto Karl Wolf

Das Mahlwerk der Mühle Mühlhabing wurde vom langsam fließenden Wasser der Ramsach betrieben. Staute sich das Wasser in der Ramsach, kam es zu Überschwemmungen der Möser. Sowohl der Müller als auch die Murnauer Bauern mussten also in ihrem eigenen Interesse darum bemüht sein, die Ramsach und das Wasserbett der Mühle frei zu halten, um den für das Mahlwerk nötigen Wasserdurchfluss zu erhalten. Der Müller dagegen hatte mithilfe der eingebauten kleinen Wehre für einen Ausgleich der in die Mühlbäche fließenden Wassermenge zu sorgen, eine Aufgabe, die bei heftigen Regengüssen und Hochwassergefahr besonders wichtig war. Zuständig für die Reparaturen an der Ramsach sowie an den begleitenden Gräben waren ebenfalls die Murnauer. Spätestens zu Beginn des 16. Jahrhunderts hatte der Müller einen neuen Ablass zu seiner Mühle angelegt, der alte Bach bestand weiter und in diesem, aber auch im neu angelegten Bach des Müllers besaß ein Fischer das Recht zu fischen. Der Müller von Mühlhabing durfte nur in seinem neuen Mühlbach fischen und musste dem Kloster davon einen Teil seiner jährlichen Pacht in Fischen bezahlen.[197]

Die Bürger von Murnau bemühten sich also einmal mehr um die Durchsetzung ihrer angestammten Rechte: Sie waren der Auffassung, dass ihnen mit den Gütern Rollisch und Ramsau auch sämtliche damit verbundene Rechte zugestanden worden waren, damit auch das Fischrecht in der Ramsach, im Rollischsee und in den Gräben. Ramsach und See aber beanspruchte das Kloster für sich, ebenfalls entsprechend alter Rechte, wie sie auch in einem Wechselbrief von 1479 zwischen Herzog Albrecht IV. und dem Kloster zum Gut Buchwies nachzulesen waren: „... dem Kloster Gerichtszwang, Wildbann, Fischnutz und Federspiel wie bisher auch..."[198]
Die Murnauer fügten sich offensichtlich und fischten daraufhin in den von Arbeitern der Gemeinde gezogenen Gräben; ihre Beschwerde betraf daher auch nur Hallbach, Wiesmahdgraben und die Lindach. Gegen Ende des 17. Jahrhunderts aber zogen sie einen neuen Graben, verbanden Schlechten- und Schmatzergraben bzw. erweiterten einige alte Gräben auf eine Breite von 12 Fuß, damit diese Gräben nun nicht mehr nur als Regenauffangkanäle fungierten, sondern offensichtlich einen großen Teil des Ramsachwassers aufnahmen. Die Arbeiten an den Gräben hatten zur Folge, dass ein Teil des Wassers aus den Gräben, das bisher der Mühle zugutegekommen war, nun umgeleitet wurde und erst unterhalb der Mühle in die Ramsach floss. Damit schwammen aber auch mehr Fische in den geöffneten Gräben, ein Umstand, den sich die Murnauer bald zunutze machten. So hätten die Murnauer mehrere Zentner Fisch aus den Gräben und seinem Fischwasser herausgezogen, klagte der Müller von Mühlhabing im November 1699, und zum Teil auch schon verkauft. Auch dem Kloster würde damit ein großer Schaden entstehen und ein großer Teil der Fische davonschwimmen.[199] Das Kloster forderte nun von den Murnauer Bürgern, den neuen Graben wieder zu schließen und als diese Aufforderung ungehört verhallte, ließ der Abt zwei Murnauer Bürger festnehmen, musste sie allerdings bald wieder freilassen. Nachdem jedoch Sachverständige feststellten, dass dem Müller durch den neuen Graben ein großer Schaden entstünde, wurden die Murnauer aufgefordert, diesen umgehend wieder einzufüllen.[200]

Der Streit um die Fischrechte war damit nicht abgeschlossen. Inzwischen war es sogar zu Gewalttätigkeiten gekommen, denn die Murnauer hatten beim Müller gefundene Fische für sich reklamiert und abtransportiert. Als sich der Abt des Klosters auf einen Hofratsbefehl vom 3. April 1710 berief und den Murnauern verkündete „ das Fischen in unserem Wasser ist verboten und habt euch in Zukunft dessen zu enthalten", beriefen diese sich erneut auf ihre alten Rechte, die „inhibiert" werden sollten, für die sie aber „Monumenta" hätten. Das Kloster reichte daraufhin Klage ein; noch 1738 war der Prozess wegen Fischens im Graben „anhängig", also noch nicht entschieden.[201]

Zusammenfluss von Lindach und Ramsach auf dem Plan von 1699 (Ausschnitt).

Eingezeichnet ist auch ein Ausbruch der Lindach (gepunktet) sowie Hütten und Wiesen auf festem Untergrund.
Foto Karl Wolf

Nach der Aufhebung des Klosters im Jahr 1803 und auf der Basis der Verfassung vom 20. März 1806 für kleinere Städte und Märkte [202] wollte der neu gewählte Magistrat offensichtlich Fakten schaffen. Er erließ am 12. Juli 1806 Schutzbestimmungen für Fische in der Ramsach: Trift, Flößerei und das Fahren mit Schiffen in der Ramsach war nun in der Laichzeit um Pfingsten bis zum dritten Steg verboten. Von diesem Steg aufwärts aber galt das Verbot in der Woche bis Sebastian (20. Januar) und dann von Mitterfasten (Hälfte der Fastenzeit) bis Ostern. Etwa 50 Jahre später, am 3. Juli 1853, erneuerte die Gemeinde diese Bestimmungen.[203]

Auch der Streit zwischen Müller und Murnauer um die Wasserzufuhr zu Mühle, ein Streit der sich ebenfalls über mehrere Jahrzehnte hingezogen hatte – und im 20. Jahrhundert immer noch nicht gelöst sein würde –, war offensichtlich nicht beizulegen. Die Aufstauungen vor der Mühle führten vor allem nach ausgiebigen Regenfällen in der träge fließenden Ramsach zu Hochwasser, wobei das Wasser in ihrem Oberlauf über die Ufer trat und die südöstlich gelegenen Moosgründe der Murnauer vernässte. Bereits 1556 hatten Murnauer Arbeiter einen Entlastungsgraben gezogen, den sogenannten Halbach, der das überschüssige Ramsachwasser an der Mühle vorbei und in den Schlechtengraben entwässerte. Die Forderungen des Müllers dagegen bezogen sich auf die Errichtung eines neuen Aichpfahls für ein neues Wasserbett zu seiner Mühle, sowie auf Pflichten beider Seiten, Gräben und Bäche regelmäßig zu reinigen, um Stauungen in der Ramsach und den Ablässen zu vermeiden.

Der Markt Murnau war nach Aussage des Müllers für das Reinigen der Ramsach vom Mühlenablass bis zur Lindach zuständig gewesen, kam dieser Pflicht aber nicht mehr nach. Schließlich gelange durch den Lindenbach übermäßig viel Schutt in die Ramsach, wodurch wieder ein Rückstau in der Ramsach entstünde. Überschwemmungen in den Murnauer Moosgründen seien also auf die unzureichende Arbeit der Murnauer zurückzuführen. Der Müller forderte daher Bürgermeister und Räte dazu auf, die Bäche besser ausräumen zu lassen.

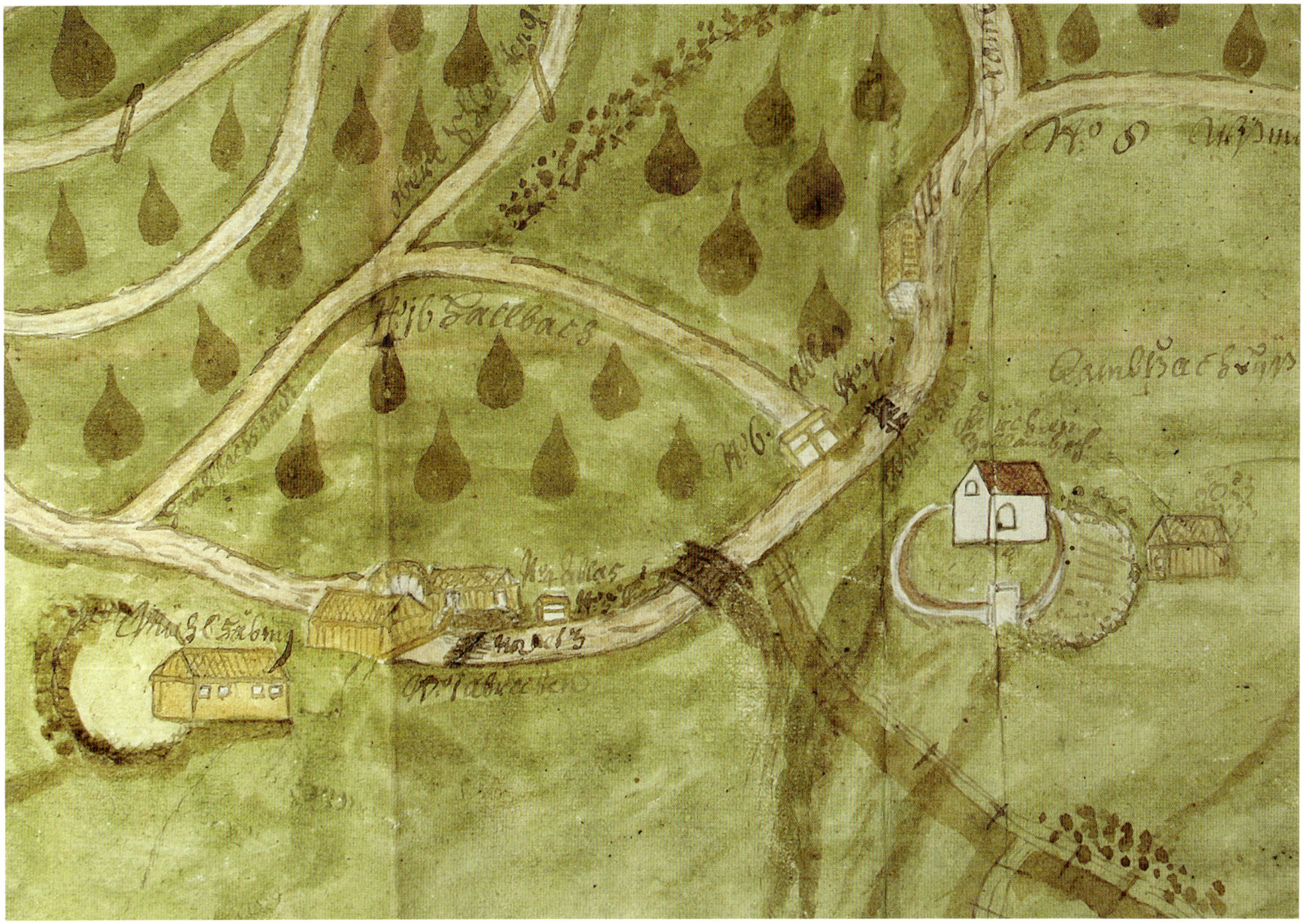

Ramsach und der 1556 gegrabene Halbach bei der Mühle Mühlhabing auf dem Plan von 1699 (Ausschnitt).

Der Halbach wurde über ein Wehr ausgeleitet, sowohl vor dieser Ausleitung als auch vor der Mühle waren Abrechen eingebaut, um getriftetes Holz aufzufangen. Rechts die Ramsachkirche ohne Kirchturm.
Foto Karl Wolf

Der Müller beklagte außerdem die Nutzung der Ramsach für die Holztrift. Schnittholz und ganze Baumstämme mussten aus den Wäldern westlich und nördlich des Murnauer Mooses über die Lindach und Ramsach transportiert werden, denn eine zum Transport großer Güter geeignete Straße zwischen Kohlgrub und Murnau gab es noch nicht. Für diesen benützte man auch den Triftbach oder „Triftlaine", die von Grafenaschau direkt zum Lindenbach führt. Vorläufiger Endpunkt der Triftstrecke war die Mühle Mühlhabing, hier wurde das Holz aus dem Wasser gezogen und zwischengelagert, um dann weiter in den Markt Murnau gefahren oder aber über Loisach und Isar bis nach München getriftet oder geflößt zu werden. Die getrifteten Stämme sowie das auf der Lindach bzw. Ramsach abtransportierte Schnittholz beschädigten jedoch die Bachufer sowie das Wasserbett vor der Mühle und behinderten dadurch den Durchfluss.[204]

Da sich der Markt Murnau weigerte, ein neues und höher gelegtes Wasserbett zuzulassen – womit die „Möser" leichter unter Wasser gesetzt wurden – stand die Mühle sogar einige Zeit still und erst 1711 war hier eine Einigung zu erzielen. Die Teilung der Pflichten zum Räumen und Ausmähen der Bäche aber konnte erst 1806 durch einen Vergleich erreicht werden, den die Regierung von Oberbayern vermittelt hatte.[205]

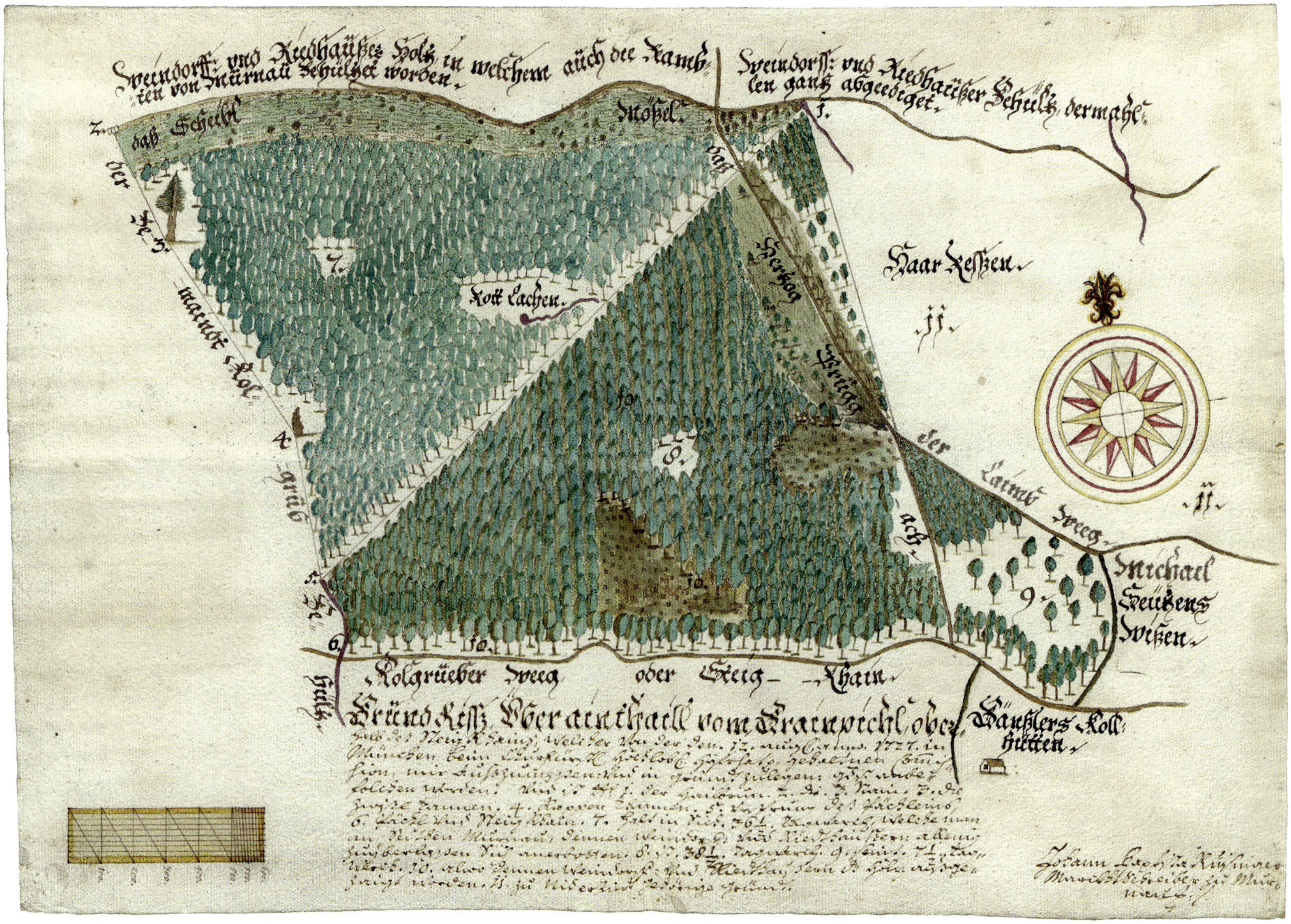

Plan von Castulus Riedl 1727/28

Der Plan gibt die komplizierten Nutzungsverhältnisse im Grainbichlwald wieder, zeigt aber auch perspektivisch verzerrt das Wegesystem auf dem Höhenrücken, da Wege ebenfalls als Grenzen dienten.

Des „Herzog Pruggach“ deutet auf einen Prügelweg durch Wittelsbacher Besitz hin. Der „Kohlgruber Weg oder Steig Rhain“ war wohl der Beginn eines Fußwegs zwischen Kohlgrub und Murnau.

3
Die neue Zeit

Neue Wege ins Moor

Anlässlich einer Beschreibung der Forstrechte im Landgericht Weilheim von 1597 bemerkte der Verfasser zum Unkundenwald und Grasleuthnerwald im Gericht Murnau: „gibt auch keinen Wirtsweg" und nur „grobe Wälder"; ist „wenig und schier gar nichts rauszubringen", denn Floßwasser sei dort auch nicht vorhanden.[206] Diese Unzugänglichkeit des Waldes östlich von Kohlgrub galt zwar nicht für den Grainbichl, den der Markt Murnau nutzte – zumindest finden sich darüber keine Klagen in den Akten. Trotzdem war der Bergrücken zwischen Staffelsee und Murnauer Moos für Fahrzeuge nicht befahrbar, eine durchgehende Ost-Westverbindung auf dieser Seite des Bergrückens gab es zu dieser Zeit noch nicht. Das im Grainbichl geschlagene Holz musste also über die Lindach abtransportiert werden, „Langbäume" konnte man nur im Winter auf dem gefrorenen Moosweg transportieren. Auch der Transport des in den Steinbrüchen oberhalb Aschaus gewonnenen Materials dürfte zum Teil über die Lindach erfolgt sein. Hier, an den Hängen des Hörnle besaß das Kloster Polling Steinbrüche, die spätestens seit dem beginnenden 14. Jahrhundert genutzt wurden und das Kloster u.a. mit Mühlsteinen versorgten.[207] Als einzige durchgehende Wegeverbindung in westöstlicher Richtung existierte ein Pfad, der von Obersöchering kommend nach Seehausen und am südlichen Ufer des Staffelsees entlang über Steigrain bis nach Kohlgrub führte. Diese „obere Route" der alten Salzstraße war jedoch nur mit Packpferden zu begehen und für größere Transporte ungeeignet.[208]

Noch im 18. Jahrhundert hatten deshalb auch Ammergauer, die eine Reise zur Murnauer Schranne planten, den langen Weg über Ettal, Oberau, Eschenlohe und Hechendorf zu nehmen. Doch dieser Weg war nach jedem stärkeren Regen und dem folgenden Hochwasser in der Loisach unpassierbar, eine Benutzung angeblich nur unter Lebensgefahr möglich.[209] Eine neue und sichere Verbindung nach Murnau war also dringend nötig. Von Saulgrub nach Kohlgrub existierte eine Nebenstraße, die auch Kohlgrub mit Aschau, dem „Heiner Bauern" und dem 1689 erbauten Jägerhaus verband.[210] Da man am kurfürstlichen Hof die wirtschaftliche Bedeutung eines verbesserten Verkehrsnetzes erkannte, forderte ein kurfürstliches Mandat von 1741 die Chaussierung sämtlicher Neben- und Hauptstraßen in Bayern und in der Oberpfalz durch die neu eingerichtete „Weg- und Straßen-Direction". 1759 war wenigstens ein Teil des hoch gesteckten Ziels verwirklicht: die Straßen um München.[211]

MAPPA SPECIALIS,
über die
Churfürſtliche Land: und Rottſtraſsen,
und zwar in denen gefreiten
Cloſter Ettallischen Gerichtern
MURNAU, und AMERGAU,
nemlichen
Von Murnau über Eſchenloh bis Au
an die ſogenante Augſpurger Rottſtraſs
nach Tÿroll,
item
Der von obgemelten Au über Ettal,
ober: und unter Amergau, dan Saul-
grueb, und Schongau bereits erho-
benen Rott: und Landſtraſs,
nitminder
Eines in vorſchlag gebrachten
Weg von Murnau über Steigrain,
Kohlgrueb, und bis Saulgrueb
an vorbeſagt erhobene Rottſtraſs,
mit
Den aldort befindlichen gebürg,
und Waſserflüſsen,
ſo
Nach den Churbaÿriſchen Landmas Geo-
metrice aufgenomen, und zu Papier ge-
bracht worden
Im Monat November anno. 1767.
Explication
Von Murnau bis zu der Hehendorferbruck über den Ramſau Flus Litt: A. dan weiters über Weghaus Eſchenloh, Puechwis, und Litt: M. ſo fort nach mitterwald ist die alte Landſtraſs.
Von Dorf Eſchenloh über die Gipsmühl haben die bede Dorfsgmainden Eſchenloh, und Au den Weg nach Ettal zuunterhalten, und wird denen Fuhr. leüthen nur aus gueten willen, ſolchen zugebrauchen ge. ſtattet, forderist da man obigen wegen denen berg-Lainen, und auch die Bruck zu Au öffters nit paſsiern kan.
Der von Litt: A. über u. w. x. ÿ. und z. bis Eſchenloh zur Straſserhö. bung gemachte verſuch, ſo aber wegen grundloſen mos, und den all zu nahe am Loÿſach Flus ſtehenden felsigten berg ohne groſse Unköſten nit eine Straſs dahin kan gemacht werden.
Von Steinern brückl über Litt: M. Ettal, ober: und unter Amergau, Wurmansau, und Saulgrueb, ſo dan weiters über Schongau bis Landſperg ist die Augſpur- ger Rott: und Landſtraſs bereits gänzlich erhoben.
Der von dem Gericht Amergau in vorſchlag gebrachte Weg von Murnau bis Saulgrueb an die Augſpurger Hohſtraſs gehet mehrern theills durch Mosigen: und Laim-Gründ, dan durch den Murnauer-Wald berg auf, und ab, wo auch der Kis manglet, und über Amergau bis Au, gegen den über Eſchenloh noch ſo witerſtrecket.
1. 2. 3. 4. 5. 6. 7. 8. 9. 10000. 20000. 30000.
Scala von. 30000. Schuch.
Caſtulus Riedl Hofcamer: und Grälbau Directorialrath, dan Ingenieur Haubtman, und Waſserbaumaiſter.
Brunberg.
Amer Flus
ober Amergau
Noth
CLOSTER ETTAL
Schafberg
Kleine Mändl
Kienberg
Groſse Mändl
Himelreich.
Steiner brückl.
Gipsmühl
Puch wiser
Lauterbach
Hengeneck
Schindlers Lain
Filz
Urſpreng
Eſchenloh
Eſchenloher Lain
Helnſtain
Weghaus
Denalaich
Heuberg
Hirſchberg

„Mappa Specialis über die Churfürstlichen Land- und Rottstraßen" in den Gerichten Ammergau und Murnau von Castulus Riedl, 1767

Bis in das 18. Jahrhundert endete die Straße von Saulgrub bzw. Kohlgrub nach Murnau (rechts im Bild) beim „Heinrich Bauern" kurz hinter Steigrain.

1767 erhielt Riedl den Auftrag, diese Straße bis Murnau weiter zu bauen.

Die Glashütte oberhalb von Grafenaschau auf einem Plan von 1754 (Ausschnitt)

Für eine bessere Verkehrserschließung des Raumes Murnau erhielt der kurfürstliche Landgeometer und Wasserbaumeister Castulus Riedl im Jahr 1767 den Auftrag, die Fortsetzung der Straße von Saulgrub nach Kohlgrub durch den sogenannten Murnauer Wald und den „Letten" bis nach Murnau zu planen. Kurz vor 1767 hatten die Kohlgruber diesen Straßenabschnitt bereits auf einen Damm gelegt und bekiest. Für die Fortsetzung der Straße fand Riedl allerdings schlechte Bedingungen vor. Wie man bei einer Ortsbegehung feststellte, sollte die zukünftige Trasse durch schlammigen Grund führen – der Name „Letten" kam nicht von ungefähr. Den zum Straßenbau nötigen Kies gab es dagegen nicht, nur „grundlose" Wiesen und Felder, einen „üblen Wald", der „nicht leicht zu passieren" und felsigen Untergrund auf „einem hohen Berg". Da der Berghang von zahlreichen tiefen Gräben durchzogen war, würden „mindestens zehn Brücken und Durchläss' herzustellen sein, der Bau würde also teuer und aufwändig werden.[212]

Dementsprechend langsam gingen die Arbeiten voran. 1772 war der Weg noch zum größten Teil „ungehoben" und nicht als Straße fertiggestellt. Unwetter hatten ihm inzwischen weiter zugesetzt und er musste repariert werden, erst 1775 war schließlich die Straße vollendet. Die „alte Straße" zwischen Kohlgrub und Murnau sollte allerdings noch gegen Ende des 19. Jahrhunderts „in höchst mangelhaftem Zustand" sein. Vor allem die von Murnau zu unterhaltende Teilstrecke sei kaum mit Wagen zu befahren, beklagten sich die Fuhrleute, denn an einigen Stellen erreiche die Straße nicht einmal die vorgeschriebene Breite von 14 Fuß (ca. 4 Meter).[213]

Ein besonderes Interesse an dieser „Vicinalstraße" hatte die Fabrikdirektion Grafenaschau, Nachfolgerin der 1731 in Aschau gegründeten Glashütte.[214] Diese Glashütte, eine der wenigen Glashütten Oberbayerns, entwickelte sich im 18. Jahrhundert zu einem großen Industriebetrieb mit bis zu 100 Arbeitern, etwa die Hälfte von ihnen arbeitete als Holzfäller im Wald oberhalb der Glashütte. Schwerpunkt der Produktion war ein dünnes Fensterglas, das auch Glasmaler verwandten, dazu stellten die Glasbläser kleine Fläschchen, Kugeln, aber auch Gläser und andere Gebrauchsgüter des religiösen und weltlichen Lebens her. Bis 1822 war die Glashütte verpachtet, zuerst vom Kloster Ettal und anschließend vom Bayerischen Staat. Dann erwarb die Witwe Anna Maria Hohenleitner, eine Schwester Joseph von Utzschneiders, die Hütte und dort scheint Utzschneider seine ersten Versuche mit der Verbesserung der Produktion gemacht zu haben. 1852 wurde die Glashütte an den Grafen Quadt-Isny verkauft, 1890 stellte die Glashütte den Betrieb ein und die Firma war nun im Holzhandel tätig.[215]

Die in der Glashütte produzierte Ware verkauften vor allem Kraxenträger,[216] größere Lieferungen aber mussten auf der Vicinalstraße Grafenaschau–Murnau transportiert werden. Seit 1835 trug daher laut einer Ministerialentschließung vom 6. August der jeweilige Besitzer der Glashütte die Verantwortung für den Straßenunterhalt.[217] Schon 1838 war allerdings diese Straße, nach heutigen Begriffen ein Weg, in schlechtem Zustand und als Kronprinz Maximilian in seinem Ammergauer Revier auf die Jagd gehen wollte, wurde die Gemeinde Murnau aufgefordert, den Weg instand zu setzen. 1851 kam diese Aufforderung erneut, wobei das Landgericht Weilheim nun auch wieder eine Beteiligungspflicht der Grafenaschauer Glashütte sowie der Aschauer Bauern betonte. Wie der Gemeindevorsteher von Aschau schließlich im Juni 1853 mitteilte, hatte der Glashüttenbesitzer Andreas Hohenleitner bis zu seinem Tod 1850 die Straße instandgehalten und mitarbeitende Bauern mit jungen Rindern und Pferden bezahlt. Nun aber arbeitete niemand mehr an der Straße, denn zuständig dafür waren nun gleich zwei Landgerichte, das Landgericht Schongau und das Landgericht Weilheim. Der Weg aber sei mittlerweile stark eingefahren, denn „alle Wochen kämen Wagen von 70 bis 80 Zentnern" und dazu auch andere Fuhrwerk zur Fabrik gefahren.

Der Bau der Eisenbahnlinie Weilheim–Murnau bis 1879 und weiter nach Oberammergau bis 1900 brachte wesentliche Erleichterungen für Gütertransporte. Da die Bahn anfangs noch sehr hohe Preise verlangte, wurde diese Möglichkeit nur selten genutzt.

Für den Wegabschnitt im Landgericht Schongau fühlten sich die Bauern wohl zuständig, nicht aber für den Weilheimer Teil, den aber „der Graf" (v. Quadt-Isny) ebenso von ihnen gerichtet haben wollte und das ohne Bezahlung![218]

1854 beschwerte sich die Gräflich Quadtsche Domanialkanzlei beim Landgericht Weilheim über den miserablen Zustand der Verbindungsstraße und des Zufahrtsweges von Aschau, der nur teilweise bekiest und in so schlechtem Zustand war, dass die Glasfuhren großer Gefahr ausgesetzt waren.[219]
In den folgenden Jahren zeigte sich niemand für die Reparaturarbeiten an dem Weg zuständig.
Die Gemeinde Kohlgrub hatte daran noch nie gearbeitet, denn sie hatte den Weg „nie" gebraucht, die Aschauer Bauern beharrten auf ihrer Ansicht, die Reparaturen seien Sache der Glashüttenbesitzer wie früher auch. 1855 war der Weg dann in gutem Zustand, nur um ein Jahr später durch ein Ausbrechen der Laine aus dem Wildgraben am Glasberg wieder zerstört zu werden.[220] 1879/80 ließ der Landkreis Weilheim schließlich die neue Straße in ihrem derzeitigen Verlauf bauen, der das Dorf Aschau bzw. heute Grafenaschau nicht mehr berührt.[221]

Murnauer Bahnhof mit der Elektrolokomotive E 6904, die an den früheren Bahnbetrieb Murnau–Oberammergau erinnert. Foto Franz Schiermeier

Als 1900 die Eisenbahnstrecke Murnau–Oberammergau mit dem Bahnhof Grafenaschau als Weiterführung der seit 1879 bestehenden Zugverbindung München–Murnau entstand, verlor die Straße Murnau–Kohlgrub an Bedeutung und umso wichtiger wurde nun der Zufahrtsweg aus dem Moos zum Bahnhof.[222] Das Dampfsägewerk der fürstlichen Verwaltung Quadt-Isny entstand daher auch 1920 zusammen mit einigen Arbeiterhäuschen am Bahnhof Grafenaschau und nicht am Ort selbst.[223]

Für die Grube „Gottes Gnade", das in der Nähe von Berggeist 1868 eingerichtete kleine Bergwerk, brachte der Bau der Eisenbahnlinie keine Vorteile. Die hier im Stollenbetrieb von 16 Hauern und vier Arbeitern (ein Maschinenfahrer und drei Tagarbeiter) abgebaute Kohle brachte zu wenig Gewinn, um die geforderten Transportkosten von zehn Pfennigen pro Zentner Kohle rechtfertigen zu können und hätten die Rendite verzehrt, die eine Förderung von ca. 67.900 Zentnern (im Jahr 1880) erzielte. 1888 wurde aus diesen Gründen der Betrieb eingestellt. Die 1917 zwischen Jägerhaus und Grafenaschau eröffnete „St.-Martin-Zeche-Kohlgrub" dürfte dagegen die Bahn für den Abtransport der Kohle benutzt haben. Diese Grube arbeitete mit etwa zehn Männern bis 1920 und dann noch einmal in den Jahren 1921 bis 1923.[224] Die seit der Mitte des 19. Jahrhunderts bei Hechendorf und bei der Barthlmämühle unternommenen Versuche einer Ausbeute der dortigen Kohlenflöze, die „Karlzeche" und die „Antonienzeche" zeigten nur geringen Erfolg. Ein Abtransport der hier geförderten Kohle dürfte daher keine größeren Herausforderungen dargestellt haben.[225]

Ebenso schwierig wie der Straßenunterhalt der Straße Murnau–Kohlgrub war die Instandsetzung der Ortsverbindung zwischen Eschenlohe und Grafenaschau. Die erste römische Straße am westlichen Rand des Moores blieb über Jahrhunderte ungenutzt und unentdeckt. Für Fußgänger und Fuhrwerke existierte jedenfalls ein Verbindungsweg von Eschenlohe zu den Höfen von Schwaigen und weiter nach Aschau. Um die Mitte des 19. Jahrhunderts wurde dieser schmale Weg auf eine Breite von 12 Fuß (etwa dreieinhalb Meter) erweitert und auf beiden Seiten Gräben zum Auffangen des Regenwassers gezogen. Die bereits vorhandenen Brücken sollten ebenfalls verbreitert und mit einem Geländer versehen, der Wald auf beiden Seiten auf etwa 6 Fuß (1.80 Meter) ausgelichtet werden.[226] Offensichtlich waren nicht alle Anlieger bereit, für die Straßenverbeiterung ihr wertvolles Land zur Verfügung zu stellen. Um auch zwischen Schwaigen und Aschau die Straßenverbreiterung durchführen zu können, griff man in Garmisch zu einem letzten Ausweg: Am 13. November 1857 erging an den Gerichtsdiener der Auftrag, sich zum Bauern Georg N. zu begeben und „dort so lange zu verbleiben, bis derselbe die Erweiterung der durch seine Grundstücke gehende Aschauer-Murnauer Straße nach dem Moose ... vollzogen haben wird."[227]

In den folgenden Jahrzehnten ermahnte das Landgericht Garmisch die Gemeinden Eschenlohe und Schwaigen viele Male, den „ruinösen" Zustand der Straße zu beenden, die einsturzgefährdeten Brücken zu reparieren und an zwei Stellen erst einmal Brücken zu bauen, worauf als Entschuldigungen die bevorstehende Ernte oder auch der Zustand der Lainen vorgebracht wurden, durch die bei Gewitter immer wieder Steine und Kiesmassen abrutschten, die dann Brücken und Abflusskanäle verstopften und in der Nähe liegende Grundstücke unter Wasser setzten.[228] Trotzdem herrschte in der zweiten Hälfte des 19. Jahrhunderts auf dieser, auch in der Übersichtskarte des topografischen Büros von 1867 eingetragenen Strecke ein lebhafter Verkehr: Die Straße diente vor allem dem Abtransport von Holz aus den Bergen westlich von Aschau, das am Fuß des Berges gesammelt und dann zur Bahn gefahren wurde. Außerdem benutzten die kleine Straße alle, die ihre Grundstücke in diesem westlichen Teil des Moores hatten, oder die Schwaiger besuchen wollten.[229]

Die Bedeutung der ehemals so bedeutenden Fernstraße Oberitalien – Bayern durch das Loisachtal und weiter über Murnau und Weilheim nach Augsburg war seit der zweiten Hälfte des 15. Jahrhunderts deutlich gesunken, denn die Schwierigkeiten, die Kaufleute auf dieser Straße besonders im Loisachtal zu bestehen hatten, waren beträchtlich und so wählten viele Kaufleute statt dessen die zwar gefährliche, aber meistens befahrbare und noch dazu kürzere Straße über den „Kienberg" (Ettaler Berg), Ammergau und Schongau nach Weilheim. Der Verkehr auf der ehemals so wichtigen Fernverbindung über Murnau nahm so dramatisch ab, dass ihr schließlich auch der Status einer Rottstraße aberkannt wurde.[230] Trotzdem musste diese Straße auch weiterhin befahrbar bleiben, denn sie stellte eine Verbindung zur Residenzstadt München dar und war zudem unverzichtbar für den lokalen Handel mit Getreide und anderen Gütern des täglichen Lebens.

Besondere Probleme bereitete dabei die Loisach, denn mit dem vielen Geröll, das der Fluss mit sich führte, hatte er sein Flusbett hoch aufgeschüttet und mittlerweile lag es fast so hoch wie die Straße. Kein Wunder, dass bei geringstem Hochwasser die Straße, die knapp neben der Loisach verlief und immer noch verläuft, überflutet wurde. Betroffen davon war nicht nur die Engstelle beim „Hengenstein" zwischen Eschenlohe und Oberau,[231] sondern auch die gesamte Strecke zwischen Eschenlohe und Hechendorf. Schon 1701 war dem Zollner bei Weghaus aufgetragen worden, nicht nur zwischen Eschenlohe und Hechendorf die Uferbefestigung an der Loisach zu erneuern, sondern innerhalb der nächsten zehn Jahre auch die Straße auf einem Damm von 12 Schuh Breite und einer Höhe von 1½ Schuh neu bauen zu lassen. Dafür sollte der Zollner vom Hofzahlamt immerhin jährlich 200 Gulden erhalten. Bis 1707 zahlte man dem Zollner 1.400 Gulden für den neuen Straßendamm, der jedoch noch 1717 auf sich warten ließ, während sich weiter die Beschwerden über die stark ruinöse Straße durch das Moos häuften.[232]

Bereits im Jahr 1711 hatte man daher einen Vertrag mit dem Kloster Ettal geschlossen, das nun den beim Weghaus anfallenden Zoll einnehmen und dafür den Straßenunterhalt besorgen sollte. Die Zollstätte beim Weghaus wurde abgebrochen und ein neues Zollhaus bei Eschenlohe errichtet. Wie sich später herausstellte, hatte das Kloster wiederum seine Untertanen in Eschenlohe und Schwaigen damit betraut, diesen aber nur die Aufgabe übertragen, für den Unterhalt der vom Kurfürsten bezahlten Loisachbrücke zu sorgen und bei Eisstoß und Hochwasser diese Brücke von allen dort aufgestauten Hindernissen zu befreien. An weiteren Arbeiten war angeblich nichts mehr geschehen.[233] Am 12. April 1728 jedoch meldete der neue Zollner, die schon länger schadhafte Brücke bei Oberau sei nun „tatsächlich völlig eingefallen". Immerhin wurde ein schadhafter Damm so gut repariert, dass die Fuhrleute „die sonst nicht über das Herzogtum Bayern ziehen, sondern durch Schwaben, den Weg über Weilheim genommen haben" – und damit natürlich über Murnau –, „und dadurch sehr viel Geld bei den Schneidern geblieben ist."[234]

Leider hielt dieser unverhoffte Geldsegen für Murnau nicht lange an, denn die Straße durch das Moor blieb weiter ruinös und diese eine, instand gesetzte „Wühr" stand gegenüber mehreren baufälligen bei Eschenlohe und einer nach starken Regenfällen völlig unpassierbaren Straße. 1730 schlossen Hofkammer und Kloster Ettal einen weiteren „Contract". Der zu einer Bestandaufnahme gerufene Geometer und Wasserbaumeister Franz Anton Paur erstellte am 9. Januar 1741 eine lange Liste der noch zu bewerkstelligenden Arbeiten, nicht ohne noch einmal auf die völlig Untätigkeit des verantwortlichen Klosters hinzuweisen: Vor allem sollten von den Anliegern die Dämme von Eschenlohe bis zum Blauen Anger neu gemacht werden, denn nur auf diese Weise würden sie ihre Wiesen und Felder schützen können. Dazu forderte Paur noch einen Damm vor den tiefen Viehtriebgassen, die das Vieh der Bauern auf seinem Weg zu den Wiesen hinterlassen hatte, denn auch dort würde die Loisach eindringen und Felder und Wiesen überschwemmen. Von Eschenlohe bis nach Hechendorf und andererseits bis nach Weichs aber sei der Zolleinnehmer zuständig, der sämtliche Dämme richten lassen sollte, mit Ausnahme des Damms beim Ettaler Weghaus, das durch einen guten Damm „wohl geschützt" sei. Dazu müsste endlich die Straße durch das Moor auf einen Damm gelegt und beidseitig der Straße Gräben gezogen und das Wasser in die Loisach abgeleitet werden. Gräben entlang der Straße durch das Moor waren wohl spätestens seit dem frühen 17. Jahrhundert üblich, denn 1629 forderte der Hof das Kloster Ettal auf, beim Blauen Anger den Graben zu räumen. Eine regelmäßige Räumung unterblieb jedoch und die Gräben wurden nutzlos. Weiter forderte Paur eine Verlängerung der Brücke bei Hechendorf um zwei Joch, denn bei Hochwasser staute sich dort das Wasser der Ramsach in die Loisach zurück und kein Reisender konnte dann ohne Lebensgefahr diese Brücke passieren.[235]

In den folgenden Jahren wechselten sich die Berichte über Straßenüberflutungen und reparierte Dämme oder baufällige Brücken ab, zu einer grundlegenden Verbesserung kam es nicht. Auch der „Loisachdurchstich" am Blauen Anger, ein Projekt von Castulus Riedl, brachte nicht die endgültige Lösung.

An diesem Flussabschnitt wurde die Loisach zwar begradigt und zum Schutz der Straße auch ein Damm aufgeschüttet. Nach einem starken Hochwasser im Sommer 1770 beschwerte sich jedoch das Kloster Schlehdorf, dass durch den Loisachdurchstich die Loisach bei Ohlstadt ausgebrochen sei und Castulus Riedl, der die Strecke anschließend selbst befahren hatte, meldete eine verwüstete Straße: Genau unterhalb des Blauen Angers sei die Loisach durch den alten, hart am Ufer stehenden Damm ausgebrochen, in die tiefer liegende Straße eingedrungen und hätte ihren Lauf auf die Straße verlegt, dabei aber so tiefe Gruben „ausgestoßen“, dass einige Tage dort niemand mehr passieren konnte. Die Gegend gleiche jetzt einem See.[236]

Zusätzlich zu den Nutzern der Straße kamen auch Beschwerden der Werdenfelser Flößer, denn die Loisach hatte nicht nur nach einem erneuten Hochwasser 1772 eine große Sandbank aufgeworfen an der sie aufliefen, sondern führte sie nicht selten auf die Straße hinaus, sodass sie ihre Flöße mit viel Mühen wieder in den Fluss zurückbringen mussten. So teilten sich nun Flößer und Reiter gleichermaßen die Straße, letztere allerdings mussten zur besseren Orientierung und Sicherheit durchs Wasser waten.[237]

Wasserbaumeister und Wegebauer beschäftigten sich bis zum Ende des 18. Jahrhunderts mit der Sicherung der Straße durch das Moor. Die bereits vorhandenen Dämme wurden verlängert, verstärkt, erneuert und erneut verlängert, die Loisach wie schon am Blauen Anger jetzt auch bei der Barthlmämühle begradigt und die Straße durch weitere Dämme geschützt. Bis 1800 war schließlich sogar der seit langem erwünschte Straßendamm durch das Moor gebaut, rechts und links der Straße zwei Gräben von 6 Schuh Breite und 5 Schuh Tiefe gezogen, dazu eine Ableitung des Wassers in die Ramsach geschaffen. Am 14. April 1802 mahnte schließlich die Landesdirektion eine erneute Räumung der Gräben an, da nun vermehrt Wasser in diese Gräben lief, abgegeben von „Ansiedlern und Cultivierenden Gemeinden“.[238]

Plan des Blauen Angers bei Eschenlohe von 1765

Die Loisach überschwemmte nach jedem Hochwasser die Landstraße zwischen Eschenlohe und Hechendorf.

Besonders betroffen war der Blaue Anger bei Eschenlohe, Verbauungen und Entwässerungsgräben brachten hier nur kurzfristig Abhilfe.

und
Loysach
Flus
Eschenloherische
Gemain fröz
Eschen
Ober
Ainöd
OR
S.
M.
Occ.
Scala
50. 100. 200. 300. 400. 500. 600. 700. 800. 900. 1000.
Schuech
Loysach
Flus
Strasen
nacher
Eschenlohe
Eschenloher Moos
toerischer Blauer Anger
Georgen Mangolts von Wengen Wismad
Erklärung der Buechstaben

Gemeindegründe der Gemeinden jenseits des Molasserückens im Bereich des Murnauer Gemeindelandes auf einem Plan von 1805.

Kultivierung der Öden Gründe

Im 18. Jahrhundert ist in fast allen Regionen Deutschlands ein deutliches Anwachsen der Bevölkerung festzustellen, einer Bevölkerung, die in einem hauptsächlich noch agrarisch strukturierten Land in der Landwirtschaft ihr Auskommen suchte, da andere Erwerbsmöglichkeiten kaum bestanden. Für nachgeborene Söhne oder Töchter, die auf den Bauernhöfen der eigenen Familie nur als Dienstboten arbeiten durften, boten auch die Städte keine neuen Chancen, denn in den hier ansässigen Handwerkerfamilien stand ihnen ebenfalls nur eine Arbeit als Dienstboten oder Tagelöhner zu, keinesfalls aber die Möglichkeit hier das Bürgerrecht und damit Lebenssicherheit zu erhalten. Für diese wachsende Zahl rechtloser und armer Menschen auf der Suche nach dem täglichen Brot und sehr häufig auch nach einem Dach über dem Kopf suchten Landesherrn und ihre Berater nach Möglichkeiten zusätzliches Land zu gewinnen, Land das bisher nicht nutzbar gewesen war und nun mit neuen Methoden für den Landbau nutzbar gemacht, Familien aus der Schicht der Erwerbslosen ein „ehrliches" Einkommen bieten sollte. Zahlreiche neu gegründete Gesellschaften und Wissenschaftler befassten sich mit der Verbesserung der Anbaumethoden, um die landwirtschaftlichen Erträge zu erhöhen sowie mit Möglichkeiten des Landesausbaus. Um Neuland für Siedler zu gewinnen, begann man auch mit der Trockenlegung von Mooren, in großem Stil z.B. ab 1747 im preußischen Oderbruch, oder mit sogenannten Meliorationen von Flussauen, um Neuland für Siedler zu gewinnen.[239]

In Bayern war dieser Bevölkerungsdruck nicht so spürbar, Versuche des Landesausbaus gab es jedoch auch hier. Im Kurfürstentum Bayern war im Gegenteil ein Bevölkerungswachstum erwünscht,

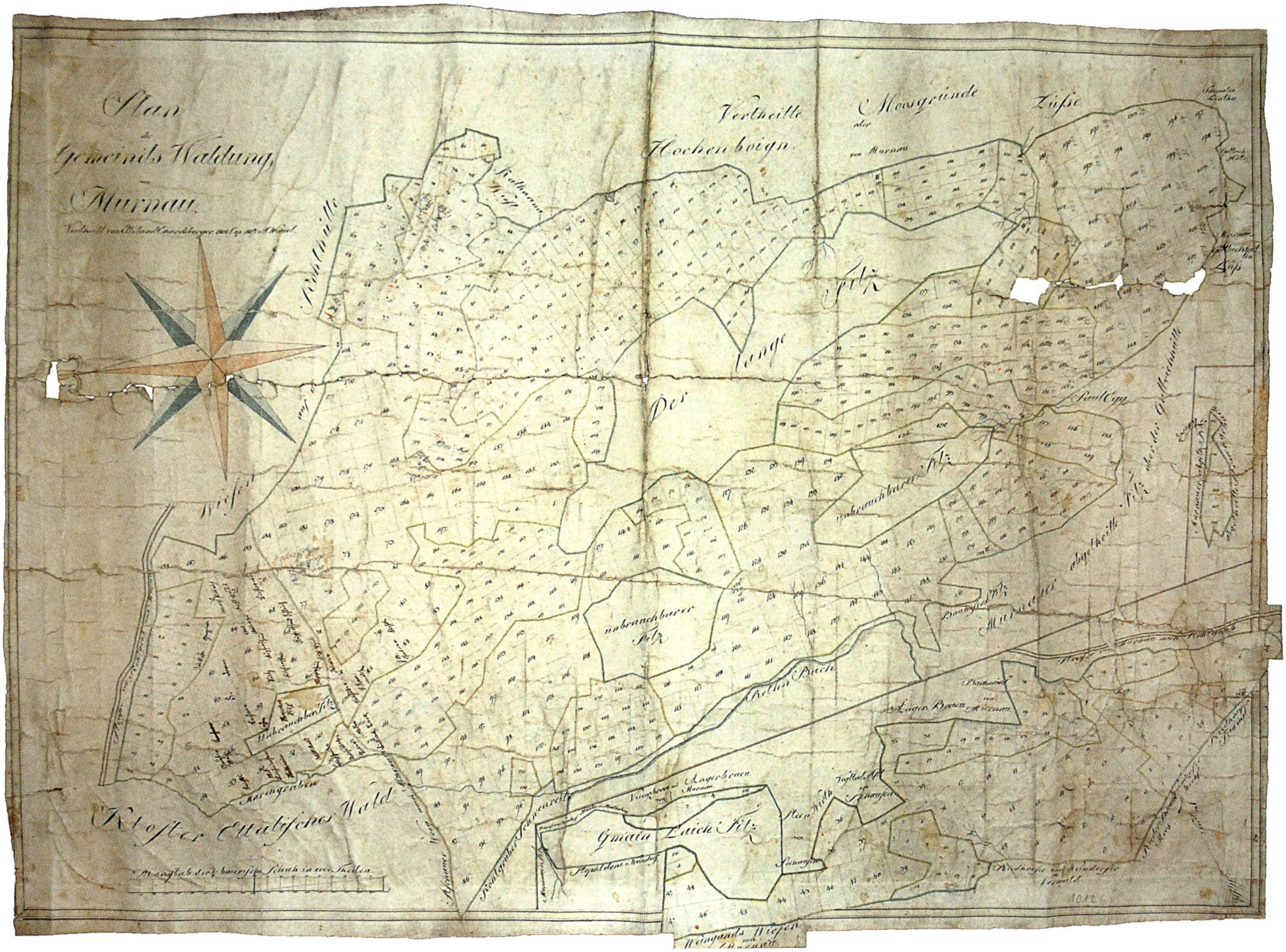

Die Murnauer Waldungen 1805. Eingetragen sind auch die zu dieser Zeit noch nicht genutzten Gründe.

denn der Landesherr und seine Berater waren bestrebt, mit einem deutlichen Anheben der Bevölkerungszahlen dem Land zur neuen Blüte zu verhelfen – Bevölkerungswachstum wurde gleichgesetzt mit wirtschaftlichem Wachstum. Dass dieser wachsenden Anzahl von Menschen auch eine Möglichkeit geboten werden musste, den eigenen Lebensunterhalt zu bestreiten und damit auch die Steuern zu zahlen, die den wirtschaftlichen Aufstieg des Kurfürstentums Bayern erst ermöglichen würden, war den Beratern des Kurfürsten bewusst. Denn ebenso deutlich wie der Wunsch nach einem Anstieg der Bevölkerung findet sich in der zeitgenössischen Literatur die Angst vor Übervölkerung, einer Übervölkerung durch mehr und mehr Menschen, die sich nicht mehr ernähren können und deshalb bettelnd und manchmal auch stehlend durch das Land ziehen.[240]

Für Erwerbslose musste also eine Einkommensmöglichkeit geschaffen werden und dies bedeutete in erster Linie bestellbares Land. Die ebenfalls weit verbreitete Ansicht, Angehörige der erwerbslosen Unterschichten müssten erst zur Arbeit erzogen werden, soll hier nicht weiter diskutiert werden.[241]
In Bayern gab es seit dem 17. Jahrhundert Versuche, die Anbautechniken auf bereits kultiviertem Land zu verfeinern und den Landwirten neue Methoden zur Verbesserung ihrer Erträge nahe zu bringen.
So war z.B. nach einem Mandat von 1652 das seit langem praktizierte und inzwischen für schädlich angesehene Abbrennen der Wiesen und Felder ohne behördliche Erlaubnis verboten; über die Durchsetzung dieser Anordnung ist allerdings nichts bekannt. Vor allem suchte man scheinbar „nutzloses", also nicht bestellbares Land für den Ackerbau zu erschließen.

1669 forderte daher eine kurfürstliche Instruktion die Rentmeister dazu auf, bei ihren Umritten festzustellen, ob nicht „ein oder anders der öden Gründ oder Möser" zu besserem Nutzen „anzulegen wär".[242] In den folgenden Jahrzehnten kam es tatsächlich zu vereinzelten „Landeskulturbestrebungen" und vor allem im Bistum Freising fanden sogar Landverteilungen an die Bevölkerung statt. Kurfürst Max Emanuel legte mit seinem Kultursmandat vom 23. Juli 1723 schließlich eine erste Grundlage für weitere Maßnahmen, wobei ihm vor allem daran gelegen war, durch Landverkäufe seine eigenen Projekte zu finanzieren.[243]

Die „öden Gründe", deren Kultivierung in Angriff genommen werden sollte, waren nach Definition der Hofkammer weitläufige unfruchtbare Flächen, also vor allem Moose und Filze, die von den Bauern der Umgebung zwar als Viehweide, aber nicht als Ackerland genutzt wurden und daher in die Staatskasse keine Steuerzahlungen brachten. Um alle diese Flächen zu erfassen und als Vorbereitung zum Kultursmandat von 1723 hatte die Hofkammer im Mai 1722 eine „genaue Spezifikation der sogenannten Waislacker, Weiden, Hülzer, Möser und Auen" eingefordert, „worauf man den Dörfern bisher die Weidungen gestattet" und worauf nun neue „Sölden", also kleine Höfe, errichtet werden konnten. Die Bauern, deren Weiderecht damit deutlich beschnitten werden würde, waren mit diesen Neuansiedlungen natürlich nicht einverstanden und versuchten sich zu wehren. Der Erfolg dieses ersten Kulturmandats von 1723 blieb daher gering und erst unter Max III. Joseph, der die Landeskulturbestrebungen förderte und auf eine breitere Basis stellte, kam es tatsächlich in einigen Regionen Bayerns zur Kultivierung „öder Gründe".[244]

Wie Verhandlungen über Zehntabgaben zwischen Kloster Ettal und Schlehdorf zeigen, versuchten die klösterlichen Grundherrn schon bald nach dem Kultursmandat von 1723 in den Randlagen des Murnauer Mooses neues Ackerland zu gewinnen: So gab es im Jahr 1754 bei Ohlstadt mehrere „Neubrüche", darunter auch Moosäcker, die an das Kloster Ettal Zinsabgaben leisteten und bei Weichs Moosäcker, deren Nutzer entweder dem Kloster Schlehdorf oder aber Kloster Ettal zinspflichtig waren.[245]

Die Mandate Max III. Josephs vom 24. März 1762 und vom 10. Mai 1765 sollten eine gute Grundlage für die Umwandlung aller öden Gründe und Gemeindeland in von Einzelnen genutztes Ackerland, Wiesen oder Wald darstellen, ohne Rücksicht darauf, wem sie gehörten. Bei Land im Besitz des Kurfürsten stellte dies grundsätzlich kein Problem dar, ungenutztes Ödland konnte kultiviert werden und somit endlich Steuern einbringen. Eine Enteignung privaten Besitzes war allerdings nur dann durchführbar, wenn diese Gründe „mit Fleiß verwahrlost" wurden. Auf diese Weise versuchte man auch Grundbesitzer dazu anzuhalten, sich selbst um eine Verbesserung der Ertragfähigkeit ihrer Gründe zu bemühen.
Das Mandat vom 26. Mai 1775 schließlich räumte Grundbesitzern den Vorrang bei Kultivierungsmaßnahmen ein, womit aber auch ein gewisser Zwang verbunden war, diese Maßnahmen wirklich durchzuführen.[246] 1779 schuf Kurfürst Karl Theodor schließlich noch mit einer Befreiung vom Zehnt auf zehn Jahre Anreize für kultivierungswillige Kleinbauern oder Söldner.[247]

Die Aufteilung öder Gründe zu ihrer weiteren Kultivierung war keine Arbeitsbeschaffungsmaßnahme für völlig Mittellose, denn ein Anrecht auf Zuteilung besaßen nur Antragsteller mit Besitz, die sogenannten Söldner und Leerhäusler, aber auch Handwerker. In vielen Fällen waren diese Kleinbauern oder Handwerker nicht dazu berechtigt, ihr Vieh auf die Gemeindeweide zu treiben und konnten daher kaum Tiere halten. Gerade hier aber lag nun für sie eine Möglichkeit, Zugang zu Weideflächen zu erhalten, da die Mandate eine Aufteilung der Gemeindeweiden vorsahen – ein Ausgangspunkt für Konflikte innerhalb der Gemeinden, denn auf Bestimmungen wie diese Aufteilung zu geschehen habe, verzichtete man vorerst.[248] Als nun auch in Murnau ein Zusammenschluss Interessierter Anträge auf die Zuteilung öder Gründe einreichte, versuchten die Murnauer Bürger dies mit allen Mitteln zu hintertreiben.

Im April 1773 beschwerte sich eine Gruppe von Antragstellern, sie hätten an ein Stück Wiese von etwa neun Tagwerk (etwa 30.665 Quadratmeter), genannt das Wiesl' „Hand angelegt", versucht diese Fläche zu kultivieren und dort Sommerweizen und Roggen anzubauen. Armut halber hatten sie aber nur ein halbes Tagwerk zustande gebracht, aber auch das sollte ihnen nun verwehrt sein zu nutzen, sogar obrigkeitlich verboten worden.
Wie sie ausführten, hatten auf diesem Wiesl' die Murnauer und Riedhauser den „Blumbesuch", also Weiderechte, zwei Tagwerk waren außerdem dem Pfarrer von Murnau überlassen, ihnen aber wollte man den Zugang zur Gemeindeweide verwehren. Als vom Hof die strikte Anweisung kam, den Antragstellern sowohl den Blumbesuch für ihr Vieh zu gestatten als auch das Einzäunen des von ihnen kultivierten Teils des Wiesls', widersprach der Murnauer Magistrat. Nicht nur habe man einen großen Raum aufgezeigt, der für den Anbau von Getreide geeignet sei – und damit die Gemeindeweide ganz erheblich geschmälert –, dies aber habe die vier Bürger nicht daran gehindert, sich das Wiesl' anzueignen, das keineswegs öder Grund, sondern genau der Ort sei, über den alljährlich Murnauer, Riedhauser und Seehauser über 500 Stück Vieh zur Weide in die sogenannte Ramsachleite treiben. Durch das Einzäunen des Wiesls' werde dem Vieh der Weg versperrt. Gleichzeitig aber würde das Wiesl' aber Weide für Pferde derjenigen Bürger sein, die ihre Pferde nicht zuhause lassen können.[249]

Die Versuche der vier Antragsteller, sich aus dem Wiesl' ein eigenes Stück Ackerland zu formen, sollten auf ein Jahr beschränkt bleiben und, wie der Murnauer Magistrat mitteilte, waren sie auch nicht arm, sondern „haben Geld". Gewissermaßen als Entschädigung stellte ihnen und noch weiteren 136 Personen der Magistrat einen Anteil an Moosgründen an der Rechtach zur Verfügung. Dieses Gelände an der Rechtach, etwa 200 Tagwerk Filzgründe, waren nach Ansicht des Magistrats „allezeit öde gelegene Filzgründe", die etwa ein Stund weit vom Markt entfernt und in einer „Situation sind" als nichts anderes als Moosdaxen und Filzkoppen da gewachsen, also seit „ewigen Zeiten den mindesten Nutzen erreichen konnten" weder für Mensch noch Vieh.
Im Sinne des kurfürstlichen Mandats könne man dort mit viel Arbeit und Mühe die Ausreutung der Moos-Filzkoppen und mit „Austhueung" vieler tausend Klafter Gräben diese Gründe dahin bringen, dass hieraus ein Moos-Stroh und nach längerer Zeit vielleicht ein „futtermäßiges Heu" wachsen möchte. Wie man feststellte, seien auch schon die einen oder anderen Bürger dorthin gegangen und hätten angefangen, dort Hand anzulegen, wie dies auch die meisten anderen tun werden.[250] Der Privatbesitz in den Streuwiesen an der Rechtach geht also auf diese Kultivierungsmaßnahmen zurück.[251]

Die Aufgabe der 1762 gegründeten Landesverbesserungs- und Landes-Ökonomie-Kommission war es nicht nur, die Kultivierungsbestrebungen in Bayern zu begleiten, sondern auch Reformen zur Steigerung der landwirtschaftlichen Erträge voranzubringen. In zahlreichen zeitgenössischen wissenschaftlichen Abhandlungen fanden Moore größere Beachtung und deren Autoren gaben nach den Beispielen in Holland, Großbritannien oder auch Niedersachsen Anweisungen für die Bodenverbesserung und das Ziehen von Gräben. Neben der Ertragssteigerung der bayerischen Landwirtschaft versuchten sie der Bevölkerung auch eine Nutzungsmöglichkeit für den hier als weitgehend überflüssig angesehenen Torf näher zu bringen, so vor allem den Einsatz von Torf als Ersatz für Brennholz.
Die Bevölkerung blieb vorerst zurückhaltend und begann nur sehr vereinzelt, wie z.B. im Schleißheimer Moos, mit dem Torfstechen; im Raum Murnau fand Torf als Brennmaterial vorerst keine Verwendung. Bauern und Bürger hatten noch genügend Holz zur Verfügung, das sie als Heizmaterial nutzen konnten.[252]

LOISACH FLUSS
von der
Tirolischen Gränze bis in die Isar
unterhalb dem Markte Wolfratshaus
Blatt I.
Maasstab von 6000 Baierschen Schuhen.
LOISACH FLUSS
EIB SEE
30 Klafter
Granach
Alte Schmid
Weg vom Eibsee
Ober Au
Farchant
Moswiesen
Chaussee
ad Sectio 1.
LOISACH FLUSS
Der grosse Filz
Eschenloher Moos
Dorf
Eschenloh
Buchwieser
Rammenstein
Nord
Horizontal Linie
Horizontal Linie
Horizontal Linie
Horizontal Linie
Horizontal Linie
Baierische Grenze
Brücke zu Garmisch
Brücke zu Au
A
B
C
D
Moos
Einmündung in die Isar
763 Schuhe
Profil Plan des Loisach Flu
von der Tyrol. Grænze bis zur Einmündung in die Isar
unterhalb Wolfratshausen, mit einem Fall von 763 Schuh

Das Blatt Loisach I aus dem Stromatlas von Adrian von Riedl 1806/1808

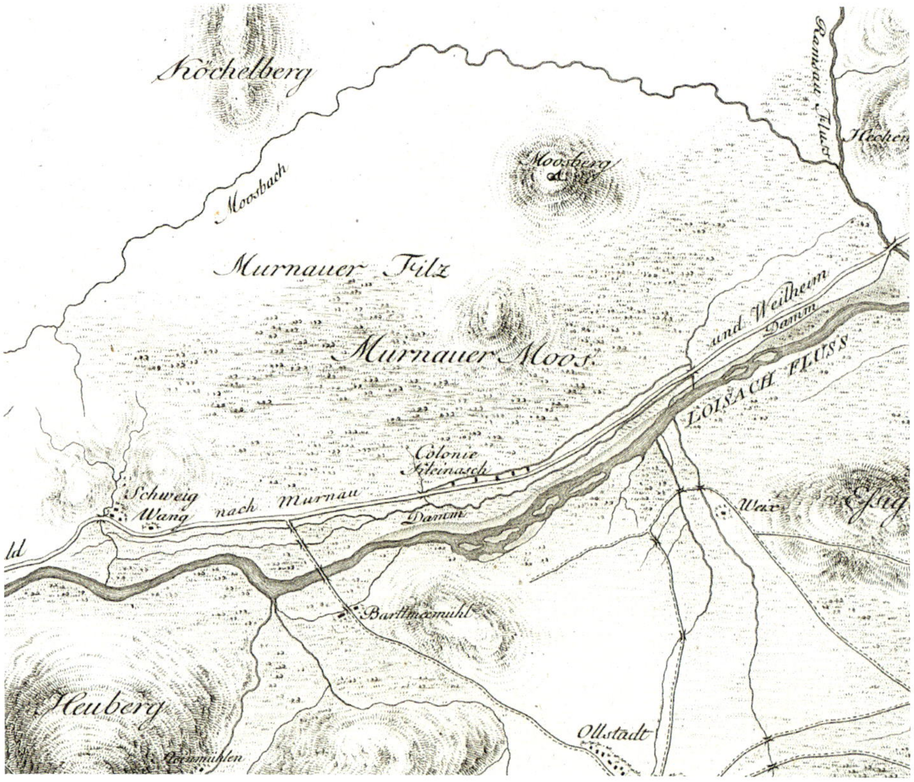

Die Mooskolonie Kleinaschau auf dem Blatt Loisach I im Stromatlas von Adrian von Riedl (Ausschnitt).

Als schließlich 1779 Joseph von Utzschneider nach seiner Ernennung zum „Commissarius in Forst- und Kultursachen" daranging, die Möser, Filze und Weiden der Klöster im Oberland zu verteilen, richteten die Klöster Beschwerden an den Hof: Moore würden wertvolle Stallstreu liefern in diesen Gegenden mit geringem Weizenanbau, wo immer mehr Bauern sich auf Viehwirtschaft spezialisierten. Das Vieh aber werde doch bei Hochgewitter in die Filze getrieben um dort Schutz zu finden. Die Koppen schützten den Wuchs vor Frost und vor Hitze, die Weide könne hier daher früher beginnen und dabei länger hinausgezogen werden. Einige Filze „mit starken Koppen, Pirken und kleinen Ferchen, lieferten Brenn- Zaun- und Friedholz" und dazu auch noch Material zum Kohlebrennen. Der dieses Loblied auf die vielseitigen Nutzungsmöglichkeiten der Hochmoore singende Abt von Benediktbeuren versäumte dabei auch nicht zu erwähnen, dass die Hochwässer der Loisach jede Kultur nutzlos werden ließen und schlug stattdessen die Anpflanzung weiterer Bäume vor.[253]

Ein Punkt der hier nicht erwähnt wird, tatsächlich aber besonders bei klösterlichen Grundherrn eine Rolle spielte, betraf die Beschneidung ihrer Jagdrechte durch neu gezogene Gräben und Zäune auf den kultivierten Grundstücken.[254] Trotz einiger Widerstände schritt die Kultivierung bayerischer Moore weiter fort und mit der Trockenlegung des Donaumooses ab dem Jahr 1790 nach den Plänen von Adrian von Riedl begann auch in Bayern ein Großprojekt zur Trockenlegung der Moore, das im Idealfall vielen Familien bebaubares Land und damit ein gesichertes Einkommen geben sollte.[255]

Mit der Säkularisation der bayerischen Klöster 1803 setzte eine allmähliche Veränderung der bäuerlichen Vermögensverhältnisse ein, denn die Bauern konnten ihre Höfe gegen eine gewisse Ablösesumme als Eigentum erwerben. Die großen klösterlichen Waldungen fielen an den Staat, allerdings mussten bäuerliche Nutzungsansprüche an diese Wälder befriedigt werden und diese Entwicklung führte ebenfalls zu einem schrittweisen Übergang von Nutzungsansprüchen in Privateigentum. Auf dieser Grundlage dürfte auch der Waldbesitz einiger Bauern auf Köcheln wie dem Schmatzer Köchel entstanden sein.[256] Ein ähnlicher Prozess erfolgte bei den Grundstücken der „Gmain", dem Gemeindeland, das von den Gemeindebürgern gemeinschaftlich genutzt werden konnte. Da viele dieser Gemeindeweiden komplizierte und auf verschiedene Gemeinden verteilte Nutzungsrechte beinhalteten, wie z.B. die beschriebenen Weiderechte im Murnauer Moos, wurde versucht, diese Rechte allmählich zu „entwirren" und besser nachvollziehbare Nutzungsmöglichkeiten zu erreichen.

Zwischen 1802 und 1803 kam es daher zur Aufteilung der „Bartholomä-Möser" zwischen den Gemeinden Hechendorf, Murnau, Ohlstadt, Riedhausen und Weindorf. Auf diesem Teilbereich des Murnauer Mooses zwischen Moosbergköchel und Bartholomäusmühle hatten die Gemeinden Murnau, Weindorf, Riedhausen und Ohlstadt mit Weichs das Weid- und Mahdrecht, die Gemeinde Hechendorf allein das Weiderecht. Eine Aufteilung dieser Gründe würde nun die Rechte gleichmäßiger verteilen und dazu jeder einzelnen Gemeinde die Möglichkeit geben, ohne Behinderung von außen die ihr zugeteilten Gründe nach eigenem Ermessen zu kultivieren und zu nutzen. Anwesend bei der offiziellen Teilung am 13. April 1802 waren auch Vertreter der damaligen Grundherrn, das Kloster Polling, das Stift Habach und das Kloster Benediktbeuern.[257]

Das gesamte Bartholomä-Moos umfasste etwas mehr als 500 Tagwerk, davon waren aber 50 Tagwerk an der Landstraße vor dem Moosbergköchel für fünf Neusiedler vorgesehen, die dort ihre „Grenzwerke", Zäune und Gräben, errichten konnten. Es ging dabei also nicht um die Zuteilung ehemaligen Gemeindelands an bereits Ortsansässige, die eine breitere Basis für eine solide Landwirtschaft suchten. Die Grundstücke erhielten Besitzlose, die auf dem noch zu kultivierenden Grund auch eine Behausung errichten und eine neue Lebensgrundlage erhalten sollten, wie es zu dieser Zeit im Donaumoos praktiziert wurde. Diese Ansiedlung in der Gemeinde Hechendorf, das spätere Kleinaschau, war die erste, gleichzeitig aber auch einzige Neusiedlung zum Zweck einer besseren Kultivierung im Murnauer Moos. 1803 beschädigte ein Brand die kleine Siedlung und zerstörte das Haus eines der Siedler. Die Familie erhielt Betten und Baumaterial aus den Beständen des zu dieser Zeit schon aufgelösten Klosters Ettal.[258]

Der Rest von immerhin mehr als 455 Tagwerk im Bartholomä-Moos bestand aus über 289 Tagwerk „gutem Boden" wie z.B. ein Teil der Moosberger Wiesmahden, womit wohl der Heumoosberg gemeint ist, und aus über 165 Tagwerk Filzen. Die Gemeinde Hechendorf, die bisher bei der Aufteilung der Nutzungsrechte benachteiligt gewesen war, erhielt einen Anteil von etwa 47 Tagwerk, über den sie nun nach eigenem Gutdünken verfügen konnte. Den Rest, sowohl gute Böden als auch „Filzen", teilte man in zwei Teile und die Gemeinden Murnau, Riedhausen und Weindof, die man hier als „ein Teil" verstand, erhielten davon jeweils die Hälfte wie auch andererseits die Gemeinden Ohlstadt und Weichs. Schließlich erfolgte noch die „Abmarchung" der festgelegten Grenzen anhand gewisser Geländemerkmale, wie z.B. dem Moosberg oder dem Fahrweg nach Ohlstadt. Diese Marchen fanden auch Eingang in das Teilungsprotokoll, entlang der neu festgelegten Grenzen zog man Gräben.[259] Wie nicht anders zu erwarten, akzeptierten nicht alle Beteiligten die neuen Bedingungen. Es wurde gestritten und man appellierte erfolglos an den Hof.

Für die Aufteilung der Weidegründe im Moos zwischen Eschenlohe und Schwaigen 1823 wurden neue Grenzen definiert.

Am 26. Januar 1803 erging der Bescheid, dass die beschlossene Aufteilung als endgültig anzusehen sei. Wenig später erfolgte in Murnau die Verlosung der Gemeindelüsse im Bartholomämoos.[260]

Die Aufteilung der Weiden zwischen Schwaigen und Eschenlohe kam erst 1823 zustande, denn die Eschenloher waren mit der alten Ordnung zufrieden, während die Schwaiger auf eigenen Gründen bestanden und daher beim Landgericht um einen „Commissionstag" baten. Schwierigkeiten hatten sich auch deshalb ergeben, weil nicht nur die Moosweiden, sondern auch die Almen aufzuteilen waren, diese jedoch wieder in den Forsten lagen, die zwar inzwischen dem Staat gehörten, aber mit Nutzungsrechten der Dörfer belegt waren. Während die Almen schließlich je nach Lagen geteilt werden konnten und die Dörfer in Zukunft ihr Vieh auf unterschiedliche Almen treiben würden, erfolgte die Teilung der Moosweiden einzeln und nach der Anzahl der Höfe in den Dörfern. Geteilt wurden deshalb die Bauernrechte, die sofort in Privateigentum der einzelnen Bauern übergingen, sowie das Klucker- und das Schwaigermoos, wobei die Schwaiger 18 Anteile erhielten – Eschenlohe verdoppelte die eigentlich neun Teile der Gemeinde Schwaigen – und die Gemeinde Eschenlohe 47 Anteile.[261]

Die Agrarreformer des 18. Jahrhunderts sahen in der Vermehrung der Getreideerträge sowie des Viehs die Zukunft der bayerischen Landwirtschaft. Eine deutliche Steigerung der Viehzucht, im Murnauer Raum inzwischen Haupteinkommen der hier ansässigen Bauern, war nur möglich mit einer Vermehrung des Futters, eine Ertragssteigerung der Wiesen und Weiden aber war nur realisierbar, falls das Vieh den Weiden fernblieb. Erst wenn das Vieh nicht mehr Wiesen und Weiden – auch den Wald –„zertrat, verunreinigte und verdarb", konnte Viehzucht erfolgreich sein. Das moderne Ziel war also die ganzjährige Stallhaltung der Tiere und die Umwandlung der Weiden in ein- oder zweihmahdige Wiesen; das dort gewonnene Futter kam wieder den Tieren im Stall zugute.[262] Ein positiver medizinischer Effekt der Stallhaltung war dabei ebenfalls zu erwarten: Auch die Verbreitung von Viehseuchen würde auf diese Weise einzudämmen sein.[263]

In der Gemeinde Ohlstadt trieb man das Vieh bis zum 12. Mai am Tag auf die Moosweiden bei Weghaus, in der Nacht aber auf das Untermoos oder den sogenannten Aschberg. 1796 begannen zwei Bauern des Ortes mit neuen landwirtschaftlichen Methoden, gerieten dabei aber in Konflikt mit weniger fortschrittlich gesinnten Bauern: Sie hielten ihr Vieh von den Wiesen fern und mähten die Wiesen für Viehfutter. Die in der Nähe des Weghaus liegenden Mooswiesen zäunten sie ein, trieben ihr eigenes Vieh, zusammen 15 Kühe und 24 Stück Galtvieh, auf die Mooswiesen und verwehrten den übrigen Bauern des Ortes dort das Weiderecht. In einem Vergleich im Mai 1796 wurde schließlich die herkömmliche Weide am Untermoos bzw. am Aschberg bestätigt, die Weiderechte der Gemeinde aber auf den Wiesen der beiden Bauern auf sechs Tage gegenüber früher neun Tagen nach Heiligkreuz/Karfreitag beschränkt. Die Wiesen aber sollten nur noch bis zum 24. August bzw. Bartholomä abgemäht werden, anschließend waren sie also wieder als Weide zu nutzen.[264] Welchen Umfang die Herde des Dorfes Ohlstadt zu dieser Zeit hatte, ist aus den Akten nicht zu ermitteln.

Genauere Angaben zur Viehweide sind ab 1735 für Murnau vorhanden: Auf die Weiden trieb man in diesem Jahr Pferde, Rinder Schafe; im Jahr 1735 waren dies 105 Pferde, 399 Rinder, 63 Schweine und 112 Schafe. Die Gemeinde bezahlte dazu zwei Kuhhüter, einen Rosshüter, einen Schaf- und Schweinehüter und einen Galthüter für Jungvieh. In den folgenden Jahren variierten die Zahlen der auf die Weide getriebenen Tiere stark, so zählte man 1778 allein 276 Kühe, 1785 aber 347 Rinder und 1786 noch 322 Rinder. [265]

1805 begann die Marktgemeinde Murnau mit der schon länger erwünschten Aufteilung des Gemeindelandes: Jeder Bürger erhielt drei Holz- und zwei Weideanteile. Nach den Angaben des Ortschronisten Simon Baumann wirkte sich diese Aufteilung negativ auf den Zustand des Waldes aus, da jeder Bürger nun mit seinem Waldteil verfahren konnte, wie es ihm genehm war und so konnte man den Wald auch als Pferdeweide verwenden, falls man dies für richtig hielt.

Die Murnauer Galthütte am Langen Filz. Heute ist der Hügel von Fichten bedeckt.

Die Verteilung der Weiden und die Einführung der Stallhaltung wirkte sich nach Baumann dagegen positiv aus, denn damit hatten auch Lehrhäusler die Möglichkeit, sich ein oder zwei Kühe zu halten, die Viehhaltung verdoppelte sich und die Felder und Wiesen wurden besser gedüngt.[266] Baumann sieht hier Vorstellungen landwirtschaftlicher Reformer um 1800 verwirklicht, es sollte sich jedoch zeigen, dass zwar der Austrieb auf die Weiden rückläufig war und die Wiesen nun wohl besser gepflegt wurden. Die Moosweide erschien aber in Ermangelung anderer Weideplätze als durchaus erstrebenswert und die Marktgemeinde Murnau schlug daher zumindest mit den Gemeindeländern im Moos einen anderen Weg ein.

Für Pferde war das Murnauer Moos offensichtlich immer noch das bevorzugte Weideland. Als das Landgericht Weilheim am 3. Mai 1804 meldete, die Nachtweide sei „als eine schädliche Sach" verboten, ausnahmsweise aber dürften die Pferde für fünf Wochen wie von alters her auf einer … „höchst gesunden und gedeilichen Moosweide erhalten" werden, bedeutete diese Bestimmungen einen Einschnitt in die herkömmlichen Weidegewohnheiten. Für das Jahr 1810 jedenfalls verdingte die Gemeinde Murnau für drei Gulden und 30 Kreuzer Lohn einen Pferdehüter und schickte die Pferde der Bürger zusammen mit den Ochsen wieder ins Moos. Dabei waren die Tiere Ortsfremder ausgenommen und kein Bürger durfte ein fremdes Pferd in Pflege nehmen. Um diesen Punkt sicher zu stellen und die knappen Ressourcen allein Murnauer Bürgern zugutekommen zu lassen, waren nur diejenigen Bürger dazu berechtigt ihre Pferde im Moos weiden zu lassen, die ihre Tiere im Winter im Stall gehalten hatten. 1813 schließlich mussten die Tiere durchgezählt und ihre Gesundheit von einem Schmied festgestellt werden, um zu vermeiden, dass sich in der Herde gefährliche Viehseuchen verbreiteten. Während Pferde und Ochsen noch im Moos weideten, wurden Mastvieh und Kühe mittlerweile im Stall gehalten. Das Jungvieh weidete ab Heiligkreuz/Karfreitag bis Jakobi (25. Juli) unter der Aufsicht eines Galthüters bei der Galthütte und ab 1838 auch auf der eigens gepachteten Bäckenalpe im Ettaler Gebiet.[267]

In den folgenden Jahren erließen die Behörden weitere einschränkende Bestimmungen, ein Zeichen dafür, dass Viehweide rings um das Moor knapp wurde und immer mehr Bauern versuchten, ihre Tiere hier unterzubringen. „Fremdes" Vieh war grundsätzlich von der Moorweide ausgeschlossen und einem Bauer, der im Jahr 1834 alles Getreide und Futter bei einem Brand verloren hatte, wurde daher nicht gestattet, sein neu erstandenes Vieh, für das er nun kein Futter hatte, auf die Murnauer

Die Mühle Mühlhabing in den 1920er Jahren

Gemeindeweide zu treiben. Die Viehweide im Murnauer Moos stand nur denjenigen Bürgern offen, die auch „Scharwerk" an der Moosstraße geleistet hatten, also wohl diejenigen Murnauer, die über das Losverfahren Pächter eines oder mehrerer Lüsse geworden waren und damit auch zum Wegeunterhalt verpflichtet waren. Als aber trotz Verboten immer mehr fremde Tiere hier weideten, gestattete dies der Magistrat im April 1842 für eine Zeit von fünf Wochen, aber wieder nur denjenigen Bauern, deren Vieh in den übrigen Zeiten auf anderen Weiden untergebracht war.[268]

1851 verfasste der Marktgemeinderat schließlich ein Regulativ über die Moosweide, das die Rechte der Einzelnen, Vieh im Moos weiden zu lassen, deutlich einschränkte. Ins Moos getrieben wurden für fünf Wochen ab dem Florianitag (4. Mai) zwei Herden mit je einem Hüter: erstens Pferde und Ochsen und zweitens Jungvieh.

Grundsätzlich waren nur diejenigen Viehhalter dazu berechtigt, die auch einen oder mehrere Mooslüsse bearbeiteten und die entsprechend der gesetzlichen Vorgaben ihre Tiere mit dem selbst angebauten Futter über den Winter brachten. (Für Großbauern und Brauer gab es allerdings nicht näher bezeichnete Sonderbedingungen.) Das Jungvieh durfte nicht älter als zwei Jahre sein und die Anzahl war auf höchstens zwei Tiere beschränkt.

Vor dem Auftrieb war die Gesundheit der Tiere zu kontrollieren. Eine handschriftliche Notiz listet die Anzahl der auf die Weide getriebenen Tiere auf: 36 Pferd', 30 Ochsen, 18 Küh', 15 Stück Jungvieh.[269] In den darauffolgenden Jahren blieb die Zahl der ins Moos getriebenen Pferde und Ochsen etwa gleich hoch, während der Galthüttenhüter um die 50 Stück Jungvieh in seiner Obhut hatte.[270] Der größte Teil der älteren Tiere aber stand jetzt auch im Sommer im Stall – die Bauern hielten sich ganz offensichtlich an die Vorschriften und Empfehlungen der Landwirtschaftsreformer.

Das Gemeindeland im Murnauer Moos galt zwar zu bestimmten Zeiten als Weideland für alle Moosberechtigten, war aber auch in einzelne Parzellen, die Lüsse, aufgeteilt und von einzelnen Pächtern zu nutzen, je nach Art des Landes. In den meisten Fällen mähten die Pächter das auf ihren Lüssen wachsende Schilf, um Streu für ihre Tiere zu erhalten. Die Lüsse waren, wie schon erwähnt, bis in das 16. Jahrhundert als Leibgeding an einzelne Bauern ausgegeben, dann aber ging der Gemeinderat dazu über, das Gemeindeland auf jeweils zehn Jahr zu verpachten. Um eine einigermaßen gerechte Verteilung der Lüsse zu erreichen, fand eine Verlosung der Lüsse statt; spätestens seit 1841 war der Ort der Verlosung das „Ähndl", die kleine Kirche St. Georg am Moosrand. In drei Durchgängen verloste die Gemeinde jeweils Lüsse in qualitativ ähnlichen Flächen,

wodurch jeder Interessent Anteile in schlechteren und in ertragreicheren Flächen erhielt. Für die Kennzeichnung der Lüsse verwendete man kleine Holztafeln mit der Grundstücksnummer und die zukünftigen „Besitzer" setzten sofort nach der Verlosung Eichenpfähle, versehen mit ihrem Namen zur Kennzeichnung ihres zukünftigen Nutzungseigentums.[271]

Die mit Spannung verfolgte und seit langem ritualisierte Verlosung der Mooslüsse am Dienstag nach Pfingsten war eines der wichtigsten Ereignisse des Jahres. Dieses später als „Große Moosverlosung" bezeichnetes Verfahren hatte ab 1844 ein Pendant in der „Kleinen Moosverlosung". Während die große Verlosung Moosflächen vorwiegend rechts der Ramsach betraf, vergab die Gemeinde bei der kleinen Moosverlosung die Lüsse links der Ramsach ebenfalls für zehn Jahre. Die dritte Verlosung vorwiegend am Samstag nach Pfingsten betraf die Gemeindeanteile an den Moosgründen, die auch an Auswärtige verlost werden konnten. Hier aber galten die Nutzungsrechte nur für ein Jahr.[272]

Gemeindegrund wird Eigentum

1846, also viele Jahre nach den ersten Bestrebungen zur Aufteilung der Gemeindegründe, gingen die Murnauer Moosgründe durch einen Gemeinderatsbeschluss vom 29. März 1846 aus dem Eigentum der Gemeinde in das Eigentum der einzelnen Bürger über. Von nun lag es an den Bürgern, über Mehrheitsbeschluss darüber zu bestimmen, ob diese Moosanteile weiterhin verlost oder aber in Alleineigentum übergeleitet werden sollten. Bis in die 60er Jahre des 20. Jahrhunderts sprachen sich Murnauer gegen ein Alleineigentum aus. Die Moosanteile waren Bestandteile des Hauses und konnten nur zusammen mit dem Haus verkauft oder verpfändet werden. Falls ein Haus abgerissen und nicht wiederaufgebaut oder aber zwei Häuser zusammengelegt wurden, war ein Verkauf nur an einen hiesigen Bürger bzw. Hausbesitzer möglich. Auf keinen Fall durften Haus und Moosrechte an eine auswärtige Gemeinde gelangen.

Der „Ödenanger" bei der Mühle Mühlhabing ca. 1925.

Auf dem Ödenanger lagerten die Moosberechtigten die gemähte Schilfstreu und holten das Stroh für ihre Ställe je nach Bedarf.

Diese Veräußerungsbeschränkung hatte den Zweck, dass das Moos für den Markt Murnau stets „ein Ganzes“ bildete, „die Arrondierung und Cultur, gemeinschaftliche Unternehmungen und Bewirtschaftsverbesserungen nicht auswertigen nachtheiligen Einflüssen, Hemmungen und Vermittlungen Preis gegeben werden“ wie der Gemeinderat formulierte, und jedes Haus „dahier für immer mit einer hinlänglichen Anzahl von Moosgründen versehen bleibt“. Etwa 412 Tagwerk verblieben unveräußerliches „Communaleigentum“, dessen Rente für die Bedürfnisse der Gemeinde zur freien Verpachtung reserviert war und auch an auswärtige Pächter gegeben werden durfte, vorausgesetzt die Bedürfnisse der hiesigen „Leerhäusler und Kleinbegüterten bleiben gewahrt“. Die bisher gesondert ausgewiesenen Nutzanteile von Schule, Marktschreiber und Pfarrer wandelte man um in „Dienstanteile“. Die Pachtverträge galten für einen Zeitraum von zehn Jahren gegen eine jährliche Zahlung von neun Kreuzern an die Gemeindekasse pro Tagwerk, wobei auch eine zukünftige „Anpassung“ möglich war.[273]

Anteilseigner verpflichteten sich darüber hinaus zur gemeinsamen Räumung und zum Ausmähen der alten Ramsach im Abstand von fünf Jahren, zur Eröffnung und zum Reinigen der Gräben und Kanäle, sowie zur Unterhaltung der Wege, Stege, Brücken und Dämme auf den verteilten Moosgründen, wobei offensichtlich die „Moosstraße“ immer wieder mit festem Material aufzuschütten war. Dabei konnten die Arbeiten gemeinsam durchgeführt oder aber durch besondere Umlagen gedeckt werden. Nach einer Erhöhung der Pacht auf 12 Kreuzer übernahm die Gemeinde die Verpflichtung zum Wege- und Brückenunterhalt, während die Verpflichtung zum Räumen der Alten Ramsach und die „Auffuhr der Moosstraße“ weiterhin bei den Mitgliedern der Gemeinde lag.[274] Ab wann die Festigung des „Ödenangers“ mit Bauschutt und anderen Material begann und dort die Gemeinde einen gemeinsamen und einigermaßen trockenen Lagerplatz für die Drischen einrichten ließ, ist nicht bekannt. Der Öden Anger sowie der über eine Brücke führende Fahrweg in das Moos erscheinen in den Quellen bereits um 1600.[275]

Die übrigen Gemeinden am Rand des Murnauer Mooses regelten den Übergang von Gemeindeland in Privateigentum unterschiedlich. Hier ergaben sich aber Probleme aus den unterschiedlichen Bewirtschaftungsweisen der im Unterschied zur Bürgergemeinde Murnau vorwiegend bäuerlich strukturierten Dörfer, da hier fortschrittliche Bauern gegen traditionell eingestellte und Großbauern gegen Kleinbauern standen. In der Gemeinde Eschenlohe hatte 1804 ein Zusammenschluss von 52 „Gemeinderechtlern“ stattgefunden, die im Oktober und November ihr Vieh auf eine gemeinschaftliche Weide trieben. Diese zu einer gemeinschaftlich genutzten Weide zusammengelegten Fluren dürften sich entsprechend ihrer Namen zum größten Teil im Eschenloher Moos befunden haben: Schinderfilz, Streu-, Bettler, und Duft-Lüssen, Vordergasse, Obermoos, Untermoos, Vorderbauernrecht, große und kleine Rieder, Rehbach-, Schwarzsee-, Krebsbach- und Eschenloherfilz. Die Gründe wurden wie in Murnau in Lüsse aufgeteilt und über ein Losverfahren an die einzelnen Nutzer ausgegeben, von denen Jeder 13 Anteile unterschiedlicher Qualität erhielt und die er entsprechend bewirtschaftete, also auch z.B. das Schilf als Stallstreu abmähte. Im Herbst entfernten die Besitzer eventuell aufgestellte Zäune und stellten die Lüsse als Gemeindeweide zur Verfügung. Die „Bauern“ trieben darauf 30–40 Stück Vieh, die „Söldner aber nur 2–10, einige auch kein Stück“.[276] Wieviele Tiere wirklich auf den Weideflächen zu finden waren, ist sehr schwer einzuschätzen, denn auch wenn es verboten war, fremdes Vieh „in Pflege zu nehmen“ und auf die Gemeindeweiden zu treiben, kam dies doch häufig vor. So behauptete die empörte Gemeinde Eschenlohe 1823, in diesem Jahr hätten 200 fremde Schafe, zwei Ochsen und ein fremdes Pferd „gegen Geld“ auf den Eschenloher Gründen geweidet.[277]

Als eine Übersicht über bestehende Gemeinderechte geschaffen werden sollte, um eine Verteilung dieser Rechte vorzubereiten, forderten die Landratsämter Garmisch bzw. Weilheim die Dörfer im Landkreis im Jahr 1851 dazu auf, die bei ihnen bestehenden Weiderechte und deren Nutzung zu melden. Das Dorf Eschenlohe trieb nach dieser Aufstellung 70 Pferde, 120 Ochsen, 200 Kühe, 80 Kälber und 200 Schafe, also insgesamt 670 Tiere auf 12.000 Tagwerk Weidefläche, darunter natürlich auch in das Eschenloher Moos.[278] Für Ohlstadt fehlen vergleichende Zahlen, Gemeindeweiderecht gab es hier nach eigenen Aussagen nicht – also wohl nicht mehr.[279] Die Gemeinde Hechendorf zählte im Jahr 1851 insgesamt 70 Kühe, 20 Pferde, 20 Kälber von 25 Weiderechtlern, die ihre Tiere auf 200 Tagwerk weiden ließen[280], 47 Tagwerk davon waren der Gemeinde 1803 im sogenannten Bartholomäusmoor zugewiesen worden.

In den Schwaigen und in Aschau gab es um die Mitte des 19. Jahrhunderts 23 Weideberechtigte, die insgesamt 665 Stück Vieh auf 3.631 Tagwerk trieben; auch hier lag ein großer Anteil der Gemeindeweiden im Moor.[281] Zumindest in Aschau, dem späteren Grafenaschau, kam es im Jahr 1852 zu einer Aufteilung der bisher gemeinsam genutzten Weiden unter die sechs Bauernhöfe.[282] 1804 fand außerdem die Teilung bzw. ein Tausch der Moosanteile zwischen Eschenlohe und Schwaigen statt.[283]

Im Dorf Eschenlohe kam es anlässlich der Herbstweide schon im frühen 19. Jahrhundert zu Streitigkeiten und wie schon in Ohlstadt zu Konflikten zwischen traditionell wirtschaftenden und modernen Bauern, die sich um eine Verbesserung ihrer Erträge bemühten. Weidetiere, darunter auch beschlagene Pferde, zertrampelten die Ufer der Abzugsgräben und zertraten die Herbstsaaten auf den Feldern oder auch Futterpflanzen wie Klee. Eine Herbstdüngung konnte ebenfalls nicht vorgenommen werden, da die Besitzer der Weidetiere dies nicht zuließen, denn auf gedüngten Weiden wollten die Ochsen nicht grasen. Wie auch angemerkt wurde, besaßen die „Großgrundbesitzer", womit wohl die größeren Bauernhöfe gemeint waren, eigene eingezäunte Grundstücke, die nicht für die Herbstweide genutzt werden durften. Ebenso „unwillig" waren diejenigen Bauern, die kein Vieh besaßen, also zu der ärmeren Schicht gehörten, deren Erträge auf den Feldern aber durch die jährliche Herbstweide empfindlich geschmälert wurden. Reichere Viehbauern mit großen Herden standen also hier wie auch andernorts gegen arme Kleinbauern und Häusler.[284] In der zweiten Hälfte des 19. Jahrhunderts nahmen die Weidekonflikte zu, u.a. auch deshalb, weil offensichtlich immer mehr Grundstücke aus ehemaligem Gemeindeland herausgelöst und kultiviert wurden, die Pflanzen aber durch die Herbstweide Schaden erlitten.

Im Jahr 1912 weigerten sich schließlich sechs Gemeindebürger von Eschenlohe ihre Grundstücke beweiden zu lassen und gestatteten von nun an keine Viehweide mehr auf ihrem Land. Gleichzeitig gründeten einige der insgesamt 46 weidewilligen Gemeindemitglieder eine „Genossenschaft zur Verwaltung der Gemeindelandanteile und Hebung der Tierhaltung".[285]

Wie sich dieser Übergang von einer traditionellen zur modernen Viehzucht auswirkte, zeigt sich sehr gut bei einer Auseinandersetzung im Jahr 1861 zwischen den Eschenloher und Höllnsteiner Bauern, einem Teil der Gemeinde Schwaigen westlich des Murnauer Mooses. Die Eschenloher und Höllnsteiner ließen vor der Teilung der Gemeindeweiden einen großen Teil ihrer Jungrinder in den waldreichen höheren Lagen des Ettaler Mandls und im tiefen Tal am Großen und kleinen Laber weiden. Da hier jetzt aber auch 11 Ziegen eines Ziegenhirten sowie die Schafe eines Höllnsteiner Kleinbauern im Wald weideten, litt der Wald Schaden, die Waldbesitzer beschwerten sich. Die Höllnsteiner Schwaiger hatten außerdem nach der Waldverteilung einen größeren „Fleck" abgetrennt, abgezäunt und in ein Feld verwandelt. Zudem waren die Höllnsteiner „gehalten" gewesen, zwischen St. Peter und Mariägeburt ihr Vieh auf die Almen zu treiben. Nachdem sie dazu nicht mehr von einer klösterlichen Obrigkeit aufgefordert wurden, hielten sie ihr Vieh nun eher „bei sich", d.h., sie trieben es in den Wald. Das Vieh der Eschenloher aber war nun auf die „Moorung" angewiesen.[286] Die Schwaiger Viehbauern hatten ihre Pferde bis in das 19. Jahrhundert auf ihre eigene Pferdeweide getrieben, in den „Roßfilz". Nun aber war der Roßfilz „der Kultur unterstellt", also in eine Wiese umgewandelt und es blieb als Weide nur noch der Wald.[287] Der Nutzungsdruck auf den Wald, aber auch auf das Moos erhöhte sich also durch die moderne Viehwirtschaft, denn die Weide wollte man nicht aufgeben, trotzdem aber diejenigen Moorbereiche, in denen dies möglich schien, als Wiesen nutzen. Schon im 19. Jahrhundert fanden daher zahlreiche Maßnahmen zur Kultivierung des Mooses statt.

Unterer Galthütten Filz
Hohenboigenmoos
Galthütten
Oberer Galthütten Filz
Zwerchlüss
Galthüttenlüssl
Lindenbach
Lange Lüsse
Ramsachlüsse
Alte Ramsach
Neue Ramsach
Ramsach
Seelüssl
Rothlacke
Köchellüssl
Kressbach
Höllmoos
Bärnsteig
Im Loch

Die Kultur des Hochboigenfilzes

Eine Regierungsentschließung vom 19. bzw. 22. März 1852 forderte erneut die Kultivierung von „Oedungen und Hutplätzen" und ihre Umwandlung in Äcker, Wiesen und Wald. Was sich hierfür nicht eignet, sollte wenigstens „in irgend einer Weise nutzbar gemacht werden". Die Gemeinden wurden dazu aufgerufen, innerhalb des Gemeindelandes diejenigen Grundstücke zu sichten, die verbessert werden könnten und wieviel davon noch als Weide benötigt wird. Möglicherweise, so die Mitteilung, sei auch eine finanzielle Unterstützung besonders schwacher Gemeinden möglich.[288]

Die Gemeinde Murnau meldete daraufhin, man besitze noch zahlreiche öde und zu kultivierende Gründe und man hätte besonders eine Fläche von 200 Tagwerk ins Auge gefasst, wovon wieder ein Teil vielversprechend erscheine. Und natürlich sei man an einem Zuschuss interessiert. Bei der zu kultivierenden Fläche handelte es sich um den Hohenboigenfilz mit etwa 30 bis 40 Tagwerk im Westen des Hohenboigenmooses, ein Gelände, das sich im Besitz der Gemeinde befand. Ein Maurermeister hatte bereits einen Kultivierungsplan erstellt mit einem komplizierten System aus Entwässerungs- und Bewässerungsgräben, um Wasser aus dem Rollischsee über eine Schleuse in die Lindach zu führen und über Bewässerungsgräben die Filze mit dem Wasser der Lindach zu bewässern. Durch die gezogenen Gräben würde sich das Wasser der Lindach über die Mooswiese ergießen und diese grüner machen, was wiederum höhere Pachtsummen einbringen würde. Als weiterer Abzugsgraben konnte der bereits bestehende Wiesmahdgraben genutzt werden.[289]

Da sich die Hoffnung auf einen staatlichen Zuschuss nicht erfüllte, suchte die Gemeinde Murnau um einen Vorschuss von 300 Gulden bei der Murnauer Sparkasse nach, da das gesamte Projekt etwa 320 Gulden kosten sollte. Leider genehmigte das Landgericht Weilheim, das vor der Gemeindegesetzgebung von 1869 als Aufsichtsbehörde die Finanzsysteme der Gemeinden kontrollierte, auch diesen Vorschuss nicht. Trotzdem begannen 1855 die damit beauftragten Tagwerker mit den Arbeiten an den Bewässerungs- und Entwässerungsgräben auf einer Fläche von 30 bis 40 Tagwerk, also zwischen etwa 100.000 und 136.000 Quadratmeter (bei einem Tagwerk zu 3407,27 m^2)· Am 28. Januar 1857 waren die Arbeiten fertiggestellt und die „Cultur des Gemeinde-Hohenboigener Filzes durchgeführt.
In etwa sechs Jahren, so die Hoffnung des Gemeinderates, würden sich die Kosten des Kultivierungsprojektes amortisiert haben, denn „bereits jetzt" zeigten sich „die besten Erfolge" und die Cultur „wird sich besonders in kurzer Zeitfolge erstaunlich rentierlich erweisen." Vorerst jedoch vermehrten sich die Schulden der Gemeinde nicht um 300 sondern um 500 Gulden.[290]

Das „höchst günstige Resultat der Cultur der Hohenboigener Filze" spornte die Murnauer dazu an, auch die übrigen Gemeindefilze in einen besseren Zustand zu versetzen. Den Anfang wollte man mit dem westlich an die Hohenboigener Kultur anschließenden Triebelfleckfilz machen, einer Fläche von 50 Tagwerk, die mit Erlen überwachsen war und „abgeräumt" werden mussten, um eine bessere Rendite zu erzielen. Der dafür nötige Gemeindebeschluss vom 20. März 1857 enthielt dazu auch noch die „Abräumung des Gemeinde Köchelzipfels und Bärnsteiges bis hinunter zum Höhlmoos". Die für die Kultivierung nötigen 200 Gulden wollte der Gemeinderat mit der Aufnahme eines „Wasserkapitals" erhalten sowie vom Verkauf des geschlagenen Holzes; vorher musste er aber noch ein Gutachten des Landwirtschaftlichen Comités einholen.[291]

Katasterplan von 1862/82

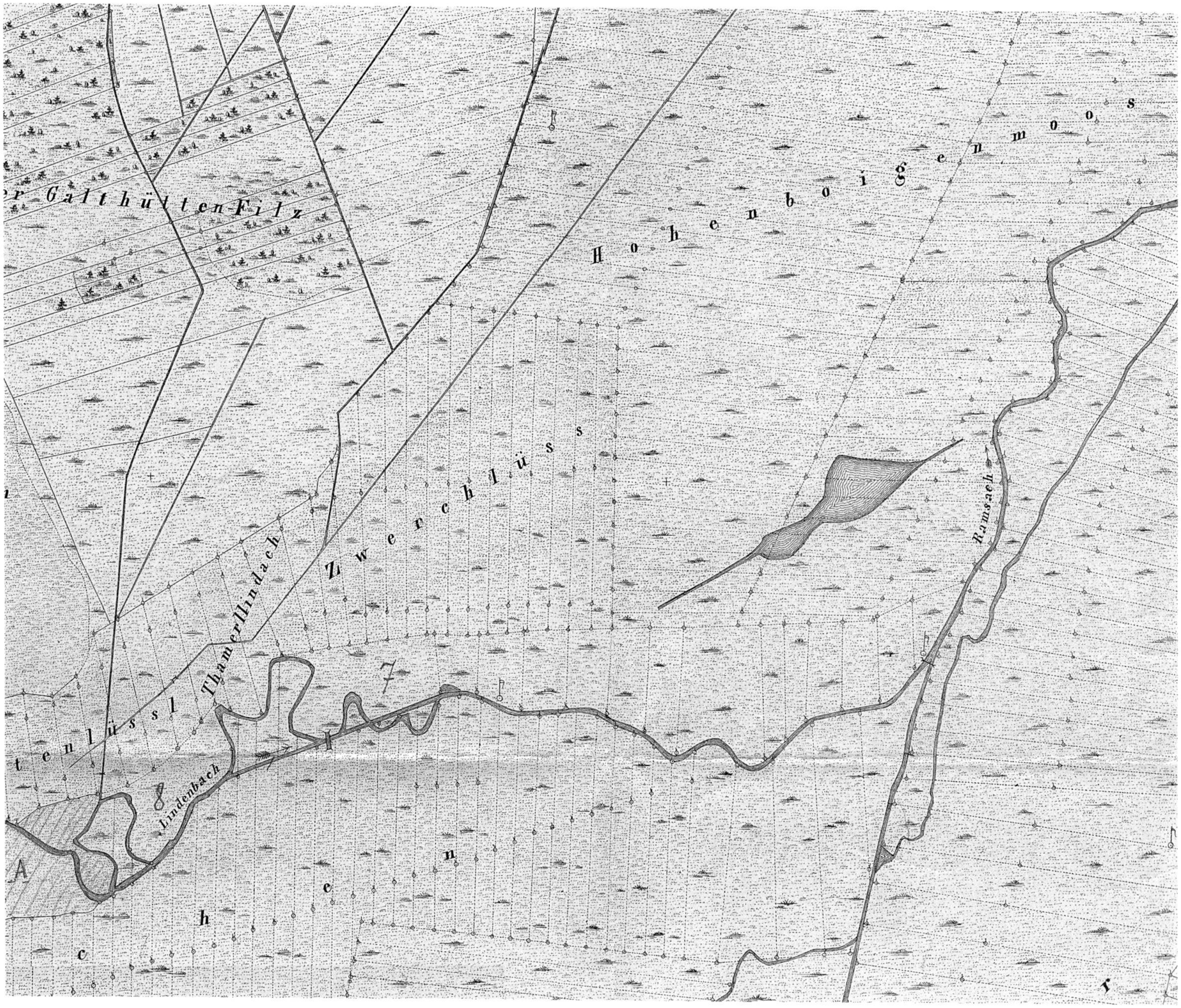

Die Gräben im Hohenboigenfilz sind gut auf dem Katasterplan von 1862/82 (Ausschnitt) zu erkennen. Der Lindachsee nördlich der Lindach wurde später als Auffangbecken für das Geschiebe der Lindach benutzt, verlandete aber nach wenigen Jahren. Die projektierte Korrektur der Lindach ist bereits eingetragen.

Dieses Gutachten fiel erwartungsgemäß positiv aus. Durch das Fällen der Erlen sowie anderen, leider „nutzlosen" Holzes würde aus bisher nutzlosem Boden viel gewonnen und die Benutzung dieses vortrefflichen Streugrunds erleichtert werden. Auch die Kgl. Regierung von Oberbayern äußerte sich positiv, da es laut gemachten Erhebungen keinen Zweifel daran gab, „dass für dieses Moos alle Bedingungen zu einer gedeihlichen Überschlemmungskultur gegeben sind". Die Bewässerung würde die Moosfläche nach „ruehriger Entwässerung" mit einer Schlammkruste überziehen und damit nicht nur zu einer „Dichtung des schlammigen Moosbodens beitragen, sondern auch eine gänzliche Vegetationsumänderung zu Folge haben", womit „eine ergiebige Wiesenkultur begründet wird". Da das Vorhaben sich schon so erfolgreich gezeigt hatte „soll der Kulturplan sich nicht nur auf das Murnauer Moos beschränken, sondern auf das gesamte Moos zwischen Murnau und Eschenlohe ausdehnen", also auf eine Fläche von ca. 7.000 Tagwerk, wozu der Landwirtschaftliche Verein von Oberbayern eine Summe von 200 Gulden im Jahr 1857 zuschießen würde. Der Rest könnte – möglicherweise – aus dem Kreisfonds übernommen werden. Der Kulturingenieur Statzner wird mit der Anfertigung des fraglichen Kulturplans beauftragt werden.[292]

Vorerst gingen Murnauer Arbeiter an die Kultivierung des Trieblfleckfilzes (Trübenfleckfilzes) sowie des Schwabernterfilzes, die schließlich beide 1862 in Kulturland umgewandelt waren. Dann aber erlahmten Kulturwille und auch „Opferbereitschaft", denn die Gemeinde Murnau hatte außerdem einen erheblichen Beitrag zur Korrektur der Loisach geleistet und sah sich als finanziell erschöpft.[293]

Unerwähnt bleibt bei den zahlreichen Vorschlägen und Plänen zur Mooskultivierung die in ganz Bayern und auch um das Murnauer Moos endemisch vorkommende Malaria und die Trockenlegung der Moore als Mittel zu ihrer Bekämpfung. 1860 berichtete der Weilheimer Landgerichtsarzt Dr. August von Dall'Armi über die Gesundheitsverhältnisse der Bewohner des Landgerichts: Seiner Ansicht nach herrschten hier günstige Gesundheitsverhältnisse, denn die Sterblichkeit bei Kindern war gering und die Menschen starben in hohem Alter an „Alterschwund" und „Schlagfluss". Allerdings, so Dall'Armi, gebe es hier das dreitägige Wechselfieber, aber in so „gelinder" Form, dass die meisten der daran Erkrankten gar keine ärztliche Hilfe suchen. In diesem Fall, so der Arzt, seien die Folgen mitunter „traurig". Gehe die oder der Betroffene aber zum Arzt, sei die Heilung meistens bald und ohne weitere Nachwirkungen möglich.[294]

Über die Art der Heilung berichtet Dall'Armi nichts; da zu dieser Zeit Chinin als einziges Heilmittel bekannt war, dürfte sich die Heilung der an Malaria Erkrankten darauf beziehen. Die Malaria hatte sich seit den Italienzügen der deutschen Kaiser im Mittelalter auch in Deutschland ausgebreitet. Die Anophelesmücke als Ursache der Malaria war auch noch in der zweiten Hälfte des 19. Jahrhunderts nicht bekannt. Man glaubte, dass giftige, aus dem Mooren und Sümpfen aufsteigende Dämpfe, die *mala d'aria*, für die Krankheit verantwortlich waren. Ärzte befürworteten daher die Trockenlegung von Sümpfen und Mooren auch aus gesundheitlichen Gründen. Vorrangiger Antrieb für Kultivierungsmaßnahmen war dies allerdings nicht.[295]

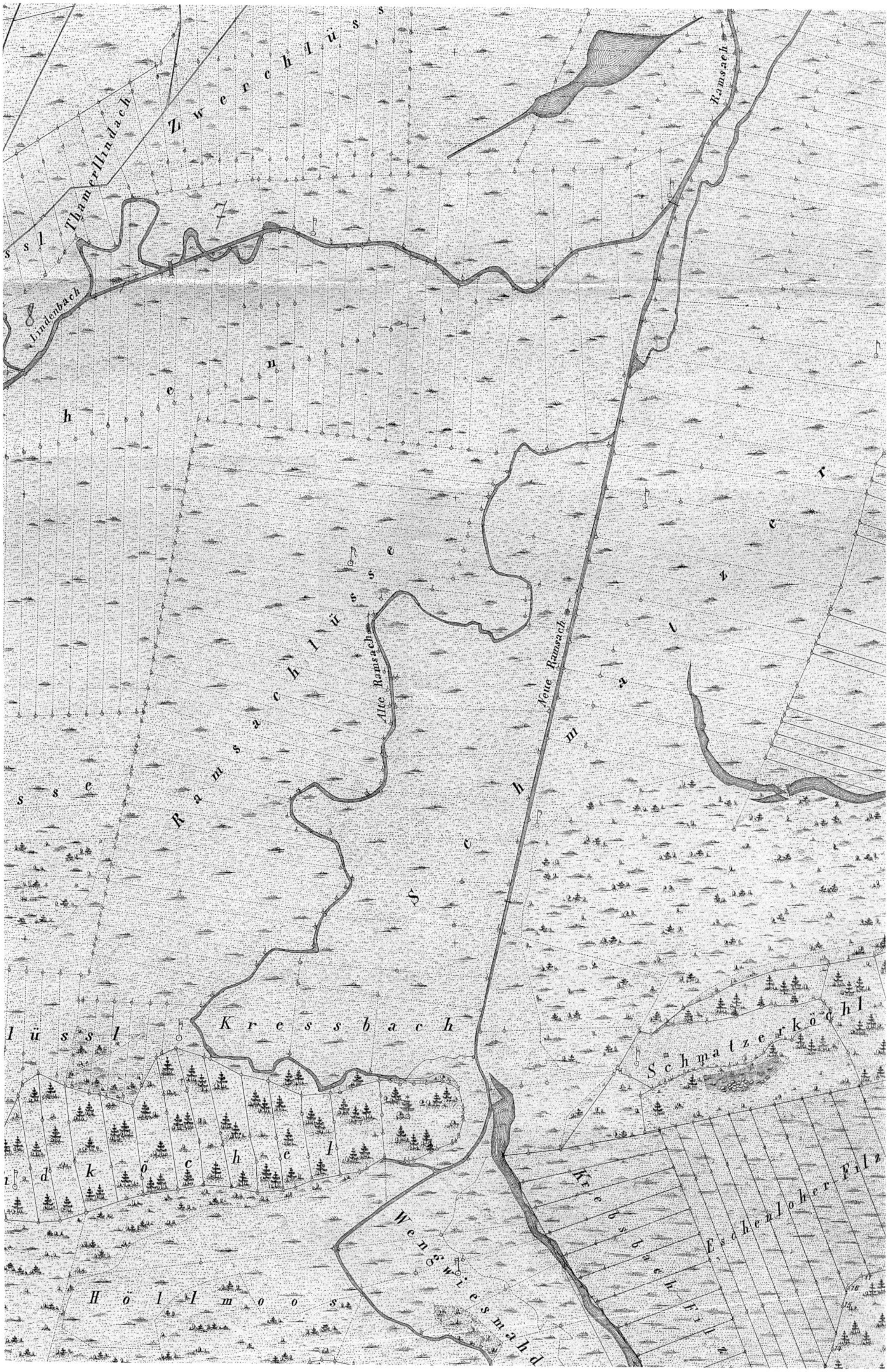

Das neue, im Jahr 1811 begradigte Flussbett der Ramsach auf dem Katasterplan von 1862/82 (Ausschnitt).
Das alte mäandrierende Flussbett ist noch gut zu erkennen.

Holztransport im Winter in den 1920er Jahren bei den Schwaigen

Für Holztrift und Streutransport

Eine der ersten Korrektionsmaßnahmen am Gewässersystem im frühen 19. Jahrhundert war die Geradelegung des Ramsach-Oberlaufs.
Für das Einbringen der Streu und für den Transport des in den Wäldern geschlagenen Holzes war die Ramsach unverzichtbar; Brennholz und unter gewissen Bedingungen auch Langholz konnten auf der Ramsach bis Hechendorf getriftet werden. Dort banden Flößer das für den Weitertransport bestimmte Holz zu Flößen. Da die Ramsach jedoch ein geringes Gefälle aufweist, begann sie im Norden der Köchel stark zu mäandrieren, wodurch die Holztrift bestenfalls langsam vor sich ging, längere Stämme aber gar nicht getriftet werden konnten und das Schiff der Murnauer, mit dem sie ihr Moosstreu einbrachten, ebenfalls nicht mehr vorankam. Mit Fuhrwerken war der Transport, wie schon geschildert, schwierig.

Eine weitere Folge der langsam fließenden und stark mäandrierenden Ramsach war ihr Überfließen in die südwestlichen Möser nach starken Regenfällen; als Gegenmaßnahmen hatten die Murnauer einige Abzugsgräben angelegt, die das überschüssige Wasser durch das Moor ableiteten. Schon im 18. Jahrhundert aber hatte der Müller von Mühlhabing, um mehr Wasser zu seiner Mühle zu bekommen, einen Damm gebaut, der im langen spitzen Winkel von der Ramsach bis über den Schlechtengraben hinausging. Dieser 1½ bis 2 Schuh breite Damm drängte das Wasser wieder zur Ramsach und verstopfte gleichzeitig die Abzugskanäle – sowohl Bauern als Müller behinderten sich also gegenseitig. Der Mühlhabinger Müller konnte außerdem noch den nicht ganz unbegründeten Vorwurf einbringen, die Murnauer seien seit 1656 dazu verpflichtet, die Ramsach regelmäßig zu räumen und auszumähen, was sie sehr unregelmäßig und in letzter Zeit gar nicht übernommen hatten.[296]

Holztransport im Sommer bei den Schwaigen in den 1920er Jahren. Im Hintergrund ist eine neue Fichtenpflanzung zu erkennen.

Als der Streit mit dem Müller wieder einmal zu eskalieren drohte und die Murnauer inzwischen einen „weiteren kostspieligen Prozess“ scheuten – die zahlreichen Prozesse gegen das Kloster Ettal hatte Murnau verloren –, schlossen Murnauer Bürger und der Mühlhabinger Müller am 12. Juli 1806 einen Vergleich: Die Murnauer würden die Ramsach räumen und auch eintiefen, der Müller entfernte den größten Teil seines Damms, versicherte das Flussufer zwischen Beginn des Dammes und Flussbiegung mit Faschinen, um ein Einbrechen des Ufers zu verhindern und Müller bzw. Murnauer teilten sich das Ausschaufeln der Ramsach abschnittsweise, wobei alle fünf Jahre zu räumen war, vor der Einmündung der Lindach aber nur „im Notfall“, also „alle 40 bis 50 Jahre“. Den Murnauern aber war gestattet, das ganze Jahr außer Fasten- und Adventszeit den Fluss mit ihrem Schiff zu befahren, um an ihre Streu zu kommen – der Müller hatte sich, wie schon geschildert, mehrmals darüber beschwert, dass Heu und Stroh seinen Ablass verstopften.[297]

In den folgenden Jahren überschwemmte allerdings die Ramsach auch weiterhin die südwestlich gelegenen Wiesen. Am 22. Februar 1809 und noch einmal am 19. Mai 1811 beschloss schließlich die Gemeinde Murnau, die Ramsach „oberhalb des dritten Stegs von den Köcheln her abzugraben“ und einen „geraden Einfall anzuweisen“. Da die Murnauer sich außerstande sahen, dieses neue Bachbett selbst zu graben, beauftragten sie „verständige Grabenmacher“, die ein gerades Bett von etwa fünf bis sechs Metern Breite gruben. Um den kleinen Fluss daran zu hindern bei Hochwasser über die Ufer zu treten und das umliegende Moos zu vernässen, legte man beidseitig des neuen Flusslaufs Dämme von einem Meter Höhe an. An den Kosten zur Regulierung der Ramsach beteiligten sich auch die Schwaiger Bauern, die den Fluss häufig für ihre eigenen Stämme benutzten und aufgrund dieser Kostenbeteiligung eine Reduzierung der üblichen Triftkosten erhielten.[298]

Um die Mitte des 19. Jahrhunderts hatte die Holztrift auf der Ramsach so zugenommen, dass bei Hechendorf jährlich etwa 1.000 Flöße zusammengestellt wurden. Das Einzugsgebiet für das zu triftende Holz umfasste nicht nur die Gemeinden Schwaigen und Grafenaschau, sondern reichte bis in das nördliche Hörndlgebiet, sogar bis Wildsteig und Altenau.[299] Fuhrleute und Holzknechte lieferten das Holz im Winter über das gefrorene Moos bis an die Ramsach, lagerten es dort und ab März begann die Trift bis zur Loisach und in einigen Fällen sogar

Loisachflößer aus Murnau und Hagen: von links nach rechts: Josef Jochner, Peter Rauch, Hans Jochner, Michl Geiger, Josef Führmann und der „Ähndl-Peter.

bis nach München, durchschnittlich 3.000 Stück Schnittholz unterschiedlicher Länge und 800 Ster Brennholz pro Jahr.[300] Seit einigen Jahren schon war aber eine Weiterfahrt in die Loisach kaum noch möglich, denn die Loisach, die als Wildfluss große Mengen an Geröll verfrachtete, erhöhte dadurch selbst ihr Bett und errichtete am Zusammenfluss von Ramsach und Loisach eine Barriere aus Geröll und Sand. Dadurch staute sich das Wasser der Ramsach zurück und floss in die landwirtschaftlich genutzten Moosgründe zuerst der Hechendorfer, Weindorfer und Riedhauser und schließlich auch der Murnauer. Die Flößer aber mussten nun Flöße und Transportgüter von der Ramsach in die Loisach tragen und konnten erst dort ihre Flöße wieder beladen.[301]

Gefahrenstellen und Hindernisse für die Flößer auf der Loisach stellten vor allem die ausgeprägten Mäander an der Biegung nach Osten bei Hechendorf dar. Flüsse wie die Isar oder der Lech waren zu dieser Zeit bereits aus Gründen des Hochwasserschutzes und der besseren Passage für die Floßfahrt an einigen Strecken „reguliert", also begradigt. Gerade aber die Hochwasser der Loisach waren berüchtigt: Sie setzten nicht nur die Straße zwischen Hechendorf und Garmisch unter Wasser, sondern nicht selten die gesamte Umgebung des Flussbetts und verwandelten das Murnauer Moos in einen riesigen See. Neben Uferschutzbauten zwischen Garmisch und Oberau sollte vor allem die Begradigung des Flusses zwischen Flusskilometer 63,000 und 61,400 alle Probleme lösen.[302]

Nach der Korrektion bei Hechendorf, die 1870 fertiggestellt war, mündete die Ramsach etwa einen halben Kilometer weiter flussabwärts in die Loisach, womit auch eine weitere Gefahrenstelle für die Flößer entfernt werden konnte, die Schleusenanlage für den Mühlkanal der Mühle Mühlhagen, denn die Ramsach floss nun im ehemaligen Mühlkanal.
Für die Flößer auf der Ramsach entstand eine Floßgasse zur Umgehung der Mühle, von hier konnten sie nun problemlos in die Loisach gelangen. Da die Ramsach jedoch für die Mühle nicht genügend Wasser lieferte, sollte ein Wehr bei Weichs zusätzliches Wasser aus der Loisach garantieren. Nach dem Bau der Wehranlage stellte man allerdings fest, dass die Wasserstände der Loisach stark variierten und eine geregelte Wasserzufuhr zur Mühle damit nicht zu erreichen war.[303]

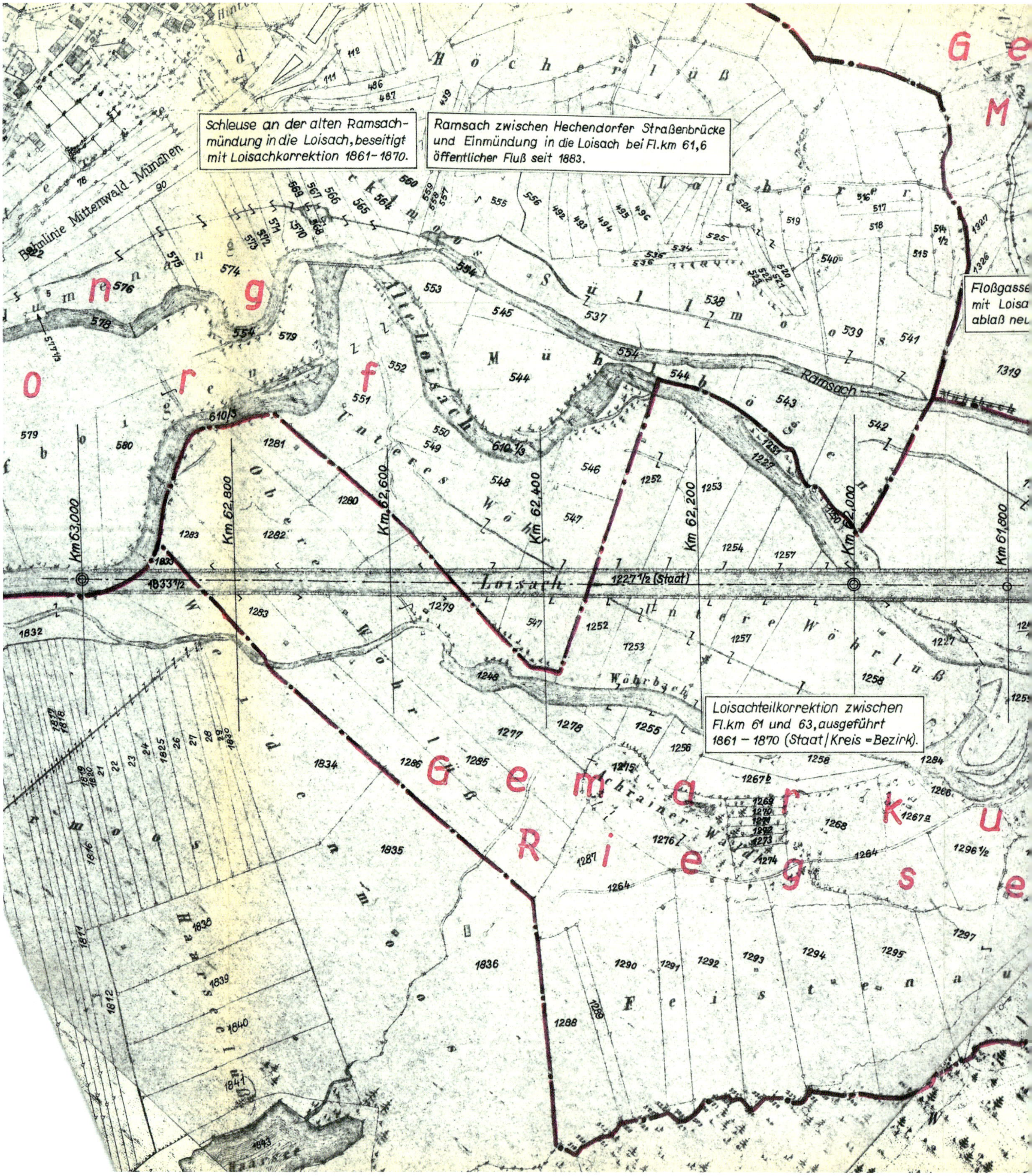
Schleuse an der alten Ramsachmündung in die Loisach, beseitigt mit Loisachkorrektion 1861–1870.
Ramsach zwischen Hechendorfer Straßenbrücke und Einmündung in die Loisach bei Fl.km 61,6 öffentlicher Fluß seit 1883.
Loisachteilkorrektion zwischen Fl.Km 61 und 63, ausgeführt 1861 – 1870 (Staat/Kreis = Bezirk).
Alte Loisach
Ramsach
Loisach
Km 63,000
Km 62,800
Km 62,600
Km 62,400
Km 62,200
Km 62,000
Km 61,800
Bahnlinie Mittenwald-München
Wöhrbach
1227 1/2 (Staat)

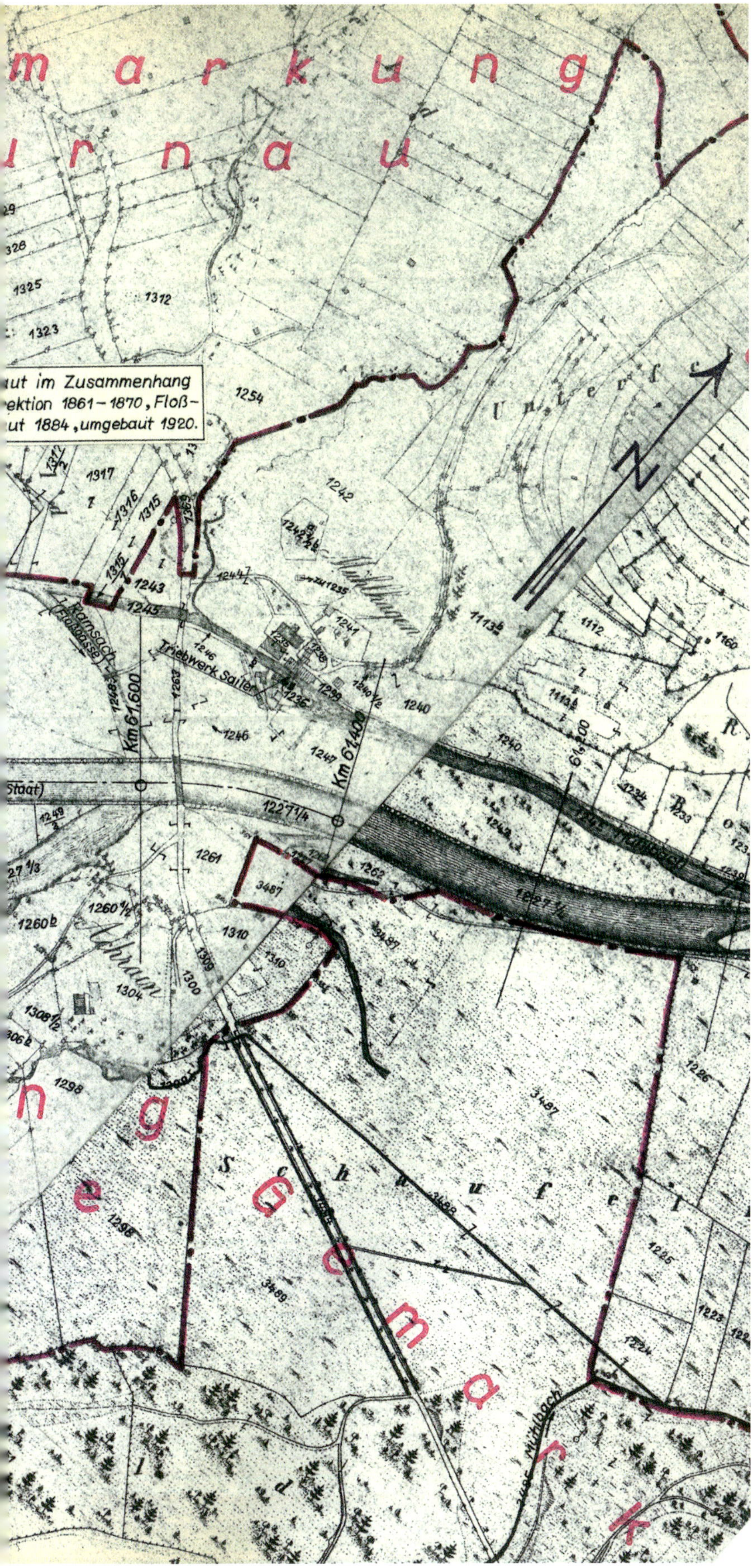

Korrektur der Loisach
bei Hechendorf bis 1870

Das Wehr bei Weichs sollte nach der Loisachkorrektur der Mühle Mühlhagen einen konstanten Wasserstand garantieren.

Für den Käufer der Fischereirechte, der diese im Januar 1847 vom Mühlhabinger Müller erworben hatte und nun in der Ramsach sowie im Rollischsee seine Ausgabe von immerhin 500 Gulden amortisiert sehen wollte, war die Flößerei auf Ramsach und Loisach weniger erfreulich. Wie er vermutete, war allein das häufige Triften von Holz auf der Ramsach dafür verantwortlich, dass seine Fischzüge nicht so erfolgreich waren, wie er erhofft hatte und sein Bestand schrumpfte. Seit 1806 gab die Gemeinde Murnau Ruhezeiten für die laichenden Fische in der Ramsach vor, die einige Flößer aber nach Aussage des Fischers nicht einhielten, diese aber wieder beteuerten, sich sehr wohl an die Schonzeiten zu halten. Der sich über einige Jahre hinziehende Streit zwischen Flößern und Fischer – letzterer versuchte sogar eine Entschädigung von Müller und von den Flößern zu erhalten und verlangte schließlich ein Einstellen der Flößerei und Trift auf der Ramsach vom 1. November bis zum 1. April – endete im Jahr 1883 mit negativem Ausgang für den Fischer.

Und wie zwei Münchner Auftraggeber der Flößer angaben, kam dem Inhaber der Fischereirechte wohl ein Konkurrent aus dem Murnauer Moos zuvor und dezimierte den Fischbestand: der Fischotter.[304]

Die Ramsachregulierung von 1811, an der sich auch die Schwaiger Bauern mit einem Zuschuss beteiligt hatten, wirkte sich zwar positiv auf die Trift aus, auf die Schwaiger Moosgründe hatte sie jedoch keinen Einfluss. In Anlehnung an die Kultivierungsbestrebungen der Murnauer suchten die Schwaiger deshalb Anschluss an das große Kultivierungsprogramm, das die Regierung von Oberbayern vorgeschlagen hatte. Mit einem Gemeindebeschluss vom 29. Januar 1865 beteiligte sich die Gemeinde an dem Programm, dessen Federführung das Kgl. Bezirksamt übernommen hatte. Auf dem gesamten Gemeindegebiet Schwaigen, so der Beschluss, sollte die Ramsach „vom Anfang bis zum Ende mittels Durchstich in möglichst gerade Richtung" gebracht werden, um damit für einen raschen Abfluss und eine allmähliche Eintiefung des Flusses zu sorgen, den Boden damit vor zukünftigen Überschwemmungen zu sichern

Bild oben und links
Die Mühle Mühlhagen
in den 1920er Jahren

Altes Loisachwehr
vor dem Ettaler Mandl

und „für immer" trocken zu legen. Die Schwaiger gründeten für dieses Projekt eine Genossenschaft und sagten unentgeltliche Hand- und Spanndienste zu. Jeder Grundbesitzer musste auf seinem Grund den Durchstich „ohne Widerruf und Grundablösung" zulassen.[305]

Schon im Jahr 1864 hatte der Kulturingenieur Statzner Pläne zu dem von der Regierung von Oberbayern vorgeschlagenen Generalkulturplan für das gesamte Murnauer Moos ausgearbeitet, der auch die Gemeinden Schwaigen und Eschenlohe mit einschloss. Die Gemeinde Eschenlohe war zwar nicht abgeneigt, wollte aber zuerst Kostenaufstellung und Größe der Zuschüsse in Erfahrung bringen, bevor ein Beschluss gefasst wurde.[306]

Wie Ingenieur Statzner in seinem Vorbericht ausführte, unterlag ein Teil der Mooswiesen im Schwaiger und Eschenloher Gebiet einer fortscheitenden Versumpfung, da die Ramsach in ihrem Oberlauf stark mäandrierte und zunehmend verschlammte. Das Flussbett war dadurch im Vergleich zum angrenzenden Terrain erhöht und beidseitig mit Erlengebüsch bewachsen. Es sei daher unmöglich das alte Flussbett zur Entwässerung zu nutzen, sondern es müsse ein neues gegraben werden, das in direkter Falllinie verlaufe und in die Nähe der Sümpfe um den Krebssee führe. Die Vorteile der Ramsachkorrektion lägen auf der Hand. Durch die sich ausbreitende Versumpfung würde die ehemalige Streuvegetation zerstört und ginge in einen immer dünneren Bestand über, ein Vorgang, der sich besonders gut im Bereich des Steinköchels und des Krebssees beobachten ließe. Durch die Ramsachkorrektur und einem gut erdachten System von Entwässerungsgräben bis zum Schwarzsee und dem bereits bestehenden Krebskanal könne dieser Prozess aber aufgehalten und umgekehrt werden. Auch die Filze würden in der Folgezeit einer ertragreicheren Streukultur unterworfen werden, da sie besser mit den schlammigen Rückständen der Loisachhochwässer überzogen werden, also eine „Alluvialkultur" ermöglicht wird.[307]

Das Ramsachwasser staute sich aber auch in ihrem weiteren Verlauf, weil der Lindenbach, der aus dem Gebirge kommend sehr viel Geröll und Schutt mit sich führte, diese natürlich auch in der Ramsach ablagerte und auf diese Weise den Abfluss der Ramsach verlangsamte und das Ramsachwasser sich bis in die Schwaiger Wiesen zurückstaute. Bevor also mit der Korrektionsarbeit begonnen werden konnte, mussten die Anlieger das Ramsachbett ausräumen. Einen weiteren Grund für den Rückstau der Ramsach in die Mooswiesen sah die Baubehörde Weilheim in der Nutzung des Flusses als Floßlände unterhalb der Ramsachbrücke bei Hechendorf. Dort sollte das gesamte linke Ufer der Loisach als Ländplatz genutzt werden, die Flößer befestigten aber offensichtlich die Flöße nebeneinander im Fluss und dadurch kam es zu Aufstauungen.[308]

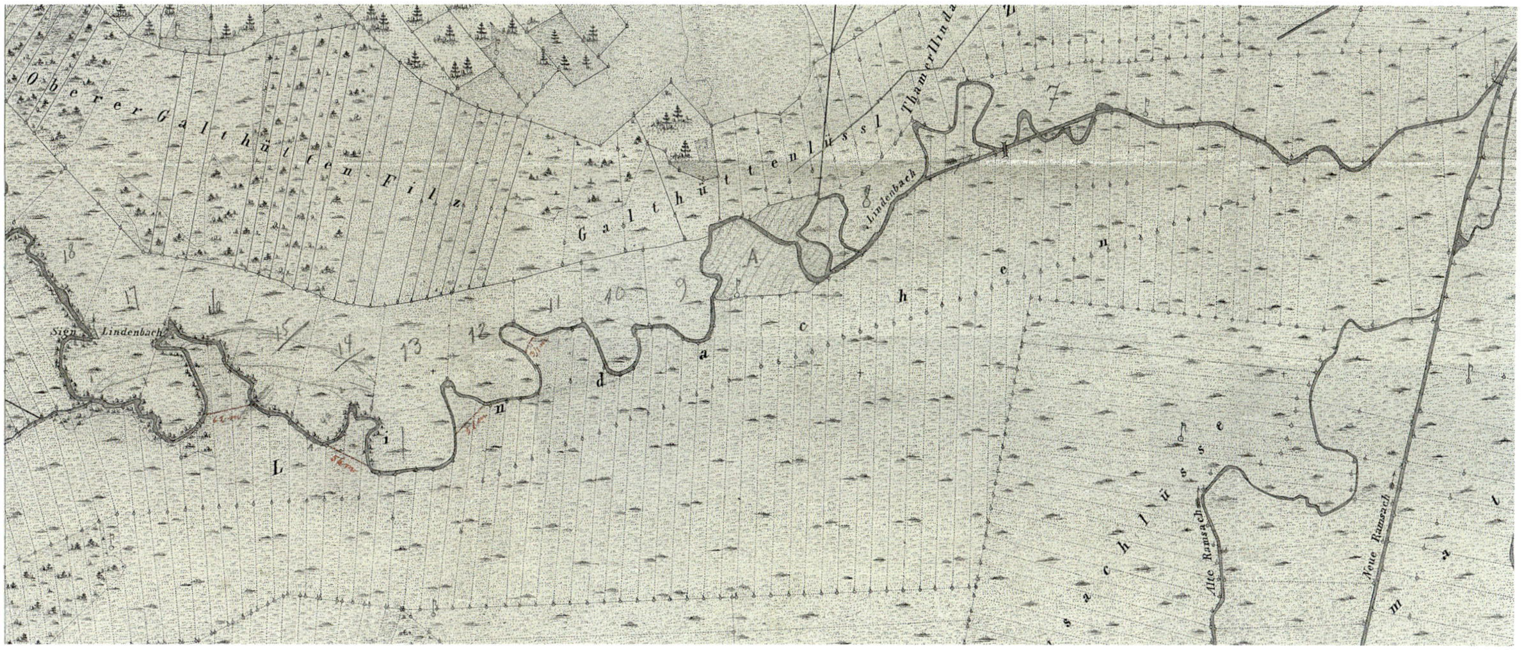

Plan für die Korrektur der Lindach 1901 nach einem Gutachten der Fürstlich Quadt-Isny'schen Domanialverwaltung

Das große Kultivierungsprojekt im Murnauer Moos wurde nicht realisiert, die Gemeinde Murnau konnte sich zur Fortsetzung der 1811 begonnenen Ramsachkorrektion nicht entschließen. Die Gemeinde Schwaigen führte bis Januar 1867 und im Sommer 1868 einen Großteil der Korrektionsarbeiten durch, wenn auch offensichtlich ohne einer grundsätzlichen Verlegung der Ramsach; dafür erhielt die Gemeinde Zuschüsse von 220 Gulden bei Gesamtkosten von 480 Gulden.[309] Eine Beteiligung der Gemeinde Eschenlohe ist aus den Akten nicht ersichtlich. Zumindest ein Teil der späteren Grabensysteme im Eschenloher Filz dürfte aber bereits in der zweiten Hälfte des 19. Jahrhunderts entstanden sein. Das „Ausräumen" der Ramsach aber blieb eine immer wiederkehrende Forderung, denn die Anlieger dieses Privatflusses, die dazu nach dem Wasserrecht verpflichtet waren, kamen diesen Verpflichtungen nicht immer nach.[310]

Das sowohl kostspielige als auch arbeitsintensive Kultivierungsprogramm mag heute als überflüssig, ja unsinnig angesehen werden; immerhin verweigerte die Gemeinde Murnau eine weitere Beteiligung. Für die Bauernhöfe der Gemeinde Schwaigen aber wurden die Streuwiesen und Wiesen im Moos zu einer Existenzfrage, denn ihre auf Viehzucht eingestellte Bewirtschaftungsform war auf ausreichend Viehfutter und Stallstreu angewiesen und mit dem Verschwinden der Waldweide verfügten sie über wenig Ausweichmöglichkeiten. Als schließlich mit dem Bau der Eisenbahnlinien günstiger Weizen auch in das Alpenvorland gebracht werden konnte, reduzierten die Bauern rund um das Moos den Anbau von Korn, das vor allem für den Eigenverbrauch gedacht gewesen war und weiteten dafür die Viehzucht aus. Dies hatte wieder zur Folge, dass weitere Futter- und Streuplätze benötigt wurden.[311] Noch bis in das 20. Jahrhundert allerdings lagen in den kultivierten Randbereichen des Moores vor allem bei Eschenlohe kleine Ackerflächen mit Kartoffeln, Roggen, Hafer, Flachs und sogar Weizen.[312]

Die Lindach oder auch der Lindenbach war vor allem für die Trift von Bedeutung, da über diesen Bach die Holzknechte das in den Aschauer Wäldern geschlagene Holz trifteten. Schon 1854 gab der Murnauer Gemeinderat im Zusammenhang mit der Kultivierung des Hohenboigenmooses den Auftrag, die Lindach „vom dritten Steg an" zu „durchstechen", also zu begradigen und zwei Schleusen zur Bewässerung der Moosgründe einzubauen. Die Kosten dafür, so der Gemeinderat, seien unerheblich, denn mit dieser Maßnahme könnte die Trift verbessert und außerdem Gebühren für den Lagerplatz verlangt werden.[313]

Die Lindach, immer noch der einzige Weg, um im Sommer sowie in warmen Wintern Holz aus den Gebieten westlich des Moores zu bringen, erwies sich auch in den folgenden Jahrzehnten als schwierige Strecke. Sie musste regelmäßig von Schlamm und Geröll befreit werden, um dort Stämme zu triften oder mit dem Schiff die Moosstreu aus dem Moos transportieren zu können. Auch der Wasseraustausch im Hohenboigenmoos, das System der Bewässerung und Entwässerung, funktionierte nur bei gleichbleibendem Wasserstand.[314]

Gegen Ende des 19. Jahrhunderts, im Dezember 1893, meldete schließlich die Gräflich Quadt-Isny'sche Forstverwaltung einen dringenden Bedarf an besseren Transportmöglichkeiten für das im eigenen Forst geschlagene Holz. Um mit den Fuhrwerken den Floßplatz an der Lindach auch in milden Wintern erreichen zu können, bat man um die Erlaubnis, den oberen Wintermoosweg vom Aschauer Grenzzaun beginnend am rechten Ufer des Baches entlang durch die Pfändermahd bis zu besagtem Floßplatz mit Holzstangen zu „überriegeln" und auf diese Weise „alle jene Stellen des Winterweges mit Riegelbrücken" zu überbauen, „welche im Winter Sumpflöcher bilden und nur bei hohen Kältegraden zufrieren, wo Pferde und Spannvieh meist tief einbrechen, sodass die armen Tiere sich nur unter kolossaler Anstrengung herausarbeiten können". Dies sei sicher auch im Interesse der Murnauer Gemeinde, so die Hoffnung, passierten deren Angehörige doch im Winter mit Streu und Walderzeugnissen die gleiche Wegstrecke. Zwei Jahre blieben die Murnauer Gemeinderäte stumm, um dann im Dezember 1895 unter der Bedingung zuzustimmen, den Weg nur im Winter zwischen 1. November und 1. April zu befahren.[315] Zwei Jahre später forderte das Murnauer Kollegium der Gemeindebevollmächtigten außerdem die Wiederinstandsetzung der „Moorstraße", dieses Zugangs zum Moos von Osten.[316]

Im Mai 1897 erneuerte schließlich die Gräfliche Forstverwaltung ihren Wunsch zur Regulierung des Lindenbachs in seinem Oberlauf bis 800 Meter oberhalb einer bestehenden Triftschleuse bzw. 1.400 Meter oberhalb der Einmündung in die Ramsach, sowie eine Geradelegung des Triebbaches oder Höselgrabens, eines Baches, der von Aschau (seit 1853 Grafenaschau)[317] zur Lindach führte und damit einen direkten Weg von den dortigen Wäldern darstellte. Mit der Begradigung der beiden Bäche hofften Forstverwaltung und der Mühlhabinger Müller, der in Grafenaschau ebenfalls einen großen Holzlagerplatz besaß, für das Langholz nicht mehr auf den schwierigen Fahrweg zum Holzlagerplatz südlich der Galthütte angewiesen zu sein, sondern das Holz wesentlich einfacher zu triften.

Die Marktgemeinde hatte alle Korrektionswünsche bisher abgelehnt, da man fürchtete, mit diesen Maßnahmen würden bei Gewitter die Streuwiesen überschwemmt werden.

Nun aber lockten offenbar die „hohen Lager- und Triftkosten" die dann in die Gemeindekasse zu zahlen waren. 1901 lag schließlich ein Gutachten zur Geradelegung des Baches vor, das keinerlei Nachteile für die umliegenden Streuwiesen voraussah, wenn nur an verschiedenen Stellen Grundschwellen aus Holz oder Faschinat angebracht werden, um eine Eintiefung des Baches und damit auch Einbrüche des umliegenden Geländes zu vermeiden. Mit einer Ufersicherung aus Pfählen und Zweigengeflecht, sogenannten Faschinen, sollte an den Übergängen von altem Flussbett zum Durchstich ein Einbruch der Ufer vermieden werden. Auch gegen den Einbau einer neuen Schleuse würde nichts sprechen, diese allerdings sollte bei hohen Wasserständen immer offen stehen.[318] Die Korrektion konnte beginnen.

Etwa 30 Jahre später stellte man dann fest, dass die Regulierung des Lindenbaches nicht dazu geführt hatte, dass die Streuwiesen an seinem Oberlauf häufiger überschwemmt waren, wie man in Murnau befürchtet hatte. Immer noch aber lagerte der Bach besonders bei höherem Wasserstand viel Geröll an der Mündung in die Ramsach ab, die sich dadurch auch weiterhin aufstaute. Auch der Ramsachdurchstich von 1811 versumpfte und verschilfte, die Ramsach durchbrach schließlich den östlichen Damm, floss erneut Richtung Rechtach und vernässte wieder die angrenzenden Streuwiesen. Die Bauern von Riedhausen und Weindorf klagten über unwirtschaftliche Wiesen, der Müller von Mühlhabing wie so oft über Wassernot und über das Fehlen eines Aichpfahls, der zwar im 18. Jahrhundert gesetzt worden war, nun aber im moorigen Untergrund unauffindbar blieb. 1885 setzte man schließlich einen neuen Aichpfahl, der nach kürzester Zeit den Weg seines Vorgängers beschritt. Als Ausweg aus Wasserknappheit und Wasserüberfluss wurde sowohl eine Verlegung der Ramsach als auch der Lindach vorgeschlagen, wobei die Lindach durch den nördlich gelegenen Lindachweiher geführt werden sollte, der als Auffangbecken für das Geschiebe gedacht war. Auch ein neuer Zufahrtsweg musste hergestellt werden: Zur Befestigung des Fahrdammes auf einer Länge von 400 Meter und Herstellung einer Wegeverbindung um den Weiher sollte die Einbindung einer „Spreutlage“ aus Weiden- und Erlenzweigen erfolgen mit einer 30 Zentimeter starken Lettenschicht in den angeschütteten Torfboden von 30–40 Zentimeter Höhe (240 cbm) worüber als Abschluss eine 5–7 Zentimeter lange Sandschicht (aus dem Bachbett) ausgebreitet werden würde. Diese Arbeiten waren 1934 als Notstandsarbeiten geplant, ein Jahr später wurden die Genehmigungen für Notstandsarbeiten zurückgezogen, trotzdem ließ die Gemeinde die Arbeiten durchführen.[319]

Die Ausweisung von Torfstichen
Landgerichtsarzt Dall' Armi berichtete 1860 begeistert von neuem Brennmaterial in seinem Gerichtsbezirk, wobei er selbst wohl vor allem Braunkohle aus den Bergwerken Penzberg oder Peißenberg benützte: Für ein warmes Zimmer am Tag zahle er nur sechs Kreuzer. Große Torflager, so der Arzt, bieten ebenfalls einen großen Vorrat an Feuerungsmaterial, das derzeit in „schwunghafter Weise“ in Iffeldorf abgebaut wird. Ein Hindernisgrund für wirkliche Wirtschaftlichkeit des Torfabbaus waren wieder einmal die Verkehrsverbindungen: „Hätten wir Abfuhr bzw. Schienenwege, würde dieser Reichtum auf den gesamten Holzverbrauch und dadurch auf die Waldungen Oberbayerns einen kaum geahnten Einfluss ausüben.“[320]

Auch im Murnauer Moos begann der Torfabbau um die Mitte des 19. Jahrhunderts, im Filz „am Gemeindelaich“ und im „Langen Filz“, wo besonders ergiebige Torflager zu erwarten waren.[321]
Als Brennmaterial nutzten den selbst gestochenen Torf vor allem Murnauer Kleinbauern und Kleinhäusler, die ihren Torf auf dem von der Gemeinde ausgegeben Abschnitt selbst in mühevoller Arbeit stachen. Die Gemeinde verloste diese Torfabschnitte oder auch Lüsse wie schon die Streuwiesen an die Interessenten; eine erste Verlosung ist aus dem Jahr 1847/48 erhalten. 1859 gab es für diese Verlosung 44 Bieter, 1879 waren es nur noch 41 und 1880 bemühten sich um einen eigenen Torfstich von 8–10 auf 40–50 Meter nur noch 21 Murnauer.[322]

Soweit ersichtlich nutzten die Anrainer die riesigen Torflagerstätten des Moores nur für die Gewinnung von billigem und besonders lang anhaltendem Brennmaterial, das die Glut gut bewahrte.[323] Die auf der Landwirtschaftsausstellung in München 1878 gezeigten neu entwickelten Moorprodukte wie Torfstreu oder Torfmull, Schmieröl oder Paraffin aus Torf, Torfmullverbände, Windeln und Matratzen scheinen hier keine Verwendung gefunden zu haben.[324] Im Murnauer Moos blieb der Abbau von Torf bis in das 20. Jahrhundert auf die Nutzung als Brennmaterial beschränkt und fand in sehr kleinem Rahmen statt. Ein Abbau in größerem Stil sollte dem 20. Jahrhundert vorbehalten bleiben.

Christian Ernst Bernhard Morgenstern
Das Murnauer Moos mit Wetterstein-Gebirge 1857

Das Murnauer Moos dient hier nur als Vordergrund für das dramatische Gebirge. In der Bildmitte ist ein Jäger auf der Entenjagd zu erkennen.

4
Eingriffe in das Ökosystem

Murnau als Fremdenverkehrsort

Der Ort Murnau und seine Umgebung waren bereits in der zweiten Hälfte des 19. Jahrhunderts eine „viel besuchte Sommerfrische". Als Attraktionen gab es hier nicht nur die zahlreichen Gasthäuser, die den Gästen behagliche Unterkünfte boten, traditionelles Brauchtum und ländliches Leben sowie das 1879 am Staffelsee eingerichtete Kurhaus mit seinen Moor- und Stahlbädern, sondern auch die „heitere Lage", die liebliche Landschaft um den Staffelsee, die in einem attraktiven Gegensatz zu dem imposanten Bergpanorama steht und angenehme Spaziergänge vor einer glänzenden Kulisse verspricht. Eine wichtige Rolle bei der wachsenden Beliebtheit Murnaus spielte der Bau der Eisenbahnlinie Weilheim–Murnau 1879, denn nun konnten Gäste aus München in kürzester Zeit und ohne große Mühen an ihren Urlaubsort gelangen.[325]

Das Murnauer Moos war zu dieser Zeit nicht viel mehr als ein romantischer Vordergrund beeindruckender Bergmassive, ein farbenprächtiges Motiv für Künstler. Wissenschaftler sahen noch keine Notwendigkeit zu einer Erforschung dieses einzigartigen Ökosystems, sondern suchten nach Möglichkeiten seiner besseren Kultivierung und Nutzbarkeit. Einer der Ersten, der sich dem Moor wissenschaftlich näherte und dabei nicht von dem Wunsch getrieben war, es einer besseren Nutzungsweise zuzuführen, war wohl der Botaniker und Arzt August Max Einsele (1803–1870). Er, der einige Jugendjahre im Weghaus beim gleichnamigen Köchel verbracht hatte, widmete sich auf seinen Wanderungen der wissenschaftlichen Erforschung der Pflanzenwelt des Moores.[326]

Als um 1900 sportliche Aktivitäten wie Bergsteigen, Schlittschuhlaufen oder Skifahren an Attraktivität gewannen, nahmen die Autoren Murnauer Wanderführer auch Touren in das umliegende Gebirge mit auf, das Murnauer Moos und seine außergewöhnliche Tier- und Pflanzenwelt blieben zu dieser Zeit den Gästen verschlossen. Selbst Max Dingler, der selbst im Moor wanderte, forschte und für seinen Erhalt kämpfte, streifte in seinem Murnauer Ortsführer von 1910 das Moos nur am Rande und beschränkte sich bei seinen Ausflugs- und Wandervorschlägen auf die Berge der Umgebung und den Staffelsee mit der Insel Wörth.[327]

Postkarte aus dem aufstrebenden Fremdenverkehrsort Murnau. Abgebildet ist hier nicht das Moor, sondern der liebliche Staffelsee.

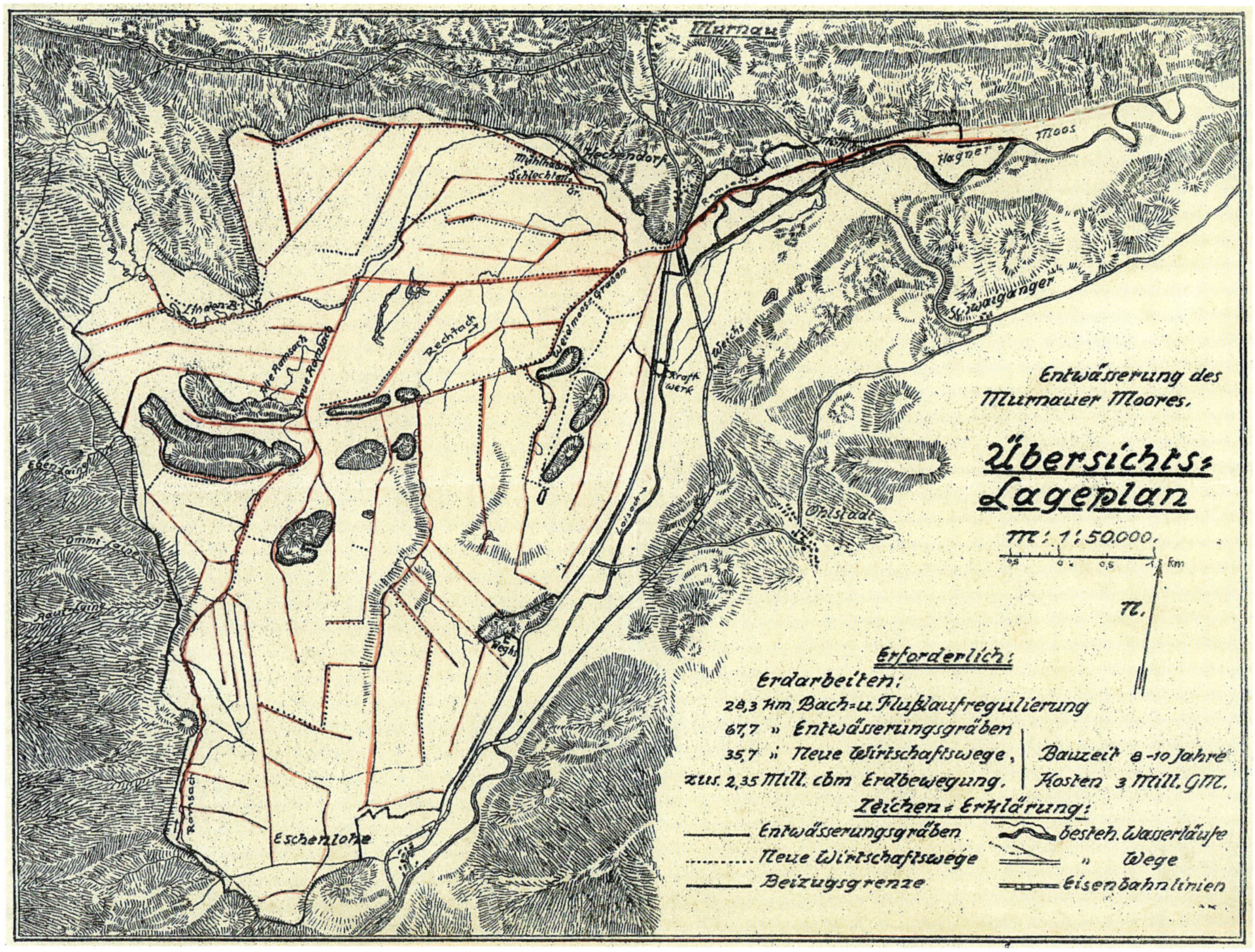

Die geplante Entwässerung
des Murnauer Mooses 1924.
Das Projekt blieb unausgeführt.

Der forcierte Torfabbau

Zu Beginn des 20. Jahrhunderts war das Murnauer Moos natürlich nicht mehr die unberührte Landschaft, die Naturschützer zu erhalten suchten. Jahrhundertlange Beweidung und Streugewinnung, Entwässerungsarbeiten an den südlichen, westlichen und östlichen Rändern des Moores und die zunehmende Begradigung und Verbauung der Loisach sowie der Bäche im Moos hatten bereits tiefgreifende Veränderungen im Ökosystem geschaffen wie z.B. die Austrockung der Streuwiesen am Oberlauf der Rechtach, die Verheidung des Eschenloher Mooses oder auch das Austrocknen einiger Quelltrichter.[328]

Auch die verstärkte Bewerbung des alternativen Brennstoffs Torf seit dem Ende des 19. Jahrhunderts sowie eine alternative Nutzung des Moorbodens z.B. für Moorbäder zeigte nun Auswirkungen. Auf der Grundlage des Gesetzes über die Torfwirtschaft 1922 legte man den Gemeinden die Ausbeutung von Torfmooren mehr als nahe. Schon 1919 hatte die Marktgemeinde Murnau zwei Torfstecher für Akkordarbeit gesucht und 1920 sollte mit den Untersuchungen der technischen Abteilung für Torfwirtschaft München die industrielle Torfgewinnung in der „Schwarzgrabenfilze" ermöglicht werden. Die Kgl. Bayerische Moorkulturanstalt erstellte im April 1920 ein Gutachten über „die Verwendung des Torfes als Heizmaterial" und bescheinigte dem dort vorhandenen Torf die Qualitäten eines mittelmäßigen Brennstoffs knapp an der Grenze zum „guten". Im selben Jahr pachtete ein Geschäftsmann aus München 73 Tagwerk Grund im Langen Filz, um dort innerhalb eines Zeitraums von 25 Jahren die Torflagerstätten abzubauen. Das „Torfwerk Grafenaschau", 1923 in eine GmbH umgewandelt, 1926 wieder einem Besitzerkonsortium übergeben, arbeitete mit einer Lokomotive und einer Torfmaschine sowie etwa 17 Arbeitern. Trotzdem wurde das Werk 1929 wegen mangelnder Rentabilität geschlossen und die Marktgemeinde Murnau kaufte ihr inzwischen „stark entwässertes" Moor wieder zurück, um es dann auf 25 Jahre für Eigenbedarfsnutzung erneut an private Interessenten zu verpachten.[329]

In einigen Bereichen des Moores fand außerdem Torfstich in geringem Umfang statt: im südlichen Teil des Ohlstädter Filzes, im nördlichen Teil des Schwarzseefilzes, im Kleinaschauer Filz, im Moosbergfilz sowie außerhalb des Murnauer Mooses im Lindenbachfilz.[330]

Ein 1924 vom Kulturbauamt Weilheim vorgestelltes Kultivierungsprojekt, ein Projekt auf der Basis des Ödlandgesetzes von 1923, das die Umwandlung von Mooren in landwirtschaftliche Nutzflächen förderte, sollte nicht realisiert werden. Dieses umfangreiche Projekt hätte auch die Loisach miteinbezogen und neben einer Kanalisierung der Loisach ein 49 Gräben umfassendes Grabensystem und Gräben von einer Tiefe bis zu sechs Metern vorgesehen. Die Abzugsgräben mussten auch deshalb so tief gelegt werden, da Sackungen des moorigen Untergrundes von bis zu 80% zu erwarten waren. Es waren schließlich nicht nur die Kosten von rund drei Millionen Goldmark – in der wirtschaftlich kritischen Phase der Inflation astronomisch hoch und ohne vorerst ersichtliche Obergrenze –, die eine Realisierung verhinderten, sondern auch die Tatsache, dass das Projekt bereits ein Jahr zuvor in Nürnberg gezeigt worden war und nun erst der Bevölkerung vor Ort vorgestellt wurde. Und da die Grundbesitzer mindestens die Hälfte der Kosten zu tragen gehabt hätten, war auf dieser Grundlage deren Bereitschaft zum Entwässerungsprojekt auf keinen Fall gegeben.[331]

Ein vom Freiwilligen Arbeitsdienst des Volksbundes der Gemeinde Eschenlohe unterbreitetes Angebot kam dagegen zur Ausführung. Auf der Suche nach „produktiver Arbeit" bot der Volksbund für Arbeitsdienst dem Bezirksamt Garmisch 1932 die Durchführung verschiedener Projekte an. Die Gemeinde Eschenlohe hatte dazu nur die Materialkosten sowie einen eventuellen Verpflegungszuschuss zu stellen. Zur Auswahl standen neben dem Bau eines Verbindungsweges durch das Tal der Eschenlaine nach Einsiedel am Walchensee die weitere Trockenlegung des Eschenloher Filzes durch acht Gräben und der Ausbau des Sträßchens von Eschenlohe über Schwaigen nach Aschau. Während der Bau des Verbindungswegs zum Walchensee abgelehnt und die Straße nach Aschau als nicht vordringlich erachtet wurde, wertete das Kulturbauamt Weilheim die Kultivierungsarbeiten als Ausbau der bereits bestehenden Gräben und damit sinnvoll. Im Februar 1933 ersuchte das Bezirksamt Garmisch um die Genehmigung zur Aufnahme von 9.000 Reichsmark aus den Mitteln des Arbeitsbeschaffungsprogramms, ein Gesuch, das offensichtlich genehmigt wurde. Während der Durchführung dieser Arbeiten durch den Reichsarbeitsdienst wurden dann im Juli 1934 die Reste der Römischen Straße wieder entdeckt.[332]

Bild oben
Heinrich Dingler, der Bruder von Max Dingler, in der Uniform des Reichsarbeitsdienstes mit einer Gruppe von Arbeitern auf der römischen Straße im neu gezogenen Entwässerungsgraben 1934

Bild links
Baracken des Reichsarbeitsdienstes in Moosrain

Bild rechts oben
Der Moosbergköchel vor dem Ettaler Mandl mit beginnendem Abbau in den 1930er Jahren

Bild rechts
„Das Römerkastell auf dem Moosberg"
Die Postkarte nach einer Zeichnung von Hans Stubenrauch (vor 1926) war wohl ein Versuch geschichtsinteressierter Murnauer, die Öffentlichkeit auf die antike Siedlung aufmerksam zu machen und den Abbau des Köchels zu verhindern.

Schotter aus den Köcheln

Einen wirklich schwerwiegenden Eingriff in das Ökosystem des Murnauer Mooses bedeutete der Gesteinsabbau an den Köcheln Moosberg und Langer Köchel. Die Köchel waren bis zur Säkularisation im Besitz des Klosters Ettal, das für besondere Fälle Abbaugenehmigungen ausgab. Welcher der einzelnen Köchel für diesen Abbau aufgesucht wurde, wird nicht erläutert.[333] Auch auf die Lokalisierung des 1683 „sich zeigenden grauen Steinbruchs" wird nicht näher eingegangen. Nicht alle Köchel aber bestehen aus dem besonders harten Glaukoquarzit und die Ausgräber am Moosbergköchel berichteten von einem alten Steinbruch, den sie dort entdeckten.[334] Der am Ende des 17. Jahrhunderts geöffnete Steinbruch könnte sich also am Moosbergköchel befunden haben. Nach der Säkularisation war der Moosbergköchel im Besitz der Gemeinde Hechendorf.[335]

Ab der zweiten Hälfte des 19. Jahrhunderts befestigte die Bahn mit dem harten Gestein neue angelegte Bahndämme und mit der Stadt München bestand seit 1828 ein Vertrag zur Nutzung des Gesteins vom Moosbergköchel als Straßenpflaster; u.a. stammte das Pflaster an Sebastiansplatz und Jakobsplatz, aber auch in Straßen des neuen Stadtteils Maxvorstadt aus dem Murnauer Moos.[336]

Der geschilderte Abbau an den Köcheln hielt sich lange in kleinerem Rahmen. Noch 1860 schilderte der Autor des Phsysikatsberichts „Landgericht Weilheim" die wichtigen Steinbrüche im Landkreis: Marmor bei Großweil oder auch Sandstein am Peißenberg, dazu auch die Wetzsteinvorkommen bei Kleinweil, sowie Tuff bei Forst, Huglfing und Polling und vor allem Kohle bei Penzberg und Peißenberg. Obwohl ihm das Quarzitvorkommen im Murnauer Moos bekannt war, hielt er die Köchel nicht für erwähnenswert.[337]

Die römische Siedlung auf dem Moosberg lebte weiter in der Sage von den drei Fräulein. Schon Apian kannte die Ruinen auf dem Köchel, Adrian von Riedl jedoch war der Erste, der die in der *Tabula Peutingeriana* erwähnte Straßenstation *Cofeliaca* mit den Köcheln im Murnauer Moos in Verbindung brachte und er nahm die Ruinen auf dem Moosberg in seinen Bayerischen Reiseatlas mit auf. Dall'Armi berichtete in München von Resten der Römerstraße und als 1862 ein Sturm den Baumbestand auf dem Köchel verwüstete, wurden während der Holzarbeiten die Ruinen wieder entdeckt. Trotzdem sucht man sie in der Liste der vorgeschichtlichen Denkmäler in Oberbayern von 1908 vergeblich, erst im Jahr 1914 fand hier eine erste Begehung statt, um die Bedeutung der Anlage einschätzen zu können.[338]

1925 und 1926 ließ der Weilheimer Bezirksstraßenbaumeister an den Murnauer Köcheln Qualitätsuntersuchungen durchführen, die sowohl am Moosbergköchel als auch am Langen Köchel beste Ergebnisse erbrachten.[339] Noch 1926 erwarb der Bezirk Weilheim den Moosbergköchel und im gleichen Jahr begannen mit dem Bau einer Sortieranlage die Vorbereitungen für den Abbau. Das Denkmalamt erfuhr von den beginnenden Abbaumaßnahmen aus der Presse und erklärte anschließend empörten Geschichtsinteressierten aus Murnau, dass Geld für eine Notgrabung nicht vorhanden sei, die römische Anlage also nicht zu retten. Nur dem entschlossenen und durchsetzungsfähigen Einsatz der Murnauer Geschichtsfreunde war es schließlich zu verdanken, dass das Denkmalamt doch noch Notgrabungen durchführen ließ. In den Jahren 1926, 1931 und noch einmal 1934 untersuchten Paul Reinecke und Friedrich Wagner unter großem Zeitdruck die Anlage auf dem Moosberg. Bis auf wenige Ruhemonate, u.a. 1931, als der Betrieb aus Mangel an Aufträgen eingestellt werden musste, ging die Abbautätigkeit am Steinbruch während der Ausgrabungen weiter.[340]

Bilder auf der linken Seite
Der Bau des Silos 1928/29 auf dem Moosbergköchel

Die für den Abtransport des Gesteins neu gelegten Bahnschienen auf dem Moosberg verlaufen vor den Resten der antiken Mauern.

Bild oben
Gesellschafter des Hartsteinwerks Moosberg oder Honoratioren des Bezirks Weilheim vor der Lokomotive auf dem Moosbergköchel

Das Brechwerk des Hartsteinwerks am Langen Köchel 1930

Im Februar 1934 erwarb die Firma Zehender & Co das Hartsteinwerk Moosberg, zugleich mit einer Option auf den Kauf des Weghausköchels, da der Moosbergköchel angeblich nur noch acht Jahre ausbeutungsfähig war.[341] 1937 stellte die Firma Zehender & Co einen Antrag an das Reichs- und Preußische Wirtschaftsministerium zum Bau einer neuen Sortieranlage, da die alte Sortieranlage unbrauchbar zu werden drohte. Dieser Antrag zeigt sehr gut, wie sich der Bau auf seine moorige Umgebung auswirkte: Beim Bau der ersten Sortieranlage mussten die Fundamente teilweise auf Pfählen in das Moor gebaut werden, durch den Einbau von Stufenflachsieben im Jahr 1933 aber vibrierte das Gebäude auf dem Moorboden ständig, die Fundamente sackten ab und ruhten schließlich nicht mehr auf den Pfählen. Betroffen davon waren auch die Sortiertrommel, das Stufenflachsieb sowie die Transportbänder und Elevatoren, die immer wieder angehoben und in eine waagrechte Lage gebracht werden mussten. Eines Tages, so die Befürchtung, würde das Gewicht der Silos das Rutschen der Fundamente beschleunigen und die Anlage betriebsunfähig werden.

Auf dem durch den Abbau entstandenen festen Felsuntergrund sollte deshalb eine neue Anlage entstehen. Derzeit, so die Meldung, würden stündlich 40 Kubikmeter, also 60 Tonnen verarbeitet werden. Eine Erhöhung der Abbauzahlen sei durch den Umbau nicht beabsichtigt, nach dem Neubau der neuen Anlage werde die alte sofort abgebrochen. Der Antrag wurde genehmigt.[342] Schon 1930 war eine Entstaubungsanlage gefordert worden, nicht nur für die Gesundheit der Arbeiter, sondern auch für die Pflanzen- und Tierwelt des umliegenden Moores, denn mit jeder Sprengung legte sich eine weiße Staubschicht auf die Wiesen.[343] Im Gegensatz zu diesen vorerst optisch wahrgenommenen Veränderungen in der Umwelt sollten die tiefer gehenden Auswirkungen auf die Gewässer erst später bekannt werden.[344]

Ebenfalls im Jahr 1926 sicherten sich ein Neubeurener Gutsbesitzer und ein Weilheimer Landwirt Grundstücke am Langen Köchel und ließen ihre neue GmbH „Hartsteinwerk Werdenfels“ in das Handelsregister eintragen. 1929 beteiligte sich auch der Bezirk Rosenheim an dem Hartsteinwerk, in der Hoffnung hier günstigen Schotter für den Straßenbau zu erhalten.

1930 konnte die Produktion mit einer beeindruckend modernen Schotteranlagen beginnen, wie die Presse berichtete.[345] Wirtschaftliche Schwierigkeiten führten im Oktober 1931 zur Zahlungsunfähigkeit des Unternehmens; nach einem Vergleich und einer Umschichtung in der Geschäftsleitung erfolgten ein kurzer Aufschwung und 1933 eine äußerst positive Einschätzung von Innenminister Adolf Wagner aus den Reihen der neuen nationalsozialistischen Machthaber, der schließlich auch einen Verkauf befürwortete. 1934 erwarben die Süddeutschen Basaltwerke Immendingen das Hartsteinwerk am Langen Köchel.[346]

Widerstand gegen die Errichtung des Hartsteinwerks am Langen Köchel gab es kaum. Der Gemeinde Murnau hatte man zugesagt, Aufträge für Lieferungen von Lebensmitteln und Material sowie die Bauausführung an Murnauer Geschäftsleute zu vergeben. Die Arbeitskräfte sollte die GmbH Hartsteinwerk Werdenfels weitgehend aus der Gemeinde Murnau rekrutieren, ein wesentlicher Faktor in diesen Zeiten hoher Arbeitslosigkeit und wirtschaftlicher Stagnation in einer vorwiegend landwirtschaftlich strukturierten Region mit wenig Möglichkeiten alternative und gut bezahlte Arbeitsplätze zu finden. Wie sich allerdings zeigen sollte, stammte nur ein geringer Teil der Arbeiter aus dem Raum Murnau; der größte Teil kam aus Österreich und später aus Italien. Die Gemeinde Eschenlohe, wo sich bereits ein die Umwelt beeinträchtigendes Kalkwerk befand,[347] kooperierte und gestattete die Überquerung ihrer Grundstücke für den Abtransport des Gesteins mithilfe einer Seilbahn zur Verladestation in Eschenlohe. Gegner des Hartsteinwerks kamen aus der Gemeinde Schwaigen, die ihre angestammten Weidegründe und Wegerechte in Gefahr sahen sowie aus einer kleinen Gruppe von Naturschützern um den Pfarrer von Eschenlohe, die 1929 nicht nur „eine Zerstörung hervorragender Naturdenkmäler" und eine „Schädigung der klimatischen Verhältnisse" befürchteten, sondern auch eine „Verschandelung der Gegend" und „starke Schädigung" des Fremdenverkehrs.[348]

Der Lange Köchel oder auch „Lange Zug" 1935

Ernst Kaiser
Moorlandschaft
1. Hälfte des 19. Jahrhunderts

Der Naturschutzgedanke in Bayern

Die Eschenloher Naturschützer folgten mit dieser Klage nicht ganz dem offiziellen Naturschutzgedanken, sahen doch einige bayerische Naturschützer wie z.B. Gottfried Eigner im Tourismus die Ursache allen Übels – zumindest als Ursache einer zunehmenden Zerstörung des „Naturbildes" in den Alpen durch Bergbahnen oder sogar Berghütten.[349] Als Eigner im Jahr 1908 ungehalten über diese Zerstörung berichtete, war der Naturschutzgedanke schon einige Jahrzehnte alt und hatte bereits gewisse Veränderungen durchlaufen. Während König Ludwig I. und sein Sohn Maximilian II. nicht ein Gesamtbild, sondern noch einzelne schöne und dazu auch alte Objekte wie z.B. die alte Linde auf der Insel Wörth im Staffelsee als schützenswert erachteten – und damit zugleich den Grundstein für eine Katalogisierung der noch vorhandenen Naturdenkmale legten – waren es später auch ganze Landschaften, die schön, romantisch und damit schützenswert waren.[350]

Einzelne Steinformationen oder alter Baumbestand aber wurden vor allem zerstört durch die in Deutschland bzw. in der zweiten Hälfte des 19. Jahrhunderts auch in Bayern einsetzende Industrialisierung.
Als Gegenbewegung zu Fortschrittsglaube und Technikbegeisterung im ausgehenden 19. Jahrhundert entstand die „Heimatschutzbewegung" mit ihren bekanntesten Exponenten Ernst Rudorf und Hugo Conwentz. Wilhelm Riehl, Begründer der Heimatschutzbewegung in Bayern, setzte die vergangene Idylle gleich mit menschlicher Freiheit. Sein ästhetischer Zugang zur Natur blieb kennzeichnend für den neuen Blick auf die Landschaft; beklagt wurden die Veränderungen schöner Landschaftsbilder und der Verlust des Naturgenusses durch technische Eingriffe, wie z.B. der Bau einer Bergbahn auf die Zugspitze oder des Isarkanals für das erste Isarkraftwerk vor München. Wie die Gründer des Isartalvereins, allen voran der Architekt Gabriel von Seidl, hervorhoben, beschnitt der Kanal die Schönheiten des Isartals und daher bekämpfte der Verein ab 1904 den Kanalbau.[351]

Ökologische Zusammenhänge waren zu dieser Zeit durchaus bekannt, aber gerade diese ästhetische Begründung des Naturschutzes, der Schutz des schönen Bildes, stieß in der Bevölkerung auf breitere Akzeptanz und damit Unterstützungsbereitschaft.[352]

Max Haushofer, ein wichtiger Vertreter der Heimatschutzbewegung, erkannte schon früh den Tourismus als für Bayern wichtigen Wirtschaftszweig. Landschaft war für ihn, ganz im Gegensatz zu Eigner, Erholungsraum der Städter. Allerdings forderte Haushofer den Schutz der Landschaft nicht allein um ihrer Schönheit willen, sondern auch um sie „als Quelle der Naturerkenntnisse" zu erhalten.[353]

Die Naturschutzbewegung basierte also auf höchst unterschiedlichen Ansätzen und teilte sich in verschiedene Stränge, in einem Punkt aber herrschte Übereinstimmung: bei der Forderung nach einer gesetzlichen Grundlage. Ein 1904 vom Deutschen Alpenverein zusammen mit 81 anderen Vereinen bei der bayerischen Staatsregierung vorgebrachter Appell dieses Inhaltes stieß auf Ablehnung, 1905 gestand man dann immerhin ein Gremium von Sachverständigen zu. Dieses Gremium, der Landesausschuss für Naturpflege (LAN), bestand aus Vertretern von 12 Vereinen: von naturwissenschaftlichen Gesellschaften, des Alpenvereins Sektion München, der drei größten Münchner Künstlervereinigungen, des Isartalvereins, des Bayerischen Vereins für Volkskunst und Volkskunde aber auch von „Architekten und Ingenieuren". Hinter diesem Sammelbegriff verbarg sich u.a. der „Verein Deutscher Ingenieure", eine nicht ganz unwichtige Tatsache. In Zukunft nämlich stand der Landesausschuss der Regierung bei der Errichtung industrieller Anlagen „beratend zur Seite" und brachte mäßigende Vorschläge ein, falls durch die Anlage eine deutliche Schädigung der Umgebung zu befürchten war. Naturschutz war für den Landesauschuss in Bayern ab 1905 die „ideale" Verbindung von Naturschutz und industriellem Fortschritt, wobei dem Fortschritt Vorrang einzuräumen war.[354]

In den folgenden Jahren konnte der Landesausschuss für Naturpflege trotz allem verschiedene Projekte zum Schutz einzelner Landschaften anstoßen, wie z.B. die Freihaltung des Kochelseeufers oder den Schutz des Staffelberges. Zukünftige Landschaftsschutzgebiete wie z.B. das Isartal mit seinen zahlreichen „erratischen Blöcken" plante man in kleinem Rahmen, da große Naturschutzgebiete zu teuer und damit unerreichbar erschienen. Dazu entstanden Vogelschutzgebiete wie die Insel Wörth im Staffelsee und der Maisinger See oder der Eibenwald bei Paterzell sowie die Garchinger Heide als Pflanzenschutzgebiete.[355]

Moore dagegen finden sich kaum in der Liste schützenswerter Gebiete. Einer der Vorstände des Bund Naturschutz und spätere Leiter der Landesstelle für Naturschutz, Dr. Otto Kraus, sieht 1957 in einer Rückschau auf den „bayerischen Moorschutz" die Sicherung des Bernrieder Filzes 1905 als Auftakt zu einem bewahrenden Naturschutz in Bayern. Wie er aber selbst zugeben musste, „ließ man es zunächst dabei bewenden, obwohl es noch Dutzende … gegeben hätte." [356] Den Grund dafür nennt Eigner im Jahr 1908. Fast keines der bayerischen Moore war noch unberührt, wie Eigner feststellte, alle hatten durch Entwässerung und Torfgewinnung deutliche Veränderungen erfahren. Oder wie der Bayerische Landesausschuss für Naturpflege 1912 mitteilte: „sie werden naturgemäß entwässert und einer besseren Kultur zugeführt, ein Bestreben, das wegen seiner segenreichen volkswirtschaftlichen Wirkung allgemein zu unterstützen ist. Es gibt jedoch eine Anzahl Moore, die sich durch ihre Lage oder sonstige Verhältnisse gar nicht oder nur schlecht zur Umwandlung in Kulturland eignen", und gerade diese Moore seien durch ihre Pflanzenwelt besonders interessant und man habe daher „gemeinsam mit der botanischen Gesellschaft bei den Staatsbehörden angeregt, einen Teil dieser Moore zu erhalten, um auch späteren Geschlechtern noch charakteristische Moor- und Sumpfgegenden zeigen zu können."[357] 1913 nahm der Landesauschuss deshalb u.a. sechs Filze im Arbergebiet an der Grenze zu Tschechien in die Liste der Naturschutzgebiete auf, das Murnauer Moos gehörte noch nicht zu den schützenswerten Mooren.[358]

Mit der Weimarer Reichsverfassung waren schließlich Natur- und Landschaftsschutz zum Staatsziel erhoben: „Die Denkmäler der Kunst, der Geschichte und der Natur sowie die Landschaft genießen den Schutz und die Pflege des Staates" (Art. 150), womit auch die Sozialpflichtigkeit des Eigentums erklärt war.[359] Der dringend nötige wirtschaftliche Aufschwung genoss in den Jahren nach dem 1. Weltkrieg jedoch absolute Priorität und das Thema Naturschutz spielte in der Öffentlichkeit nur noch eine untergeordnete Rolle.

Dementsprechend ablehnend reagierten daher die zuständigen Ministerien in Bayern, das Staatsministerium des Innern und das Staatsministerium für Justiz auf den Antrag vom 15. Dezember 1921: „Die Staatsregierung wird beauftragt dem Landtag alsbald den Entwurf eines Gesetzes zum Schutz über Natur- und Denkmalschutz vorzulegen." [360] Zu einer gesetzlichen Regelung kam es auch weiterhin nicht.

Das Flurbereinigungsgesetz von 1922 enthielt immerhin einige den Naturschutz betreffende Zusätze, das Ödlandgesetz von 1923 sah den Landesausschuss für Naturschutz als das Gremium vor, das in strittigen Fällen zu befragen sei. Die von Naturschützern abgelehnte Erschließung der Berge mit Bergbahnen war allerdings nicht aufzuhalten – wirtschaftliche Erwägungen standen weiterhin im Vordergrund. Umso mehr zählten nun die Erfolge: 1921 entstand in der Lüneburger Heide Deutschlands erster Naturschutzpark und in Bayern wurden größere Waldgebiete, ehemalige Besitzungen der Wittelsbacher, nun aber in Staatsbesitz, zu Naturschutzgebieten: 1922 das Naturschutzgebiet Königsee, 1924 das Naturschutzgebiet Karwendel und 1926 das Naturschutzgebiet Ammergauer Berge.

Größere Moorgebiete fand man auch weiterhin nicht auf der Liste zukünftiger Naturschutzgebiete. Als mit dem Bayerischen Torfgesetz von 1922 eine weitere Kultivierung der noch verbliebenen Moorgebiete drohte, erstellten Vollmann, Hermann Paul und Iberle eine amtliche Moorliste mit jenen Gebieten, die unter allen Umständen erhalten werden sollten, darunter auch das Murnauer Moos.[361] 1925 verfassten dann die Teilnehmer des ersten „Deutschen Naturschutztages" am 26.–28. Juli folgende Resolution: Das Murnauer Moos, Pulvermoos, Freimoos … sollen von der Kultivierung unbedingt ausgeschlossen bleiben.[362] Und in seinem Aufsatz in den Blättern für Naturschutz aus demselben Jahr 1925 verweist der Pflanzenforscher und erklärter Vertreter des Naturschutzes Albert Ade auf die Bedeutung des Murnauer Mooses und wird damit schließlich ein „Vorkämpfer für die Erhaltung der Voralpenmoore".[363]

Nur zwei Jahre später, im Jahr 1927, lud die Oberste Baubehörde zu einer gemeinsamen Sitzung von Mitgliedern des Landesausschuss für Naturpflege und vom Bund Naturschutz am 8. April, Punkt fünf der Tagesordnung betraf den Schutz der sogenannten Köchel bei Murnau.[364]

Im selben Jahr 1927 bezeichnete das Bayerische Landwirtschaftsministerium das Murnauer Moos in einer Entschließung als Schutzbereich – d.h. bei geplanten Veränderungen sollte immer die „Staatliche Stelle für Naturdenkmalpflege" gehört werden, womit wohl der Landesausschuss für Naturpflege gemeint war, der mittlerweile behördenähnliche Strukturen entwickelt hatte und dessen Obmänner vor Ort für den Schutz der Naturdenkmäler sorgen sollten.[365] Trotzdem musste in der Sitzung des Landesausschusses am 8. Oktober 1928 festgehalten werden: „Anlage eines Steinbruchs mit Schotterwerk auf dem Langen Köchel im Murnauer Moos nebst Seilbahn und Silobau auf dem Blauanger bei Eschenlohe".[366]

Der schon erwähnte Einspruch einer kleinen Gruppe um den Eschenloher Pfarrer Demleitner – übrigens Mitglied im Bund Naturschutz und später erklärter Gegner der Nationalsozialisten –, vom 27. Januar 1929 blieb ohne weitere Folgen. Das Bezirksamt gab dem Einspruch nicht statt, da der zuständige Landesausschuss für Naturpflege nur kleinere „baukosmetische Forderungen" vorgebracht hätte, das Projekt im Grunde also akzeptiere.[367] Der Landesverein sah in der Tat keinen Handlungsbedarf: Eine wesentliche Gefahr für den Naturschutz bestünde nicht, so der LAN, da der Steinbruch sehr wenig in Erscheinung trete, auch die Ständer der Seilbahn sowie deren Drähte seien vor dem Hintergrund der Steinwand kaum zu erkennen. Bedenklich sei allein der hohe Silobau, aber hier hätte man den Landesverein für Heimatschutz informiert, der sich nun darum bemühe, die Ausgestaltung des Baus den Vorstellungen des Heimatschutzes anzupassen. Naturschutz bedeutete also auch in diesem Fall vor allem Schutz der schönen Landschaft vor Verunstaltung durch Industriebauten.[368] Kultivierungsarbeiten fanden im Moos auch weiterhin statt – 1934 deckte der Reichsarbeitsdienst bei diesen Arbeiten, wie schon erwähnt, einen Abschnitt der Römischen Straße auf.

Die Politik der ersten Jahre nach der Machtergreifung der Nationalsozialisten 1933 erschienen für Naturschützer in Deutschland vielversprechend – und nicht wenige von ihnen arbeiteten auch eng mit den Nationalsozialisten zusammen.[369] Nach den am 17. August 1934 erlassenen Richtlinien über die Beachtung des Natur- und Denkmalschutzes sollten die Naturschutzbeauftragten auch weiterhin „gehört" und bei größeren Kultivierungs- und Meliorationsarbeiten miteinbezogen werden.[370] Im Jahr 1935 folgte auf der Basis von Vorarbeiten des Preußischen Kultusministeriums und eines Gesetzentwurfes von 1928 das Reichsnaturschutzgesetz (RNG). Diese rasche Entwicklung war wohl auf das große persönliche Engagement von Reichsforstmeister" Hermann Göring zurückzuführen [371] und ließ den „Reichsforstmeister" und „Preußischen Landesforstmeister" geradezu zum Hoffnungsträger deutscher Naturschützer werden. Das Reichsnaturschutzgesetz war als Rahmengesetz verfasst und enthielt daher grundlegende Bestimmungen, Einzelheiten regelten besondere Verordnungen.[372] Mit weiteren Verordnungen wie der Naturschutzverordnung vom März 1936 mit einem erweiterten Arten- und Biotopschutz war nun auch die Einrichtung von Landschaftsschutzgebieten neben Naturdenkmalen und Naturschutzgebieten möglich und damit Schutz und Pflege weiträumiger Ausschnitte der Kulturlandschaft. Verunstaltungen bei Landschaftsschutzgebieten konnten von vornherein verhindert oder auch aufgehalten werden. Gewerbliche, genehmigte Anlagen waren hiervon ausgenommen, eine Einschränkung, die deutlich machte, wo die Schwerpunkte immer noch lagen.[373]

Die Naturschutzverordnung von 1936 sah nun die Beteiligung der Naturschutzbehörden bei allen Landesplanungen vor – auch hier war den wirtschaftlichen Notwendigkeiten natürlich Vorrang eingeräumt. In den Ländern standen Beauftragte für den Naturschutz sowohl den Regierungspräsidenten als Höhere Naturschutzbehörde als auch den Landkreisen und kreisfreien Städten als Untere Naturschutzbehörde beratend zur Seite. Die Bayerische Landesstelle für Naturschutz als besondere Naturschutzstelle auf der Basis des Reichsnaturschutzgesetzes entstand mit Erlass des Staatsministeriums des Innern vom 17. Juli 1936, eine ehrenamtliche Stelle.

Rundblick im Murnauer Moos, 1924
Blick vom Langen Köchel nach Norden

Leiter bzw. Landesbeauftragter für den Naturschutz wurde der ehemalige Vorsitzende des inzwischen aufgelösten Landesausschuss für Naturpflege Dr. Ing. Hans Friedrich, früher tätig bei der Bayerischen Eisenbahnverwaltung. Er hatte in seiner neuen Position das Ministerium in allen Fragen des Naturschutzes zu beraten. Die Landesstelle war direkt der Reichsstelle für Naturschutz untergeordnet (hervorgegangen aus der staatlichen Stelle für Naturdenkmale in Preußen) und wie alle anderen Naturschutzbehörden dem Ressort von Reichsforstmeister Hermann Göring eingegliedert.[374]

Das geringe Interesse Adolf Hitlers am Schutz der „deutschen Natur" sollte der Öffentlichkeit verborgen bleiben, umso häufiger wurde deshalb sein Aufruf zum Schutz der Hecken zitiert.[375] Deutschlands selbsternannter oberster Naturschützer dagegen, Hermann Göring, äußerte sich ganz im Sinne der Heimat- und Naturschützer. Er wandte sich gegen die „Auswüchse im Fremdenverkehr" und die „planlosen und zügellosen Touristen", die nicht nur ungehemmt wertvolle Alpenpflanzen abrissen sowie Brut- und Zufluchtstätten seltener Tiere störten, sondern für die Gemeinden auch im Wald das Landschaftsbild störende Geländestreifen schlagen ließen, um winterliche Skiabfahrten zu ermöglichen. Man sollte doch, so Deutschlands oberster Jäger, neben den sportlichen Interessen auch die der Forstwirtschaft und der Jagd berücksichtigen, aber auch die militärischen Gesichtspunkte nicht vergessen – obwohl auch die Reichswehr getadelt wurde, die durch wahllose Übungen ebenfalls die Landschaft zerstöre.[376] Noch im gleichen Jahr 1936 wurde Göring allerdings Beauftragter für den Vierteljahresplan und setzte damit andere Prioritäten. Mit der beginnenden Aufrüstung ab 1938 standen bei Göring schließlich die wirtschaftlichen Interessen eindeutig in den Vordergrund. Die „Vereinfachungsmaßnahmen in der Durchführungsverordnung des Reichsnaturschutzrechts" von 1942, 1943 und noch einmal 1944 schränkten den staatlichen Naturschutz schließlich stark ein und setzten das Reichsnaturschutzgesetz faktisch außer Kraft.[377]

„Sicherstellung" des Murnauer Mooses

Der Biologe Dr. Otto Kraus, damit beauftragt, Anträge des Bundes zur Naturschutzplanung auszuarbeiten, die der ehrenamtliche Landesnaturschutzbeauftragte Friedrich dann voranbringen sollte, versuchte mittlerweile die in Bayern noch verbliebenen Moorlandschaften vor der Kultivierung zu retten. In Abgrenzung zum Landschaftsschutz sollten nach Ansicht von Kraus die von menschlicher Beeinflussung relativ unbeeinflussten Teile der Landschaft als gewissermaßen intakte Reste einer „Urlandschaft" geschützt werden. In Zusammenarbeit mit dem Geologen Dr. Edgar Daqué aus der Direktion der Wissenschaftlichen Staatsammlungen untersuchte Kraus von 1937 bis 1940 systematisch ca. 50 Moore in Oberbayern auf ihren Gehalt an „Urlandschaft". Wie Kraus in den Blättern für Naturschutz anführte, war das Ziel der Erhalt der Moore und der Vielfältigkeit „unserer oberbayerischen Landschaft durch Schutz ihrer letzten Urlandschaftsreste und damit auch des schönsten und wertvollsten Teils der ursprünglichen Tier- und Pflanzenwelt unserer Voralpenlandschaft, und zwar auch für die wissenschaftliche Forschung, für die Sicherstellung des gesunden Wasserhaushalts in der Natur und der Erhaltung des biologischen Gleichgewichts und „damit die Sicherung stetigen Ertrags in dem schon genutzten Kulturland".[378]

Die Gedanken über den Wasserhaushalt in der Natur und die Bedeutung der Moore für das biologische Gleichgewicht, auf die sich Kraus in dieser etwas bemühten Verbindung von „Urlandschaft" und landwirtschaftlichen Nutzflächen bezieht, beruhten auf Äußerungen des Architekten und Landschaftsarchitekten Alwin Seifert. Seifert arbeitete ab 1933 als Landschaftsarchitekt beim Bau der Reichsautobahnen und erhielt in diesem Zusammenhang den Titel „Reichslandschaftsanwalt." Er stand in Verbindung mit einflussreichen Nationalsozialisten wie Rudolf Heß und Heinrich Himmler, vor allem aber protegierte ihn Fritz Todt, der Generalinspektor für den Bau der Reichsautobahn. Todts' Haltung zu der von Seifert bevorzugten Bepflanzung der Autobahnränder war allerdings nicht immer von Zustimmung geprägt und Todt, der die landschaftlichen Ausblicke während der Autofahrt einer artgerechten und landschaftsbezogenen Vegetation vorzog, bestimmte als Auftraggeber das weitere Vorgehen.[379]

Rundblick im Murnauer Moos, 1924
Blick vom Langen Köchel nach Süden

Seiferts Interesse am Naturschutz war ökologisch geprägt. 1936 warnte er vor der Austrocknung der deutschen Landschaft durch massive Flussbegradigungen, Abholzung, Zerstörung der Hecken und Trockenlegung der Moore, wodurch das Grundwasser abgesenkt und der Wasserhaushalt der Natur empfindlich gestört würden. Damit wieder werde die Ausbreitung von Schädlingen begünstigt, die Erosion deutschen Ackerlands vorangetrieben und die deutsche Landschaft so öde wie die russische oder amerikanische Steppe. Eine breitere Öffentlichkeit fand dieser Gedanke Seiferts von der drohenden Versteppung Deutschlands übrigens mit der Unterstützung von Fritz Todt in einem Zeitungsartikel der Zeitschrift „Deutsche Technik". Im Gegensatz zu seinen eindeutigen nationalsozialistischen Verbindungen zeigte Seifert aber eine für Nationalsozialisten inakzeptable Affinität zu anthroposophischem Gedankengut, war dazu im Ausschuss des Bund Naturschutz und gehörte dem Beratergremium der Landesstelle Naturschutz an.[380]

Aufgrund einer ungünstigen Aktenlage lässt sich der Personenkreis derjenigen, die an den Bemühungen um ein Naturschutzgebiet Murnauer Moos beteiligt waren, nicht mehr vollständig rekonstruieren.[381] Grundsätzliche Vorarbeiten leisteten, wie schon erwähnt, der Biologe Otto Kraus sowie der Geologe Dr. Edgar Daqué. Ab 1935 arbeitete der junge Biologe Fritz Vollmar vom Biologischen Institut München an einer Untersuchung über die Pflanzengesellschaften des Murnauer Mooses. Er befasste sich mit diesem Thema vier Jahre lang und verbrachte nach eigenen Aussagen auch zwei Sommer im Moor. Bis 1940 erstellte er außerdem das Gutachten für die geplante Unterschutzstellung.[382]

Der Einsatz des Ausschussmitglieds im Bund Naturschutz und Mitglieds der Bayerischen Landesstelle für Naturschutz ab 1943, des Insektenforschers, Universitätsprofessors und Mundartdichters Dr. Max Dingler mit Zweitwohnsitz in Murnau, ist schwerer einzuschätzen. Einen großen Teil seiner Freizeit verbrachte Max Dingler für Forschungszwecke im Murnauer Moos, ab 1941 war er hier mit Untersuchungen für die Reichsstelle für Naturschutz tätig; sein Einsatz für den Erhalt des Moores nach der „Sicherstellung" 1941 ist gut belegt. Nach dem Ende des 2. Weltkriegs verlegte Dingler seinen Hauptwohnsitz nach Murnau. Dingler gehörte auch zu den frühen Anhängern Hitlers, wobei er selbst seinen persönlichen Einsatz je nach Lage und

Ansprechpartner als hoch oder zu vernachlässigen schilderte. Die Stelle eines Leiters der Staatlichen Wissenschaftlichen Sammlungen ab 1936, Edgar Daqué war damit sein Untergebener, verdankte er sicher seiner Nähe zu einflussreichen Nationalsozialisten und „Alten Kämpfern" wie dem Träger des Blutordens, Kulturminister Ernst Boepple. Seine Beiträge in der „Münchner Feldpost", Lesestoff für die Frontsoldaten aus Oberbayern, zeugen nicht gerade von Zurückhaltung oder gar von einer Ablehnung nationalsozialistischen Gedankenguts und waren teilweise eindeutig kriegsbejahend. Andererseits schrieb ihm Kurt Huber 1940 das Vorwort zu seinem Gedichtband „Das Bairisch Herz" und die Enttarnung Professor Hubers als Mitglied der Weißen Rose brachte Dingler kurzzeitig in Schwierigkeiten.[383] Durch seine Position im Machtgefüge des Dritten Reichs hatte Dingler sicher Einflussmöglichkeiten; die von ihm zusammen mit Dr. Otto Kraus verfassten 70 Anträge zur „Erhaltung der ursprünglichen Teile Oberbayerns", darunter sicher auch des Murnauer Mooses, waren nicht mehr aufzufinden, sind aber durchaus im Bereich des Möglichen, da er sich auch später vehement für das Moor einsetzte, wie sich noch zeigen wird.[384] Vor Ort war er ein häufiger und wohl nicht sehr gern gesehener Gast bei der Leitung der Hartsteinwerke Werdenfels.

Weitere Mitglieder und Vorstandskollegen im Bund Naturschutz wie z.B. die Glaziologin Dr. Edith Ebers – vermutlich die erste Frau im Vorstand des Bund Naturschutz –, dürften Kraus ebenfalls unterstützt haben. Edith Ebers arbeitete mit dem Landschaftsplaner Alwin Seifert beim Projekt Reichsautobahn[385] und plädierte im Mai 1939 für den Erhalt „besonderer und seltener Lebensgemeinschaften von Pflanzen und Tieren" die eine Erinnerung an „Ur-Deutschland" darstellen; in ihren Veröffentlichungen schlug sie andererseits eine Synthese von technischen Veränderungen in der Landschaft und Landschaftsschutz vor.[386] Mitglied im Bund Naturschutz war auch der Weilheimer Landrat Reinhard Wiesend;[387] da die Landkreise erst 1939 eingerichtet wurden, nahm Wiesend in dieser Eigenschaft keinen Einfluss auf die anfänglichen Entwicklungen. Auch die tatkräftige Kämpferin für das Naturschutzgebiet Murnauer Moos, Dr. Ingeborg Haeckel, kam erst 1939 nach Murnau und trat im gleichen Jahr in den Bund Naturschutz ein.[388]

Bild oben
Abbau des Moosbergs, 1935
Foto Gerhard Klammet

Bild unten
Sprengung am Moosbergköchel
in den 1930er Jahren

Das offizielle Verfahren zur Unterschutzstellung des Murnauer Mooses begann ein Jahr nachdem das Reichsnaturschutzgesetz erlassen war: Im Juni 1936 stellte der Regierungsbeauftragte für Naturschutz einen Antrag auf Unterschutzstellung des Murnauer Mooses. Der Antrag war der realen Lage angepasst, denn um wirtschaftliche Interessen sowohl des Reiches als auch der beteiligten Betriebe nicht zu gefährden, waren bereits im Antrag Vorschläge für den weiteren Abbau von Glaukoquarzit am Langen Köchel enthalten, alle Bemühungen der Naturschützer um den Erhalt sämtlicher Köchel waren damit hinfällig.[389]

Folgen für die Umwelt wie das Ausdünnen der Tierbestände in der Umgebung des Langen Köchels durch die dort durchgeführten Sprengungen sowie wachsende Schutthalden und Klärschlammbecken, deren Inhalte die Ramsach und damit kostbare Moorpflanzenbestände und Tiere gefährdeten, fanden keine Erwähnung.[390] Der Beauftragte für Naturschutz im zuständigen Landbauamt Weilheim, Oberbaurat Frauenholz, holte daraufhin Stellungnahmen beim Forstamt Murnau sowie beim Bezirksbeauftragten für Naturschutz ein. Diese Stellungnahmen fielen entsprechend dringlich aus: Als einer der wenigen Reste von Randmooren der Würmeiszeit sollte das Murnauer Moos unbedingt erhalten bleiben, so das Forstamt Murnau. Zum Schutz für aussterbende Pflanzen und für eine weitere wissenschaftliche Erforschung müsste ein relativ großer Bereich unter Schutz gestellt werden, ein Gebiet, das nicht nur das heutige Murnauer Moos, sondern auch die Moorgebiete am Riegsee und bei der Mühle Mühlhagen umfassen sollte. Überzeugt von den Ausführungen der Sachverständigen schloss sich das Bezirksamt Weilheim am 17. August gleichen Jahres dieser Meinung an und erklärte die dringliche Unterschutzstellung des Gebiets mit Ausnahme der beiden Steinbruchwerke am Moosbergköchel und am Langen Köchel, damit „in seiner natürlichen Beschaffenheit und landschaftlichen Schönheit für Volk und Heimat als unversiegbare Quelle der

Besuch von Innenminister Adolf Wagner im Hartsteinwerk am Langen Köchel am 4. 12. 1933

Für die Nationalsozialisten war das Werk ein wichtiger Baustein für die Wirtschaft des Reiches.

Erbauung, der Erholung und Belehrung dauernd erhalten bleiben, was noch zu erhalten ist".[391]

Ab Februar 1938 waren die betroffenen Gemeinden aufgefordert, die Besitzer der Grundstücke in dem zukünftigen Naturschutzgebiet ausfindig zu machen und diese in einer Karte einzutragen. Auch eventuelle Einsprüche sollten bei diesen Gemeinden vorgebracht werden.[392]

Inzwischen war Eile geboten, denn die Firma Zehender & Co, suchte nach neuen Möglichkeiten der Steingewinnung am Weghauskögel und am Schergenkögel, da das Vorkommen von Glaukoquarzit am Moosberg nach etwa sieben Jahren, anderen Aussagen zufolge auch nach nur vier Jahren, abgebaut sein würde. Diese zusätzlichen Abbaumöglichkeiten waren dem Hartsteinwerk ausdrücklich zugesagt worden. Das Hartsteinwerk Werdenfels am Langen Köchel besaß dagegen eine Option auf ein weiteres Grundstück des Staates Bayern am Langen Köchel, die es irgendwann nutzen wollte.[393] Beide Firmen hegten berechtigte Hoffnungen auf diese zusätzlichen Abbaumöglichkeiten, denn das Land Bayern hatte 1935 dem Staatsministerium des Innern zugesagt, binnen eines Zeitraums von zehn Jahren mit den beiden Firmen in Verhandlungen über eine Verpachtung oder Übereignung der fraglichen Grundstücke beider Firmen zu treten.

Mittlerweile versuchte außerdem eine Ulmer Firma, die Rechte am Schmatzer- und am Wiesmahdköchel besaß, ein drittes Werk im Murnauer Moos zu errichten.[394] Da jedoch inzwischen die Errichtung von Anlagen zur Gewinnung von Steinmaterialien für den Wege-, Bahn-, und Wasserbau verboten war, scheiterte dieser Versuch.[395]

Der Landesbeauftragte für Naturschutz war daher umso mehr bereit, die bereits teilweise zerstörten Köchel aufzugeben, um wenigsten diejenigen Köchel zu retten, die noch einigermaßen intakt waren.
Da auch ihm bewusst war, dass wirtschaftliche Interessen nicht ausgeklammert werden konnten, gestand er der Firma Zehender am Moosbergköchel einen in die Tiefe gehenden Abbau zu, der immerhin Erträge für weitere sechs bis acht Jahre ermöglichte. Zu diesem Zweck müssten dann, wie er sagte, wie bei anderen Unternehmen auch Pumpen eingesetzt werden.[396] Der Landesbeauftragte gab mit dieser Aussage zwar den Weg frei für weitere tiefgreifende Eingriffe in das Ökosystem des Murnauer Mooses, das Staatsministeriums des Innern sagte aber im Gegenzug zu, die Regierung von Oberbayern als höhere Naturschutzbehörde zu einer beschleunigten Weiterführung des Naturschutzverfahrens im Sinne der Anregungen des Landesbeauftragten für Naturschutz anzuhalten.[397]

Kiebitzgelege und Brachvogel
Foto Gerhard Klammet

Der von den Hartsteinwerken Moosberg zu Hilfe gerufene Obmann der Fachgruppe Natursteine forderte schließlich eine rasche Freigabe des Weghausköchels für den Abbau, denn für eine wissenschaftliche Erforschung gäbe es noch genug andere Kögel im Moos. „Für die Allgemeinheit besteht kein Interesse die Weghauskögel zu erhalten, denn sie sind nicht charakteristisch für das Landschaftsbild, das sich von der Staatsstraße Murnau–Garmisch dem Auge bietet. Diese kleinen Erhebungen in dem unzugänglichen Murnauer Moos verschwinden gegen die dahinter aufstrebenden und das Landschaftsbild charakterisierenden Berge. Es ist völlig belanglos, ob von der Vielzahl der vorhandenen Kögel die Weghauskögel im Lauf der Zeit verschwinden, da nach dem Abbau der Weghauskögel die Schmatzerkögel den wenigen interessierten Blicken frei liegen." Auf die zukünftige Produktion der Werke im Murnauer Moos könne nicht verzichtet werden, lieferten sie doch auch den für die infrastrukturelle Erschließung des Landes Österreich nötigen Schotter.[398]

Trotz dieses Apells veranlasste das Bezirksamt Weilheim im Herbst 1938, aufgrund der Paragraphen 5, 19 und 13 [399] des Reichsnaturschutzgesetzes vom 26. Juni 1935 sowie der Gesetze vom 29. September 1935, vom 1. Dezember 1936 und der Durchführungsverordnung vom 31. Oktober 1935 die Unterschutzstellung und einen Eintrag in die Landschaftsschutzkarte von vier Köchel im Murnauer Moos als „sonstige Landschaftsteile in der freien Natur, deren Erhaltung aus erdgeschichtlichen Gründen sowie wegen ihrer landschaftlichen Schönheit und Eigenartigkeit im öffentlichen Interesse liegt". Dabei handelte es sich um Köchel, die bisher noch nicht industriell abgebaut wurden: den Steinköchel, den Wiesmahdköchel, den Schmatzerköchel und den Weghausköchel. Wieder einmal verwies das Bezirksamt auf die noch ausstehenden Besitzerlisten und den Ablauf der zweiwöchigen Eingabefrist am 20. Oktober 1938.[400] Nach Ablauf der Eingabefrist würde die Sache gemäß § 13 RNG weitergehen an die Höhere Naturschutzbehörde bzw. die Reichsstelle für Naturschutz.[401]

Die Schienen für die kleine Bahn zum Moosberg wurden auf einem Damm über das Moor geführt.

Der Generaldirektor des Hartsteinwerks Werdenfels, Udo Rouselle, der wusste, dass Naturschützer andernorts die Schließung eines Steinbruchs durchgesetzt hatten, pflegte die Zusammenarbeit mit Max Dingler, der wohl häufiger die Anlagen am Langen Köchel besichtigte, sowie mit den örtlichen Naturschutzbehörden. Rouselle berief sich auf ein zeitgemäßes Zusammenspiel von Naturschutz und Technik, ließ die gesamte Werkleitung samt Belegschaft in den Bund Naturschutz eintreten und zahlte sogar die Beiträge. Ein in der Naturkunde beschlagener Mitarbeiter sollte dafür sorgen, dass gefährdete Pflanzen aus den betroffenen Gebieten auf unberührte Stellen versetzt sowie Samen für eine spätere Renaturierung gesammelt werden. Geschädigte Bereiche des Mooses sollten neu bepflanzt und die ausgebeuteten Hänge und Abraumhalden am Langen Köchel begrünt werden.[402]

Für die Abwässer aus seinem Werk ließ Rouselle eine neue Kläranlage bauen, denn die Landesstelle für Gewässerkunde und die Biologische Versuchsanstalt hatten in ihren jeweiligen Gutachten vom Dezember 1938 einige Mängel aufgezeigt und forderten aus fischereirechtlichen und landeskulturellen Interessen sowie für die Versorgung des Vorwerks Weghaus mit Trink- und Nutzwasser aus der Ramsach eine deutliche Verbesserung der Waschanlagen im Werk.[403]

Die Klärweiher wurden daher „biologisch richtig" gestaltet und von 1939 bis 1941 die erwähnte Kläranlage für die Abwässer angelegt –, und das Abwasser „wurde so rein wie das Wasser der Ramsach", eine Aussage, der offensichtlich sowohl Max Dingler als auch die zuständigen Behörden widersprachen.[404]

Gesteinsabbau am Moosbergköchel in den 1940er Jahren

Selbst während des Krieges gingen die Arbeiten am Moosbergköchel weiter. Über die Herkunft der Arbeiter konnte nichts in Erfahrung gebracht werden.

Die „Erhebungen im Naturschutzverfahren" wurden inzwischen fortgeführt, als zukünftiges Schutzgebiet waren das „Murnauer Moos einschließlich der umliegenden Nebengebiete Pfrühlmoos, Klingert und Ostermoos sowie die Kögel" vorgesehen. Weitere Flächen sollten zum Landschaftsschutzgebiet erklärt werden. Von der Unterschutzstellung ausgenommen würden der Lange Kögel, der Moosberg und die Flächen nördlich Eschenlohe sein.[405]

Wie nicht anders zu erwarten, regte sich trotz der Einschränkungen allenthalben Widerstand. Wie der Reichsstatthalter in Bayern als Landesplanungsbehörde im Oktober 1939 die Bezirksplanungsbehörde des Regierungspräsidenten Oberbayern informierte, würden verschiedene Referate, die noch zu befragen waren, ihre Zustimmung davon abhängig machen, ob Kulturbaumaßnahmen in den als kultivierbar bezeichneten Gebieten sowie etwaiger Wegebau und die notwendigen Anlagen zum Ufer- und Hochwasserschutz durchführbar sein werden und die genaue Abgrenzung des Schutzgebietes mit dem Kulturbauamt Weilheim und dem Straßen- und Flussbauamt abgesprochen sei. Auch die Stellungnahme des Reichsnährstands stehe noch aus.[406]

Der Landesbauernführer der Landesbauernschaft Bayern reagierte ablehnend, da man auf die im Moos zur Verfügung stehenden landwirtschaftlichen Flächen nicht verzichten könne, musste man doch bereits umfangreiche landwirtschaftliche genutzte Gebiete an die Wehrmacht für die Errichtung einer Garnison in Murnau abtreten. Auch erinnerte er an die rasch fortschreitende Verstädterung der Orte Murnau, Hechendorf, Weindorf und Riedhausen, die immer mehr landwirtschaftlich genutzte Flächen als Baugrund beanspruchten. Im Moos aber seien große Flächen für eine Kultivierung geeignet, einige davon würden auch gute Erträge bringen, da sie bei Überschwemmungen überschlickt, also auf natürliche Weise gedüngt werden. Auch die für eine zukünftige Kultivierungsarbeit notwendige Erschließung durch offene Gräben und Wege dürfe nicht beeinträchtigt werden. „Bei der steten sich verengenden Ernährungsbasis", so der Schluss, „muss die Wahrung der Interessen der Landwirtschaft oberstes Ziel bleiben".[407] Einen Monat nach Kriegsbeginn, im Oktober 1939, verwies schließlich die Reichsbahn auf den großen Schotterbedarf für Straßen- und Reichsbahnbauten, für den in ganz Südbayern nur vier Werke dieser Art existierten. Ein Transport aus Werken nördlich der Donau komme aus Transportgründen bzw. aufgrund der hohen Frachtkosten nicht infrage.[408]

Das projektierte Naturschutzgebiet 1937

Es umfasst nur den Murnauer Teil des Moores, dafür aber auch einen Teil des Riegels im Norden sowie einen schmalen Streifen nördlich von Murnau.

Auf der Grundlage dieser Einsprüche unterschiedlicher Interessensvertreter – und eines bevorstehenden Ausbaus der öffentlichen Flüsse in Bayern – kam der Reichsstatthalter in Bayern, Franz Ritter von Epp, zu dem Schluss, dass die Abgrenzung des Landschafts- bzw. Naturschutzgebietes noch einmal einer eingehenden Überprüfung bedürfe, forderte inhaltliche Änderungen und einen nochmaligen Vortrag vor einer endgültigen Entscheidung. Es ginge doch nicht an, dass geplante Hochwasser- und Uferschutzmaßnahmen und die energiewirtschaftliche Aufwertung der Loisach durch eine Erklärung des Gebietes zum Natur- bzw. Landschaftsschutzgebiet behindert werden.[409] Einige Tage später erfolgte eine Rüge an den Regierungspräsidenten, dass die Dienststellen des Naturschutzes in Oberbayern in einseitiger Weise die Belange des Naturschutzes vertreten, „ohne auf Landwirtschaft und Ernährungswirtschaft Rücksicht zu nehmen". Damit wurde wieder einmal deutlich, wie die Rolle der Naturschutzbehörden gesehen wurde. Am 5. Dezember 1939 antwortete der Regierungspräsident mit einer Entschuldigung und versicherte, man befinde sich ja erst am Anfang und habe selbstverständlich die einschlägigen Stellen benachrichtigt.[410]

Nun aber reagierte der Reichsforstmeister Hermann Göring als Oberste Naturschutzbehörde und mit seiner Unterstützung erfolgte am 2. August 1940 die „einstweilige Sicherstellung" des Murnauer Mooses in seiner geplanten Ausdehnung durch den Regierungspräsidenten als Höhere Naturschutzbehörde aufgrund der Paragraphen 4, 15, 16 Abs. 2 und 17 Abs. 3 des Reichsnaturschutzgesetzes vom 26. Juni 1935 und mit Zustimmung der Obersten Naturschutzbehörde sowie der Reichsstelle für Raumordnung. Das Naturschutzgebiet Murnauer Moos sollte die Gemarkungen Murnau, Hechendorf und Riegsee des Kreises Weilheim und die Gemarkungen Eschenlohe, Ohlstadt und Schwaigen des Kreises Garmisch umfassen. In diesem Gebiet dürfen zukünftig keine Veränderungen vorgenommen werden, die geeignet sind, die Natur zu schädigen, den Naturgenuss zu beeinträchtigen oder das Landschaftsbild zu verunstalten. Verboten war nun auch „Bodenbestandteile abzubauen, Sprengungen und Grabungen vorzunehmen, Schutt oder Bodenbestandteile einzubringen, Bauten zu errichten oder die Bodengestalt – einschließlich der natürlichen Wasserläufe – auf andere Weise zu verändern, Bild- oder Schrifttafeln anzubringen, soweit sie nicht auf den Schutz des Gebietes hinweisen oder der Wegbezeichnung dienen sowie Feuer anzumachen und Abfälle wegzuwerfen". Unberührt davon bleiben die „ordnungsgemäße landwirtschaftliche, jagdliche und fischereiwirtschaftliche Nutzung in der bisherigen Weise und dem bisherigen Umfang" und ausgenommen bleiben außerdem „der Abbau des Gesteins am Moosberg-Kögl und am Langen Kögl nach den von mir zu erlassenden besonderen Vorschriften, Maßnahmen zur teilweisen Entwässerung und Kultivierung des Gebiets im Einvernehmen mit der höheren Naturschutzbehörde. Weitere Ausnahmen von den Vorschriften dieser Verordnung können von mir genehmigt werden."[411]

Damit sollte das Verfahren eigentlich als abgeschlossen gelten. Die einstweilige Sicherstellung war jedoch nur eine Vorstufe der tatsächlichen Unterschutzstellung und ließ noch zahlreiche Möglichkeiten offen. Eine Sicherstellung nach dem Reichsnaturschutzgesetz bedeutete auch, dass nach § 17 Abs. 3 die Naturschutzbehörden berechtigt waren, Veränderungen im Naturschutzgebiet zu untersagen oder zu verhindern.

Erneut kam deshalb Widerspruch von den Bauern und Grundstücksbesitzern vor Ort, die um ihr Eigentum fürchteten, sollte das Murnauer Moos tatsächlich unter Naturschutz gestellt werden. Während einer Versammlung in einem Murnauer Gasthof verwahrten sich die Bauern entrüstet gegen das Verbot, im Moor Feuer anzuzünden, da das Verbrennen der Abfallreste nach dem Baumfällen das Vorwärmen der Keile ermöglichte und das Feuer für die Arbeitenden als „Wärmestube" diene. Das Einbringen von Schutt in den Untergrund, bisher üblich bei jeder Fahrt zum eigenen Schober im Moor, aus dem Streu geholt wird, würde nach Paragraph 3 des Reichsnaturschutzgesetzes in Zukunft verboten sein, sei aber unbedingt notwendig, um den Streuschobern einen festen Untergrund zu geben und zum Schutz gegen Nässe und Hochwasser zu erhöhen. Gräben müssten auch weiterhin gezogen werden, um den Grundwasserspiegel zu senken, denn nur dann könne man im Wald Erträge erzielen. Im Anschluss an diese Liste bisher geübter im Moos üblicher Nutzungsarten stellten die Bauern Forderungen:

Es sollte das Scharfschießen im Moos nicht mehr gestattet werden, denn nach den letzten Schießübungen – vor dem Inkrafttreten der Sicherstellung – seien im Rechtachfilz große Löcher entstanden und der Ertrag dieser Streuwiesen deshalb zurückgegangen. Und endlich sollte doch die zuständige Behörde auf die ständigen Überflutungen und Stauungen reagieren, die ihre Streuwiesen unter Wasser setzen und die Erträge schmälern.[412]

Der Murnauer Bürgermeister ergriff die Partei der Bauern, der Kreisbeauftragte für Naturschutz bemühte sich, die Wogen zu glätten und gestand auf einer Informationsveranstaltung den erregten Bauern und Waldbesitzern für die Zukunft weitgehende Freiheiten zu. So würden alle Arbeiten die unter eine landwirtschaftliche oder forstliche Nutzung fallen, auch weiterhin durchgeführt werden können, wozu eben auch Feuermachen oder das Einbringen größerer Schuttmengen gehörten. Bauern, so der Bürgermeister, die „im Moor arbeiten", würden nie wertvollen Pflanzen und Tierarten Schaden zufügen. „Die Leute haben andere Sorgen und halten sich im Murnauer Moos keine Minute länger auf als nötig".[413] Wenig später folgte eine Zusicherung des Regierungspräsidenten, dass die Grenzen des Naturschutzgebietes ja nur vorläufige seien und bei der endgültigen Festsetzung berechtigte Wünsche der Grundstücksbesitzer berücksichtigt werden würden.[414]

Diskutiert wurde nun auch ein Projekt, das der Reichsstatthalter erwähnt hatte, die energietechnische Nutzung der Loisach; damit verbunden waren Überlegungen, im Murnauer Moos einen Speichersee zu bauen. Als aber geologische Untersuchungen dafür ungünstige Untergrundverhältnisse erbrachten, verfolgte man diesen Gedanken nicht weiter.[415]

Widerspruch zu einem zukünftigen Naturschutzgebiet Murnauer Moos kam auch von anderen, für landwirtschaftliche Belange zuständigen Stellen, die weitere Flächen für die Bauernschaft gesichert wissen wollten sowie vom Finanzministerium, das die Rechtsansprüche der beiden Steinbruchfirmen auf zukünftige Abbruchmöglichkeiten geklärt haben wollte, eine Frage, die der Reichstatthalter in Bayern lakonisch abfertigte: Falls die Entscheidungen einen weiteren Abbau ausschließen, „werden diese Zusagen gegenstandslos".[416]

Zur Klärung der Lage lud die Reichsstelle für Raumordnung mit Zustimmung des Reichsforstmeisters als Oberste Naturschutzbehörde am 6. Juni 1941 zu einer Besprechung im Murnauer Rathaus mit Ortsbesichtigung. Anwesend waren Vertreter der verschiedenen Reichsministerien sowie des Reichsforstministers, der Organisation Todt in der Person Alwin Seiferts, der Reichsbahn, der Reichsplaner, der Obersten Baubehörde, die betreffenden bayerischen Ministerien, die Naturschutzbehörden, der Landrat von Weilheim, Vertreter vom Kulturbauamt, der Landwirtschaftsstelle und „aus Murnau Professor Dingler und Frl. Dr. Haeckel".[417]

Die Besprechung in Murnau brachte schließlich eine „Überraschung", wie der Protokollant anmerkte. Plötzlich stellte die Reichsbahn ihre Bedenken bezüglich der Inschutzstellung der Kögel zurück; eine Ausbeute des Weghauskögel erscheine zwar wünschenswert, die Ausbeute am Langen Kögel aber sei noch länger sichergestellt und damit die Belange der Reichsbahn hinreichend gewahrt. Ähnlich äußerte sich der Generalbevollmächtigte für die deutsche Bauwirtschaft und damit folgte eine „Abschwächung der Einwendungen" der bayerischen Straßenbauverwaltung und des Generalinspektors für das deutsche Straßenwesen. Bei dieser Sachlage hielt der Vertreter der Fachgruppe Natursteine weitere Einwendungen für wenig aussichtsreich. Der Vertreter des Landesarbeitsamts Bayern sah schließlich keine Probleme in einer Schließung des Hartsteinwerks Moosberg sobald die Ausbeute am Köchel nachließ, denn der größte Teil der vielfach schon „überalterten" und die in Murnau bzw. Hechendorf ansässigen „Gefolgschaft", zur Zeit 50 Mann, dürfte wegen der großen Entfernung nicht ohne weiteres am Langen Köchel einzusetzen, aber angesichts des herrschenden Arbeitskräftemangels leicht anderweitig unterzubringen sein.[418]

Bau der Olympiastraße bei Spatzenhausen 1934

Die zweispurige Straße musste bis zu den Olmypischen Winterspielen in Garmisch 1936 fertiggestellt sein.

Die Vertreter des „Bayerischen Naturschutzvereins", gemeint ist wohl der zu dieser Zeit auf Bayern beschränkte Bund Naturschutz, waren nach den erneuten Vorhaltungen der Landwirtschaftsstelle sowie der Bayerischen Mooskulturwirtschaft über die Bedeutung der landwirtschaftlichen Flächen im Moos zu beträchtlichen Zugeständnissen bereit und plötzlich auch der Meinung, dass nur einige Teile unter Naturschutz gestellt werden sollten, die hinsichtlich Flora und Fauna des Schutzes bedürften, darunter z.B. der Kuhwampen wegen der Schwingrasen und der „Schmatzer" wegen der wertvollen Moosarten – und das obwohl der Reichsforstminister Hermann Göring Weisung gegeben hatte, „das Ganze unter Naturschutz zu stellen". Für die Randgebiete würde der Landschaftsschutz ausreichen „da von Seiten der Bauern nie gegen den Schutz der Pflanzen und Tiere im Murnauer Moos verstoßen worden sei. Von der Notwendigkeit der Rettung des Murnauer Mooses könne nicht die Rede sein."

Nach diesem erstaunlichen Sinneswandel vermerkte der Weilheimer Protokollant, dass nur Dr. Haeckel als örtliches Organ des Naturschutzes einen vollständigen Schutz des Moores forderte und man sich „davor hüten (sollte) Naturdenkmäler zu verschandeln." Ohne Widerspruch von Seiten der bayerischen Naturschützer blieb auch die Bemerkung der Vertreter von Reichsbahn und Organisation Todt, in Zukunft sei mit einem deutlichen Ausbau und Umbau der Olympiastraße, sowie der Bahnstrecke nach Garmisch zu rechnen, wofür ein weiterer Damm gebaut werden müsste.[419] Der Vortrag von Alwin Seifert zu seinem Lieblingsthema von der drohenden Versteppung Deutschlands war damit fast schon überflüssig.
Bei der anschließenden Fahrt in das Murnauer Moos besichtigten die Teilnehmer auch das Hartsteinwerk Werdenfels.[420]

Bild oben und links
Bau der Olympiastraße bei Kerschlach

Hier führte die Straße durch mooriges Gelände wie auch im Straßenabschnitt Hechendorf–Eschenlohe.

Die Eingriffe des Straßenbaus in den Untergrund lassen sich hier gut erkennen.

Die etwas überraschende Wende in den Verhandlungen zum Naturschutzprojekt Murnauer Moos war möglicherweise Alwin Seifert zu verdanken. Die Bemerkung eines Sachbearbeiters für Moorfragen beim Reichsbauernführer, man sollte doch soweit nur irgend möglich nur wirklich urwüchsige Moore erhalten, das – offensichtlich vorgebrachte – Argument „wir haben ja jetzt im Osten so viel Land zieht nicht, denn man muss vor allem bestrebt sein, die alten Bauerngebiete zu erhalten" schwächte Seifert mit der Entgegnung ab, man werde sicher einen Ausgleich für die verschiedenen Belange finden. Die „Erhaltung eines schönen Landschaftsbildes" sei nicht zuletzt auch im Interesse der Landwirte, die ja selbst kaum Zeit für Erholungsreisen haben werden! Im Übrigen aber liege ein Wunsch des Führers vor, wonach kein Moor in Zukunft kultiviert werden dürfe! Den Vertretern des Reichsernährungsministeriums und des Reichsbauernführers war von einem solchen Wunsch nichts bekannt – und wie Seifert später Max Dingler gegenüber zugab, hatte Hitler sich gegen eine Trockenlegung, nicht aber gegen die Kultivierung von Mooren ausgesprochen. Aber wie Baudirektor Köster sofort richtig erkannte: die „Entscheidung des Führers hat naturgemäß ein ganz besonderes Gewicht".[421] Mit seiner etwas kühnen Aussage brach Alwin Seifert also nicht nur eine Lanze für das „schöne Landschaftsbild" vor der Haustüre arbeitsamer Landwirte, sondern brachte auch eines der Argumente vor, das immer wirkte: „der Führer will es".

Ein weitere Behauptung von Alwin Seifert ist nicht nachprüfbar. Seifert, der Max Dingler und andere Naturschützer auch gegen die Absicht unterstützte, im Murnauer Moos neue Schilfarten anzusiedeln, um daraus Zellstoff zu gewinnen, wandte sich im Oktober an den Thüringischen Staatsrat Schieber und beklagte sich über das Vorgehen der damit betrauten Firma. In diesem Jahr, so Seifert, sei es endlich gelungen das Murnauer Moos unter Naturschutz zu „bringen". Das größte Verdienst dafür gebühre Reichsminister Todt, der sich selbst angeblich eingehend mit dieser Frage befasst hatte „und schließlich mit seinem Verzicht auf ein Schotterwerk auch den Widerstand der Deutschen Reichsbahn zu Fall brachte. Und jetzt geht ohne irgend jemand zu fragen, die Süddeutsche Zellstoff AG her den einzigartigen Pflanzenbestand im Murnauer Moos zu vernichten. Es kann nicht leicht etwas Unsinnigeres unternommen werden". Der Brief Seiferts endet mit dem Appell: „Bitte treten Sie dafür ein, dass nicht die durch Dr. Todts persönliches Eintreten ermöglichte Rettung des Murnauer Mooses durch verständnislosen Eigensinn aus ihrem eigenen Fachgebiet vereitelt wird."[422] Ob der Schutz des Murnauer Mooses wirklich nur mithilfe von Fritz Todt zustande kam sei dahingestellt. Alwin Seifert jedenfalls nahm auf verschiedenste Weise Einfluss.

Die von Seifert erwähnte Süddeutsche Zellstoff AG war auf der Suche nach alternativem Material für die Herstellung von Zellstoff und dabei auf Schilf gestoßen. Schilf jedoch war in ausreichendem Maß in den oberbayrischen Mooren zu finden, unter ihnen das Murnauer Moos. Der Innsbrucker Universitätsprofessor Helmut Gams, um ein Gutachten zur Schilfgewinnung an der Loisach gebeten, sah zwar keine Möglichkeit, das im Murnauer Moos wachsende Schilf auszubeuten, schlug jedoch den Anbau und die Züchtung italienischer Schilfarten vor und zwar im Schaufelmoos, im Hagener Moos und schließlich auch im Hohenboigener Moos. Die nötige Düngung zur Ertragssteigerung sollte dort weidendes Federvieh wie Gänse oder Enten liefern. Max Dingler, entsetzt über diesen neuen Angriff auf das Schutzgebiet, schrieb sofort an den Regierungspräsidenten in München, um diesen „unzulänglichen Versuch" „kostbaren Urboden" zu zerstören zu verhindern. Wenig später musste Dingler feststellen, dass die Firma bereits einige Versuchsreihen gesetzt hatte und auch Dünger einsetzen wollte. Zusammen mit Ingeborg Haeckel und Alwin Seifert kämpften nun die Naturschützer gegen diesen neuen Versuch das Moor zu verändern, oder wie der Kreisbeauftragte für Naturschutz in Garmisch schrieb: Die Firma behauptet, sie werde vom Militär gedrängt und der Neusiedler See sei schon „ruiniert". Nun aber wollen sie ausgerechnet in ein Schwingrasengebiet eindringen, von dem der Gutachter Vollmar sagte, es sei in seiner Ausdehnung möglicherweise einzigartig in der Welt.[423]

Trotz dieser Versuche war die Schilfgewinnung noch nicht sofort aufgegeben, denn wie der Weilheimer Landrat mitteilte, war das Gebiet mit der einstweiligen Sicherstellung nur unter Schutz gestellt. Verbote könne er also auf dieser gesetzlichen Grundlage nicht aussprechen. Die Weigerung des in seinem Amt noch „nicht eingearbeiteten" Landrats empörte die Naturschützer, traf aber genau den Punkt, der auch nach dem Krieg noch diskutiert werden sollte.[424] Dingler erklärte seiner Mitstreiterin Ingeborg Haeckel, „Der Kampf muss jedenfalls mit aller Kraft weiter geführt werden". Und als die Geologin Edith Ebers, ihm gegenüber in „Bezug auf Naturschutz … von einem geradezu erschütternden Pessimismus zu sein schien", erklärte er gegenüber Ingeborg Haeckel: „… so soll uns die Gefahr nur umso mehr Anlass sein, für unser Moos zu kämpfen." Wie sich herausstellen sollte, war Edith Ebers nicht nur pessimistisch sondern auch realistisch, denn die Süddeutsche Zellstoff AG gab nicht auf und forderte schließlich im Juni 1943 sogar Ingeborg Haeckel dazu auf, sich doch an dem für sie sicher interessanten Forschungsprojekt zu beteiligen. Der ständig steigende Zellstoffbedarf erfordere „gebieterisch die Erschließung neuer Zellulosequellen".[425] Wie es scheint, kamen die Forschungen der Firma erst mit dem weiteren Kriegsverlauf zu einem Stillstand.

Der Krieg hatte natürlich auch Auswirkungen auf die Hartsteinwerke im Moos bzw. auf ihre Umgebung. Ab 1940 herrschte ein Mangel an Bahnwaggons für den Transport, gegen Ende des Krieges gingen die Aufträge deutlich zurück, da ein weiterer Ausbau des Straßen- und Bahnnetzes nicht mehr im Interesse der Wehrmacht lag.[426] Auch der bereits geplante weitere Ausbau der Olympiastraße kam nicht zustande: Die für die Olympischen Winterspiele in Garmisch-Partenkirchen 1936 gebaute Straßenverbindung nach Eschenlohe umging den Ort Hechendorf und bot den Autofahrern bei ihrer Fahrt durch das Moos „schöne Ausblicke auf die Zugspitze". Sie war damals für ein Verkehrsaufkommen von 5.000 bis 10.000 Autos innerhalb von neun Stunden ausgelegt und sollte wohl im Zuge einer geplanten und ebenfalls nicht realisierten Autobahnverbindung zwischen Holzkirchen und der Autobahn Lindau über Iffeldorf weiter ausgebaut werden.[427]

Die Arbeiter im Werk Moosberg lebten offensichtlich in ihren eigenen Wohnungen und gingen täglich den Weg zum Steinbruch und zurück. Für die Arbeiter im Hartsteinwerk Werdenfels, in den Anfangszeiten viele Österreicher und später Italiener ließ die Betriebsleitung im Jahr 1937 Wohnbaracken errichten, es entstand also eine kleine Siedlung mitten im Moor. Hier lebten die Arbeiter, im Jahr 1939 immerhin 132 Italiener, später auch französische Kriegsgefangene sowie Zwangsarbeiter aus Tschechien, Jugoslawien, der Slowakei und der Ukraine abgeschlossen in der direkten Nähe des Werks. Eine Heimreise der Arbeiter zu ihren Familien war auch für die italienischen Arbeiter nach dem Sommer 1940 fast nicht mehr möglich. Nach dem 8. September 1943 und dem Bruch der Achse Rom–Berlin, wurden auch die italienischen Männer, die jetzt als Militärinternierte galten, zu Zwangsarbeitern.[428] Fliegeralarm gab es hier selten, einmal allerdings, am 5. Oktober 1941, warf ein alliierter Flieger in der Nähe des Steinbruchs acht Bomben ab, ohne dabei großen Schaden zu verursachen.[429]

Josef Weiss
See mit Spirken, 1935

5 Das neue Umweltbewusstsein

Vom Heizmaterial zum Badetorf

Mit dem Ende des Krieges standen auch im Raum Murnau die Bedürfnisse des täglichen Lebens im Vordergrund, allem voran die Versorgung der Bevölkerung mit Lebensmitteln. Dabei ist davon auszugehen, dass Hungrige nicht nur auf Beeren und Pilze, sondern auch auf die Fischbestände sowie das Wild des Murnauer Mooses zurückgriffen. Schon die in den Hartsteinwerken beschäftigten Zwangsarbeiter hatten wohl in der Ramsach und den kleineren Bächen gefischt und dazu auch die 1890 nach einem Krebssterben wieder eingesetzten Krebse gefangen, um den eigenen Speisezettel etwas zu verbessern. Nach der Befreiung des Kriegsgefangenenlagers für polnische Offiziere in der Werdenfelser Kaserne Murnau (Oflag VII) am 29. April 1945 durch die amerikanischen Streitkräfte trugen wohl auch die polnischen Offiziere zu einer weiteren Dezimierung der Bestände bei. Bald waren Bäche und Seen ausgefischt, die Krebse völlig verschwunden.[430]

Ebenso schwierig wie die Versorgung der Bevölkerung mit Lebensmitteln war in den ersten Nachkriegsjahren die Versorgung mit Heizmaterial. Schon 1946 schloss der von der Militärregierung eingesetzte kommissarische Bürgermeister Ludwig Ernst einen Vertrag mit der Gemeinde Murnau zur Erschließung des mächtigen Torflagers „Langer Filz" durch eine von ihm zu gründende Firma. Den Torfabbau plante Ludwig Ernst mithilfe zweier Maschinen, am westlichen und östlichen Rand des Abbaugebiets sollten zwei Abzugsgräben Richtung Hochboigenmoos gezogen und die bereits bestehenden Quergräben erneuert werden. Die 30 dort zu beschäftigenden Menschen würden in einer Baracke am Filz leben. Der gewonnene Torf war nicht nur als Brennstoff gedacht, sondern auch für die Erzeugung von Torfmull für Gärtner und Landwirte sowie von Bauplatten aus Presstorf.[431]

Das zum Abbau freigegebene Gebiet lag in der nördlichen Hälfte des Langen Filzes. Hier war seit dem 19. Jahrhundert Torf abgebaut worden und der Filz durch menschliche Eingriffe verändert. Dr. Ingeborg Haeckel, die im Juli 1946 als fachliche Beraterin der Naturschutzstelle im Landratsamt Weilheim zuständig für die regionale Überwachung in Hechendorf, Huglfing, Murnau, Oberhausen, Seehausen und Uffing war, sprach sich daher nicht gegen das „Torfwerk" im Langen Köchel aus. Sie bedauerte allerdings, dass ein bereits wieder zugewachsenes Landschaftsbild, das sich harmonisch in die Umgebung eingliederte, nun erneutem Zugriff ausgesetzt sein würde und betonte außerdem die strikte Einhaltung der Grenzen zum angrenzenden „Naturschutzgebiet", das auf keinen Fall geschädigt werden dürfe.[432] Die Beeinträchtigung des Langen Filzes mit Maschinen und Arbeiterkolonnen nahm schließlich nicht den geplanten Umfang an und endete schon 1947, als die neugegründete Firma in Konkurs ging.[433]

Im Jahr 1949 verpachtete dann aber die Gemeinde Murnau wie früher Parzellen von fünf auf zehn Meter im Langen Filz an private Nutzer. Die Pächter stachen dort ihren Torf selbst und stellten auch kleine Hütten auf – im Langen Filz standen rund 50 dieser Hütten.[434] Die Gemeinde Kohlgrub folgte diesem Beispiel und gab dort ebenfalls Parzellen aus. Bis in die 1960er Jahre holten sich die Pächter ihr Heizmaterial aus dem „Moor", denn niemand wollte oder konnte sich die teure Kohle aus Penzberg leisten. Torfstechen

Bilder oben
Torfabbau im Langen Filz in den 1950er und 70er Jahren

war eine harte Arbeit, vor dem Stechen mussten Entwässerungsgräben gezogen, anschließend die Quader gestochen und schließlich lange in der Sonne getrocknet und dabei immer wieder gewendet werden. Mit dem Schubkarren fuhr man die Quader zur Sammelstelle, von dort ging es weiter mit dem Ochsenkarren. In den 1950er Jahren nahm die Zahl derjeniger, die sich ihr Heizmaterial selbst holten bereits deutlich ab, die Männer arbeiteten häufig auswärts und keiner hatte mehr Zeit zum Torfstechen. Ende der 1960er Jahre fand der private Torfabbau sein Ende, man heizte nun mit Öl.[435]

1951 eröffnete die Firma „Torfa" in der Kohlgruber Gemeindeflur eine Fabrikation von Torfplatten.
Die Gemeinde Murnau erhob dagegen Bedenken, denn man sah auch für diese Firma wenig Aussicht auf Erfolg. Zudem lag das Abbaugebiet am Rand des Naturschutzgebiets und man fürchtete eine Beeinträchtigung dieses Gebiets. Trotz des Murnauer Einspruchs erteilte das Landratsamt Garmisch-Partenkirchen eine Baugenehmigung, wenn auch unter entsprechenden Auflagen.[436] Schon 1959 änderte die Gemeinde Murnau ihre ablehnende Haltung, denn das Brennmaterial Torf war zum Heilmittel geworden. Als ein „Moor- und torftechnisches Gutachten" über die Möglichkeit der Gewinnung von Badetorf aus den Mooren im Gebiet der Marktgemeinde Murnau den Gemeindebesitz im Langen Filz mit seiner durchschnittlichen Mächtigkeit zwischen sechs und acht Meter und mit einer maximalen Mächtigkeit von bis zu 9,20 Meter als bevorzugtes Abbaugebiet ausmachte, stimmte die Gemeinde zu und überließ dem neu errichteten Kurbad „Ludwigsbad" das Gelände zur kostenlosen Ausbeute. Erneut konnte man auf bereits bestehende Vorarbeiten durch den Privatabbau aufbauen: Durch die voran gegangene Abbaumaßnahmen war das Moor „gut vorentwässert", ein Abfuhrweg zum Bahnhof Grafenaschau bestand ebenfalls. Als auch die balneologischen Untersuchungen am gleichnamigen Institut der Universität München positiv ausfielen, begann der Abbau von Badetorf, der bis zum Ende der 1980er Jahre fortgesetzt werden sollte.[437] Ein Großteil der Hochmoore im Zentrum des Murnauer Mooses blieb glücklicherweise vom Torfabbau unangetastet, da sie wesentlich schwieriger zu erreichen waren.[438]

Naturschutz oder Landschaftsschutz

Die deutliche Abgrenzung der Torfabbaugebiete im Nordwesten des Moores zum Naturschutzgebiet setzte die Existenz eines unter Schutz gestellten Gebietes voraus, gerade dies aber war noch keinesfalls geklärt. Oder wie Dr. Ingrid Haeckel, eine der eifrigsten Kämpferinnen für das Naturschutzgebiet Murnauer Moos in einer ihrer letzten Reden formulierte: Nach 1945 konnte die 1940 erlassene Verordnung „nicht vollzogen werden", weil sich „die Gesetzeslage vollständig geändert hatte".[439] Dies entsprach allerdings nicht ganz den Tatsachen, denn das Reichsnaturschutzgesetz blieb auch nach 1945 gesetzliche Grundlage des Naturschutzes, allerdings nicht auf Ebene des 1949 gegründeten Bundes, sondern vorerst allein auf Länderebene. Hoffnungen der Naturschützer, eine Ausdehnung des Gesetzes auf Bundesebene zu erreichen, wurden nicht erfüllt. Vorschläge zu einem Bundesrahmengesetz gab es dann wieder seit den 1960er Jahren, eine Realisierung war aber erst 1976 vor dem Hintergrund eines wachsenden Umweltbewusstseins in der Bundesrepublik möglich und nachdem bereits fast alle Bundesländer Novellen ihres Naturschutzgesetzes herausgebracht hatten.[440] Bis zu diesem Zeitpunkt blieb also das Reichsnaturschutzgesetz von 1935 zusammen mit den nachträglich erlassenen Verordnungen weiter in Kraft. Dies war nach herrschender Meinung umso eher zu akzeptieren, als nach Ansicht der Naturschützer die Inhalte des Gesetzes kein nationalsozialistisches Gedankengut enthielten und diese Ansicht von den Gerichten auch geteilt wurde, wie sich übrigens auch die meisten Naturschützer an der „Erfolgsgeschichte" des Reichsnaturschutzgesetzes orientierten.[441] „Probleme" bereitete allein der Paragraph 24 des Gesetzes, der die Möglichkeit der Enteignungen von Privateigentümern vorsah und damit eindeutig dem Grundgesetz widersprach.

Nach 1945 war also ein Gebiet nicht mehr ohne Rücksicht auf jeweilige Grundbesitzer als unantastbares Naturschutzgebiet auszuweisen – und hier lag nach Meinung vieler, an autoritären Strukturen festhaltender Naturschützer das wahre „Problem".[442]

Das Reichsnaturschutzgesetz bildete daher auch die Grundlage für die 1946 im Landratsamt Weilheim eingerichtete Naturschutzstelle, die mit mehreren fachlichen Beratern arbeitete. Unter den dort beschäftigten freiwilligen Fachberatern waren zu finden, wie schon erwähnt Dr. Ingeborg Haeckel, zuständig für das Fachgebiet „Moore" und Dr. Edith Ebers als Fachberaterin des Arbeitsgebietes „Gesteine".[443] Die Fachberater oder auch Ortsbeauftragte hatten für verschiedenste Anträge wie z.B. die beabsichtigte Torfgewinnung Gutachten zu verfassen sowie Listen von Naturschutzvergehen zu erstellen. Ingeborg Haeckel erfüllte diese Aufgabe mit besonderer Sorgfalt und schickte dem Landrat lange Listen unter Naturschutz stehender Pflanzen, die gepflückt und alter Bäume, die gefällt worden waren. Nicht selten endete diese Liste mit der Bemerkung, diese Vergehen seien geringfügig im Vergleich mit den Auswirkungen, die auch weiterhin die Zerstörung des Langen Köchels mit sich bringen.[444] In Zusammenarbeit mit dem inzwischen dauerhaft in Murnau wohnenden Max Dingler erstellte Ingeborg Haeckel im Januar 1948 auch eine Liste von Naturschutzvergehen in der Umgebung des Murnauer Mooses, darunter neben den bereits bekannten Entwicklungen wie die „Entartung" des Ramsachlaufes oder das Verschwinden der Krebse aus dem Krebssee auch die Sprengungen der amerikanischen Pionierschule Murnau am Köchel von Achrain, die Zerstörung „bester Wiesen" durch Lkws und des westlichen Flachmoores sowie der Bäume am Kögel durch Sprengungen.[445]

Sowohl für Ingeborg Haeckel und Max Dingler, als auch für den Weilheimer Landrat war das Naturschutzgebiet Murnauer Moos zu dieser Zeit allerdings eine Selbstverständlichkeit. Schon 1947 hatte der Landrat deshalb aus „gegebener Veranlassung" auf die Verordnung von 1940 verwiesen und darauf, „dass alle Änderungen, die über die bisher normale land- und forstwirtschaftliche Nutzung hinausgehen, das Verstümmeln der Bäume und Sträucher durch Ausasten, Roden von Gebüschen, das Ziehen neuer

Der Moosbergköchel 1972

Entwässerungsgräben und das Anlegen neuer Torfstiche ohne vorherige Genehmigung sowie das Abbrennen der Bodendecke unzulässig sind. Das Fällen von Spirken (hochstämmige Moorlatschen) wird vorsorglich gemäß § 17 Naturschutzgesetz bis auf weiteres unter allen Umständen ausdrücklich untersagt" und diese Mitteilung ab 8. Juli 1947 öffentlich ausgehängt.[446] Dass aber bezüglich eines Naturschutzgebietes Murnauer Moos tatsächlich große Unsicherheit herrschte, zeigt ein Schreiben Ingeborg Haeckels an die Regierungsstelle für Naturschutz in Oberbayern. Die Kreisstelle für Naturschutz beim Landratsamt Weilheim beschäftige sich derzeit mit der endgültigen Eintragung des Murnauer Mooses –„das seit 1927 unter Naturschutz steht und 1940 noch einmal sichergestellt wurde". Aufgrund des § 6 Absatz 3 der Durchführungsverordnung zum RNG werden derartige Gebiete ohne weiteres in das Reichsnaturschutzbuch bzw. Landesnaturschutzbuch übernommen. Die Frage sei nun, ob das Verfahren erneut aufgerollt werden sollte oder aber ein Antrag gemäß § 6, also auf einen Eintrag im „Reichsnaturschutzbuch" zu stellen sei.[447]
Zur Erinnerung sei hier noch einmal angefügt, dass 1927 das Murnauer Moos zum „Schutzbereich" erklärt worden war, bei dessen Veränderungen die staatliche Stelle für Naturdenkmalpflege zu hören sei. Vor Ort hatte also eine gewisse Verklärung bzw. Vereinfachung dieser „Unterschutzstellung" stattgefunden, die der Realität nicht ganz entsprach.

Das besondere Anliegen der Naturschützer war immer noch der Schutz des Langen Köchels bzw. seiner Westseite vor weiterem Abbau und der Bund Naturschutz hatte im August 1947 einen Antrag diesen Inhalts an das Bayerische Staatsministerium formuliert. Wie Haeckel in einem Aufsatz dazu ausführte, sei durch den weiteren Abbau das Charakterbild einer einzigartigen Landschaft zerstört und die Hartsteinwerke wollten nun wie das Hartsteinwerk Moosberg anstelle der Seilbahn eine Bahnlinie durch das Moos einrichten. Die Öffentlichkeit, so Haeckel, sollte auf die gefährlichen Folgen dieses „kapitalistischen" Raubbaus aufmerksam gemacht werden.

Und da das Hartsteinwerk bereits in wenigen Jahren dazu gezwungen sein würde nach Alternativen zu suchen, sei es doch besser, gleich die großen Vorkommen im Allgäu zu nutzen.[448]

In der schon erwähnten Liste der Zerstörungen im Murnauer Moos nahmen die Auswirkungen des Gesteinsabbaus am Langen Köchel den größten Teil ein: Eine mehrere Meter hohe Schlemmsandhalde hatte sich auf dem angrenzenden Flachmoosgebiet ausgebreitet, der dortige Erlenbestand war vernichtet. Die herrlichen Laubwaldbestände im mittleren Teil des Köchels, bestehend aus Buchen, Eschen, Ulmen, Ahorn und Linden, dazu Farne und Moose waren ebenso in Gefahr. Der Waldbestand am Ostteil aber, dessen Erhaltung die Hartsteinwerke ausdrücklich zugesagt hatten, war bereits von einem früheren Inhaber ausgeholzt, sei jetzt sowohl „naturschützerisch als auch forstwirtschaftlich stark entwertet". Schutthalten vom Abraumgestein reichten nun auch den Nordhang hinab, der doch eigentlich in seiner Ganzheit samt Kammlinie hätte erhalten bleiben sollen.

Wie Max Dingler dann 1960 feststellte, fanden am Köchel in den Jahren 1957 und 1958 drei große Kammersprengungen statt, die zehntausende Tonnen an Gestein aus dem Köchel lösten und das Moor in eine Staubwolke hüllten, die sich nur langsam legte und die Landschaft mit einer Staubschicht zudeckte. Neben einer „Verunstaltung der Naturlandschaft" hatten die Sprengungen einen „verheerendem Einfluss auf die Vogelwelt". Die Ausholzungen vor allem am südwestlich gelegenen Steinköchel für die Stützpfeiler der Seilbahn wurden ebenfalls erwähnt. Aber auch südlich des Moosbergs, bei dem inzwischen ebenfalls große Sprengungen stattfanden, war das Abfallgestein zu einer hässlichen Halde aufgeschüttet, die Gesteinsmassen bedeuteten nicht nur eine optische Verunstaltung der Landschaft, sondern übten zudem einen hohen Druck aus auf das benachbarte Hochmoor, den Ohlstädter Filz mit seinen herrlichen Spirkenbeständen.[449]

Schon 1949 unternahm der Weilheimer Landrat einen Rettungsversuch, stellte den „Landschaftsteil Langer Köchel einschließlich der Moore an seiner Nordseite" einstweilen sicher und erklärte die Unantastbarkeit des Köchel-Westteils.[450]

Das Hartsteinwerk am Mossbergköchel, undatiertes Luftbild

Der Lange Köchel 1955

Eine „literarische" Auseinandersetzung fand zu dieser Zeit im Schongauer Anzeiger statt, denn Max Dingler plädierte dort für den Erhalt eines „landschaftlich entzückenden, biologisch bedeutenden" Moores als Wasserspeicher und Klimaregler, das unverzichtbar sei gegenüber hässlichen, lebendvernichtenden Schutthalden.[451] Ein Vertreter des Werks stellte sich gegen den hasserfüllten „Fanatiker" Dingler, der einseitige „naturschützlerische Wahrheiten" verbreite und dabei eine Firma schädige, die anerkanntermaßen das beste Schottermaterial liefere, Straßen- und Eisenbahnbau sichere sowie den umliegenden Gemeinden bedeutende Steuerbeiträge garantiere. Dingler stelle sich also gegen ein „sozial hoch stehendes Werk, das sich dauernd einer gerechten Behandlung der Belegschaft bemüht … um ihre Entlohnung, um ihre Gesundheit … Der Apell endete mit den Worten: „Vergesst nicht den Schutz der berechtigten Lebensinteressen der Arbeitswilligen im Dienste der Gemeinschaft."[452]

Der Betriebsrat schließlich wetterte in der gleichen Ausgabe des Schongauer Anzeigers gegen Dinglers „hetzerische und wahrheitswidrige Ausführungen", der aus Gründen des Naturschutzes ein „blühendes Industrieunternehmen verschwinden" lassen möchte und dabei nicht an die Menschen denke, während er von Steuern der Unternehmer und Arbeiter lebe. Nach weiteren Beleidigungen schließt die Stellungnahme mit den Worten: „Natur ist für den Menschen da… Seinem wirtschaftlichen Fortkommen muss die Natur dienen, auch wenn es Eingriffe kostet. Das ist Schöpferwille …"[453]

Ungewöhnlich sind in diesem Zusammenhang nicht die Argumente – Naturschutz wurde in diesen Jahren des beginnenden Wiederaufbaus nicht als überlebenswichtig angesehen – ungewöhnlich ist dagegen die Tatsache, dass die Auseinandersetzung Naturschutz gegen Arbeitsplätze in dieser Zeit der hohen Arbeitslosigkeit in ländlichen Gegenden überhaupt geführt wurde.[454] Und sie zeigt, welchen für die Nachkriegsjahre ungewöhnlichen Rückhalt die Unterstützer des Naturschutzprojektes „Murnauer Moos" von Seiten des Landrats genossen. 1951 erhielten die Hartsteinwerke Werdenfels die Erlaubnis für den Abbau eines weiteren Flurstücks am Langen Köchel, 1952 zum Erstaunen Vieler die Genehmigung für den Bau einer neuen massiven Werkskantine aus Stein, die das Landratsamt zuerst noch hatte verhindern wollen, dann aber unter der Bedingung eines späteren Abrisses nach Beendigung des Abbaus gestattete.[455]

Das in der Öffentlichkeit weniger beachtete Hartsteinwerk Moosberg jedoch scheiterte 1959 mit seinem Versuch, doch noch den Weghausköchel zu erwerben und die bestehende Bahnlinie zum Schotterwerk Hechendorf durch den Ohlstädter Filz zu verlängern.[456] Zum Scheitern verurteilt war übrigens auch der Wunsch eines Teichwirts, der das „seit Jahrhunderten brach liegende Murnauer Moos einer teichwirtschaftlichen Nutzung zuführen wollte und der für eine Karpfenzucht größeren Ausmaßes Dämme und Teiche im Moor anzulegen dachte. Die Teiche, so der offensichtlich mit den örtlichen Voraussetzungen wenig vertraute Antragsteller, zögen zahlreiche Vögel wie Reiher, Kraniche, Fischadler und Möwen an, die hier brüten und damit zur weiteren Belebung des Moores beitragen könnten. „Natürlich" fiel die Stellungnahme Dinglers, der in diesem Fall gebeten worden war, negativ aus.[457]

Die Werkskantine am Langen Köchel 1952

Der aus ökologischer Sicht höchst strittige Bau der Kantine wurde erst nicht genehmigt und konnte schließlich nur verbunden mit der Auflage errichtet werden, dass er nach Beendigung des Abbaus am Langen Köchel abgerissen werden würde.

Die Kontroverse Naturschutz einerseits und berechtigter Anspruch auf Arbeit und Ernährung andererseits hatten inzwischen auch die Landwirte übernommen. Unter der Überschrift „Die Natur schlägt zurück" machte am 1. Dezember 1951 ein Artikel in der Bayerischen Staatszeitung auf die zunehmende Wasserknappheit einiger Gemeinden aufmerksam und prophezeite nach einem Rückblick über die Ausbeutung des Bodens im Lauf der Geschichte eine „Versteppung" Bayerns, sollten nicht endlich Flussbegradigungen, das Anzapfen von Grundwasser oder das Austrocknen von Mooren durch Kultivierungsmaßnahmen ein Ende haben.[458] Bayerische Bauern wehrten sich mittlerweile gegen diese „Diktatur" des Naturschutzes, verweigerten den von „Hitler und Göring" erlassenen Gesetzen die Gefolgschaft und forderten nicht zu Unrecht eine neue gesetzliche Grundlage, die entschädigungslosen Eingriffen in Privateigentum sowie der Anwendung nationalsozialistischer Gesetze ohne Rechtsmittelbelehrung endlich ein Ende bereite. Im Rest der Welt werde geprüft, wie man die gestiegene Weltbevölkerung ernähren könne, während in Oberbayern große Teile zum „Naturschutz" erklärt werden, so die kämpferische Aussage. Der Präsident des Deutschen Naturschutzringes antwortete auf diese Angriffe relativ schlicht, wenn auch deutlich: „Wir sind nicht solche Esel … und nicht gegen die Landwirtschaft". Man sollte aber nicht mit Gesetzen und Vorschriften agieren, sondern mit Rat und Belehrung und für beide Seiten mehr Verständnis aufbringen. Trotzdem sei es „verdammt nötig, verschiedene Gesichtspunkte gegeneinander abzuwägen".[459]

Zeichen des wachsenden Tourismus am Staffelsee: der Wohnanhänger

Für das Murnauer Moos selbst legten 1955 die staatlichen Stellen für Naturschutz den Entwurf einer „Anordnung zum Schutze des Murnauer Mooses" vor, die nicht nur den Erhalt des Landschaftsbildes zum Ziel hatte, sondern auch den Schutz der „biologischen Gesundheit" dieser Landschaft „aus Gründen des Wasserhaushalts, des Klimas, des Vogelschutzes usw.",[461] Zusammenhänge, die man heute als „ökologisch" bezeichnen würde. Bei einer Besprechung in Murnau legten sich die Vertreter des Naturschutzes starke Beschränkungen auf mit ihren Forderungen nach einem einfachen Landschaftsschutz für das gesamte Moos und einem Landschaftsschutz mit verschärften Bedingungen für ein relativ kleines Kerngebiet, denn Ziel war ja die Ausweisung eines Naturschutzgebietes. Auch bei diesen stark eingeschränkten Forderungen blieb es vorerst.[462]

Es war jedoch nicht nur die drohende Ausweisung des Murnauer Mooses als Naturschutzgebiet, die die Gemüter erhitzte, sondern eine Anordnung der Regierung von Oberbayern vom 11. Januar 1951 zur „einstweiligen Sicherstellung des Landschaftsteils Hanggebiet nördlich des Murnauer Mooses zwischen Lindenbach und Hechendorf". Die Grenzen des Gebiets bildeten im Westen die Straße nach Aschau ab dem Lindenbach bis zum Bahnhof Grafenaschau, im Norden die Kohlgruber Straße Richtung Murnau bis zur Zufahrt zum „Loebschen Besitz, fortführend in gerader Linie bis zur Olympiastraße und zur Einmündung der Hechendorfer Straße, dieser folgend bis zum Ortsrand von Hechendorf, im Osten der westliche Ortsrand Hechendorf bis zur Ramsachbrücke und im Süden vom Lindenbach am Nordrand des Murnauer Mooses entlang des Fußwegs zur Ramsach-Kapelle, folgend der Ramsach bis Mühlhabing, dem Fußweg zur Olympiastraße und dieser in südlicher Richtung bis zur Ramsachbrücke. Ausgenommen waren die geschlossenen Ortsteile und Siedlungen: Bahnhof Grafenaschau, Hermannswiese, Berggeist, Ramsachleite, Stocket West und Ost, Wasenmeister, Kapferberg. 40 Landwirte und Beteiligte erhoben dagegen Einspruch; der Protest ließ erst nach, als ihre Belange berücksichtig waren und sowohl die landwirtschaftliche und forstwirtschaftliche Nutzung sichergestellt waren sowie Besitzer von Grubenfeldern und Konzessionen nicht davon betroffen sein sollten. Am 14. September 1955 war diese Anordnung wieder zurückgenommen.[460]

Erfolgreicher war die Ausweisung des Staffelsees samt Inseln und Umgebung als Landschaftsschutzgebiet mit der Bekanntmachung des Landratsamts Weilheim als Untere Naturschutzbehörde vom 26. September 1955 auf der Basis des Naturschutzgesetzes von 1935 sowie verschiedenen Durchführungsverordnungen. Auch hier hatten sich die Landwirte beschwert, als ihnen aber die weitere wirtschaftliche Nutzung in bisherigem Umfang zugesichert worden war, zogen sie ihre Beschwerden zurück.[463]

Die Durchsetzung der in einem Landschaftsschutzgebiet geltenden Regeln war in den 1950er Jahren nicht unbedingt einfach, da eine grundsätzliche Zustimmung der Öffentlichkeit noch nicht gegeben war. Schon an den ersten „Ausflugssonntagen" rissen einige der Ausflügler Hinweise und Verbotstafeln ab und zerstörten sie, störten brütende Vögel und bewarfen Vögel vom Ufer aus mit Steinen. Grundstückseigentümer beklagten, dass Fischwirtschaft kaum mehr möglich sei, die Forstwirtschaft rügte neue Trampelpfade zu den Seen.

Verbote wollte man so weit als möglich vermeiden, einerseits aus wirtschaftlichen Gründen – der Fremdenverkehr war inzwischen ein wichtiger Wirtschaftsfaktor für die Seengemeinden. Andererseits machte sich an den Seen aber inzwischen auch der Druck einer stark wachsenden Anzahl von Ausflugsgästen bemerkbar oder wie man sich im Landratsamt Weilheim ausdrückte: „Auch aus Gründen der sozialen Betreuung der Mitbürger benachbarter Orte und der Großstadt München" sollten Verbote tunlichst gemieden werden und die Landschaftsschutzgebiete Staffelsee und Osterseen für öffentliche Erholung wenigstens teilweise freigehalten werden. Andererseits aber musste man „Übergriffe durch Jugendliche und Rowdys" abwehren. Deshalb sollten Baden und Zelten „unauffällig aber scharf überwacht" und nur bei einer Wiederholung bzw. Ausweitung der Missstände der vergangenen Jahre Sperrungen größeren Ausmaßes durchgesetzt werden.[464]

Das Merkblatt „Schützt unsere Landschaft" oder auch Flugblätter mit dem Aufruf „Erhaltet und schont die Weidenkätzchen – Weidenkätzchen liefern Futter für die Bienen" „Sorgt für den Fortbestand der Hecken – Hecken erhalten und schonen" waren gedacht als Aufklärungsmaterial für Unwissende.[465] Zu den Unwissenden zählten nun auch, zumindest offiziell, Landwirte. Ein Bauer, der im Murnauer Moos beim Fällen von Holz ertappt worden war, musste zwar nach geltendem Recht mit Strafe rechnen. Doch, so Max Dingler, erfolgte ein berechtigter und vertretbarer Freispruch „aus subjektiven Gründen trotz objektiven Vorliegens einer strafbaren Handlung". Diese Haltung führe zur „Entspannung zwischen Naturschutz und Bauernschaft". Die Vorschriften seien den Menschen einfach nicht bekannt oder wie der Murnauer Gemeinderat meinte : „Landwirte und Forstwirtschaft glauben, es geht ohne Beschränkungen. Es geht aber um eine ordnungsgemäße Nutzung. Dann müssen aber auch die Bäume „hiebreif" sein, und zum Begriff „hiebreif" gibt es Meinungsverschiedenheiten."[466] Die Haltung der Naturschützer gegenüber den Landwirten war also von einem gewissen Verständnis geprägt und auf ein gutes Verhältnis zueinander ausgerichtet. Dabei versuchten die zuständigen Behörden durchaus gewisse Regeln der landwirtschaftlichen Nutzung des Schutzgebiets durchzusetzen.

Die üppigen Blumenwiesen am neuen Landschaftsschutzgebiet Staffelsee samt Inseln wurden häufig von unwissenden Städtern „geplündert".

Ein häufig verwendetes Foto: Die traditionelle Moosverlosung am „Ähndl", der alten Kirche St. Georg

Der Rückzug der Landwirtschaft
Auch noch nach dem Krieg war die Landwirtschaft eine wichtige Einkommensquelle, das Moos damit Lieferant von Stallstreu und von den inzwischen kultivierten Wiesen auch Gras und Heu. In Murnau existierten 1949 immerhin noch 110 Landwirte, die meisten Familien waren allerdings schon seit dem 19. Jahrhundert Nebenerwerbslandwirte und verdienten ihren Lebensunterhalt in den Bereichen Handwerk und Gewerbe bzw. Fremdenverkehr.[467] Nach dem Ende des 2. Weltkriegs bewirkte die wirtschaftliche Lage im Murnauer Moos allerdings eine Ausdehnung der Nutzung auf bereits aufgegebene Flächen.[468]

Das Anrecht auf eine bestimmte Anzahl von Anteilen im Moos war auch noch zu dieser Zeit untrennbar mit dem Besitz eines Hauses in Murnau verbunden. Und trotz der grundsätzlichen beruflichen Umorientierung und den Versuchen einiger Bürger, nach Aufgabe ihres landwirtschaftlichen Betriebes ihre Moosanteile zu verkaufen, gab es noch immer ausreichend Interessenten an der Moosstreu und damit an der Verlosung der Moosanteile. Die Streu war durch die fortschreitende Kultivierung der Moore in der Umgebung inzwischen so beliebt, dass zur Verlosung der gemeindlichen Moosanteile im Herbst auch Interessenten von weiter her kamen, bis aus Unterammergau und Altenau.[469]

Die Moosverlosung von 1951 feierte man in Murnau als Jubiläumsveranstaltung. Nach den Aussagen des Murnauer Bürgermeisters hatte 1851 die erste Moosverlosung nach dem Beschluss von 1846 stattgefunden, der Moosteile nicht den einzelnen Bürgern zuteilte, sondern sie in ihrer Gesamtheit von 218 Anteilsberechtigten als Eigentum der Bürgerschaft und als unveräußerbare Bestandteile des Hauses definierte.[470] Die Moosverlosung unterlag seit ihrer Einführung immer noch bestimmten Ritualen, die im 20. Jahrhundert zwar modernen Bedingungen angepasst waren, im Kern aber noch ein wesentlich älteres Vorgehen beinhalteten:

Vorschriften für die große Moosverlosung 1961:

1. Februar: Versammlung der Moosgrundbesitzer, hier Abstimmung darüber, ob die periodische Wiederverlosung auf 10 Jahre erfolgen soll. Sodann wird ein Moosberechtigten-Ausschuss gewählt und ein erweiterter Ausschuss. Beiden obliegt die Vorbereitung zur Verlosung sowie das Abmarken der einzelnen Moosanteile.
2. Das Abmarken der Loose hat mindestens 14 Tage vor der Ziehung zu beginnen.
3. Die Moosberechtigten-Liste ist ab Februar 1961 im Grundbuchamt zu überprüfen, ob es Eigentümerwechsel beim Moosrecht gab.

Ramsachkirche
auf einer Postkarte

4. Vier Wochen vor der Ziehung ist mit dem Leiter der Volksschule Verbindung aufzunehmen. Dieser hat eine Kinderziehliste vorzubereiten. Die Losziehung der Kinder hat am Pfingstmontag zu geschehen.
5. Dazu ist eine Liste der Moosgrundbesitzer aufzustellen mit sämtlichen Moosgrundbesitzern von 1951, die inzwischen verstorben sind. Der Verstorbenen ist mit einem Vaterunser und einem Avemaria zu gedenken.
6. Der Verleihung ist eine feierliche Prägung zu geben. Im Übrigen wird auf die Niederschrift der Verlosung von 1951 verwiesen.[471]

Diese Art des gemeinsamen Besitzes war nicht ohne Probleme, denn sie zwang die Anteilseigner zu einem gemeinsamen Vorgehen, auch wenn sie unterschiedliche Anschauungen bezüglich landwirtschaftlicher Methoden oder Nutzungsarten hatten. Oder wie es der Murnauer Bürgermeister 1951 formulierte: „Ein Weiderecht des Einzelnen besteht nicht und Einzelhut ist verboten. Genauso verboten ist das Abholzen wegen der bestehenden Naturschutzbestimmungen". Die Gemeinde konnte für eine verbesserte Nutzung des Mooses eine Verlängerung des Moosstrassl' oder der Gräben und Kanäle ohne die Zustimmung der Eigentümer und Pächter anordnen.[472]

Mit der letzten Moosverlosung 1971 neigte sich auch die intensive landwirtschaftliche Nutzung des Murnauer Mooses dem Ende zu. Die bekannten „Strahdrischn" wurden ein seltener Anblick.

Alle Moosberechtigten waren dazu verpflichtet, den wohl schon seit langer Zeit geltenden Bestimmungen zur Nutzung des Landes zu folgen, Bestimmungen, die sich an der Beschaffenheit des Bodens orientierten. So mussten die Möser bis zu einem bestimmten Datum, spätestens an Georgii abgeerntet sein, das Einsetzen von einem Traktor zum Mähen war nicht gestattet, die Reifen hätten dem Boden eine zu große Zerstörung zugefügt. Bis 1959 durfte auch der Ramsachdamm nicht von einer motorisierten Maschine befahren werden, später war dies dann bei trockener Witterung oder bei gefrorenem Boden erlaubt.[473] Das bedeutete aber auch, dass nun wieder weiter entfernt liegende, und nicht mehr bewirtschaftete Flächen genutzt werden konnten. Mit dem Einsatz von Kunstdünger sowie einer Vertiefung der Gräben war darüber hinaus eine intensivere Nutzung möglich – im Ohlstädter Filz sowie im Eschenloher Filz fand auf diese Weise eine Umwandlung von 90 Hektar bzw. 30 Hektar Streuwiesen in Wiesen statt.[474]

Die in den Regeln zur Moosverlosung von 1961 aufgenommene Abstimmung darüber, ob nach dem üblichen Abstand von zehn Jahren im Jahr 1971 wieder eine Verlosung stattfinden sollte, entsprang dagegen nicht den traditionellen Bestimmungen, sondern war Ausdruck eines allmählichen Wandels – das Moor war auf dem Weg tatsächlich den offiziellen Status eines Landschaftsschutzgebietes zu erhalten. Bereits im November 1959 hatte die Bayerische Landesstelle für Naturschutz bzw. Prof. Otto Kraus bei der Gemeinde Murnau um die käufliche Überlassung von Grundstücksflächen im zentralen Teil des Murnauer Mooses angefragt, das als Kerngebiet ausgewiesen werden sollte. Dabei handelte es sich um zwei Flächen im Höllmoos, weiter um das Höllmoosrest, das Lochrest, die Schipplermahd sowie um acht Flächen im Wengwiesmahd. Die Landesstelle sei daran interessiert, das Murnauer Moos zu erhalten, ein Moor mit einer „derart interessanten Flora" sei fast nicht mehr zu finden „zwischen Südfrankreich und Wiener Wald". Für den Erhalt des Moores beabsichtigte die Bayerische Landesstelle für Naturschutz vorerst eine Fläche von etwa 150 bis 200 Tagwerk zu erwerben. Die landwirtschaftliche Nutzung würde im bisherigen Umfang erhalten bleiben, und hier wieder vor allem die Streugewinnung, ebenso die forstwirtschaftliche Nutzung im Einvernehmen mit dem Forstamt. Auch „Käferbäume", vom Borkenkäfer befallene Fichten und seltener Tannen, sollten ohne weiteres gefällt und abtransportiert werden können.[475] Die Landesstelle wollte auch deshalb Eigentümerin werden, weil zu befürchten war, dass die Hartsteinwerke gerade versuchten, den Wiesmahd- und den Schmatzerköchel für einen zukünftigen Abbau zu erwerben. Die Gemeinde war zu einem Verkauf von etwa 150 Tagwerk bereit, die „Rechtler", d.h. die Anteilseigner von Moosgründen, mussten sich erst dazu äußern, auf sie hatte die Gemeinde keinen Einfluss, aber der Großteil signalisierte Bereitschaft zum Verkauf. Die Verkäufer sollten sogar Pachtgeld erhalten, die Gemeinde wie bisher die Gräben mähen. Holz dürfte dann in diesem Gebiet allerdings nicht mehr geschlagen werden. Auf einen Kaufpreis konnte man sich an diesem Tag noch nicht einigen, die Gemeinde Murnau wurde aber dazu aufgefordert, möglichst viele Anteile der „Rechtler" zu erwerben.[476]

Mit der Bekanntmachung vom 29. Mai 1964 nach einem Beschluss der Regierung von Oberbayern vom 10. Dezember 1963 erfolgte schließlich die Ausweisung des Landschaftsschutzgebiets Murnauer Moos zur Erhaltung des „typischen Landschaftsbildes, als auch der Tier- und Pflanzenwelt" und um die „biologische Gesundheit auch des umliegenden Gebietes zu gewährleisten". Enthalten waren auch ein großer Teil des Langen Filzes sowie die Köchel ohne Ausnahme.[477]

Während Landwirtschaft und Viehzucht in den Orten um das Murnauer Moos auch in den 1960er und 70er Jahren eine wichtige Einkommensquelle blieben – auch wenn viele Landwirte nicht mehr von ihren Höfen allein leben konnten und deshalb ebenfalls Nebenerwerbslandwirtschaft betrieben, ging die Zahl der in Murnau gemeldeten landwirtschaftlichen Betriebe nun deutlich zurück. Im Gegensatz zu den erwähnten 110 Landwirten im Jahr 1949 waren es 1962 nur noch 36 und 1970 nur noch 18, die Ackerbau oder Viehwirtschaft betrieben.[478]

Wie anhand der tierärztlichen Impflisten ermittelt werden konnte, ist für diesen Zeitraum vor allem ein deutlicher Rückgang der Weidenutzung zu erkennen, womit natürlich auch die Gemeinschaftsweiden im Moos ihre ehemalige Bedeutung verloren.[479]

Auf der Gemeinschaftsweide im Moos weideten die Tiere ab dem 4. Mai, danach folgte der Auftrieb auf die Esterbergalm. 1952 ließen 19 Besitzer 50 Rinder impfen, 1956 waren es noch 14 Besitzer mit 42 Rindern, 1957 noch 12 Besitzer. 1967 gab es noch fünf Besitzer, die 18 Rinder impfen ließen, ein Landwirt trieb außerdem 37 Schafe auf die Eschenloher Alm. 1968 waren es dann noch vier Besitzer mit insgesamt 17 Rindern, drei davon trieb man ins Murnauer Moos, zwei Rinder weideten später auf der Esterbergalm. 1969 trieben zwei Besitzer ihre sieben Rinder in das Moos, 1970 wurde nur noch ein Tier geimpft.[480] Moosweide und Almweide waren unmodern geworden, vielleicht auch darum, weil nun schwere Rassen gezüchtet wurden, die sich auf dem moorigen Untergrund nicht mehr bewegen konnten, wozu inzwischen auch die im 18. Jahrhundert gezüchtete Murnau-Werdenfelser Rasse gehörte.[481]

Der Rückgang der landwirtschaftlichen Betriebe, die sinkende Attraktivität der Moosweiden und der offensichtlich auch sinkende Bedarf an Stallstreu führte zwangsläufig zu Überlegungen, das System der Moosverlosungen abzuschaffen: Die kleine Moosverlosung, die 1964 wieder hätte durchgeführt werden sollen, wurde auf 1971 verschoben und die Nutzer sollten vorerst die Teile weiter nutzen, die sie bisher bewirtschaftet hatten. Für die 1846 vom gemeinsamen Eigentum ausgenommenen 93 „Versteigerungsmöser" fanden sich inzwischen kaum noch Pächter und das ursprüngliche Ziel, mit den Erträgen die Gemeindekasse zu unterstützen, war damit hinfällig geworden. Einige Gemeinderäte schlugen daher 1967 statt der bisher üblichen Versteigerung eine längerfristige Verpachtung vor. Schließlich einigte man sich aber darauf, mit der Versteigerung auch dieser Möser bis zur großen Moosverlosung 1971 abzuwarten.[482]

In den folgenden Jahren bemühte sich dann die Marktgemeinde Murnau, Moosanteile von Anteilseignern zu erwerben und 1971 kam es schließlich zur Auflösung des Eigentums der „Gesamthandberechtigten".[483] Schon am 2. April 1970 behandelte der Murnauer Gemeinderat den Wunsch vieler Murnauerinnen und Murnauer, die Wiederverlosung der Moosanteile an den insgesamt 2.000 Tagwerk Gemeindemoos „für immer" aufzuheben und die Anteile als Eigentum im Grundbuch eintragen zu lassen.

Als Abstimmungstermin wurde der 24. April 1970 festgelegt. Nach § 9 der Satzung hatte darüber die Mehrheit der Eigentümer zu entscheiden, da der Markt mit 33 Anteilen ebenso viele Stimmrechte hatte und dieses Stimmenverhältnis bei der Abstimmung einen ungerechten Vorteil ergeben hätte, stimmte der Gemeinderat auch darüber ab, wie auf der Sitzung am 24. April entschieden werden sollte. Das Ergebnis war eine Zustimmung für die Aufhebung der periodischen Wiederverlosung; bei der endgültigen Abstimmung würde die Gemeinde nur eine Stimme haben. Der Beschluss des Gemeinderates war nicht einstimmig, ein Mitglied sprach sich gegen die Aufteilung aus. Ein anderes Gemeinderatsmitglied gab bei dieser Sitzung der Hoffnung Ausdruck, dass nach Auflösung der Moosverlosung eine Erholung der Flora im Moos zu erwarten sei. Durch den deutlichen Rückgang der landwirtschaftlichen Betriebe würden nur noch wenige Möser bearbeitet werden, nach Aufhebung der Moosverlosung und dem daraus folgenden Rückkauf oder Tausch einzelner Anteile könnten die guten Möser vielleicht wieder mehr bearbeitet werden. Bei einer Nichtbearbeitung aber wird sich, so die Befürchtung, das Murnauer Moos schließlich vom Niedermoor zum Hochmoor entwickeln.[484]

Am Weghaus
Foto Edgar Hohl

Hochwasser im Murnauer Moos, 1924

Die Versammlung aller 168 Eigentümer stimmte schließlich mit 92 für eine Aufhebung der regelmäßigen Moosverlosung, 76 dagegen, womit eine rechtsverbindliche Mehrheit erreicht war. Am 1. Juni 1971 fand die letzte Moosverlosung statt, wobei sowohl die kleine als auch die große Verlosung auf diesen Tag gelegt waren. Die hier ausgelosten Anteile wurden als Eigentum im Grundbuch eingetragen.[485]

Die Marktgemeinde Murnau übernahm allerdings auch weiterhin den Unterhalt an den Brücken im Moor, an der Ramsachbrücke beim Ähndl, der Schechenbrücke sowie an den zwei Lindachbrücken, während Durchlässe, Dämme, Gräben und Böschungen als Bestandteile der Straße zu gelten hatten und daher den „Beteiligten des Ramsachdammweges" obliegen. Gründe für die Übernahme der Unterhaltspflichten an den Brücken waren nicht nur die jährlichen Holzabfuhren aus dem Gemeindewald, die für die Brücken eine starke Belastung darstellten, sondern auch die Tatsache, dass das Murnauer Moos inzwischen für Touristen eine gewisse Attraktion darstellte und der Markt als Fremdenverkehrsort das Moos auch als Erholungs- und Spaziergebiet pflegte.[486]

Ramsach und Lindach

Die Instandhaltung der Ramsach gehörte zu den Aufgaben der Anlieger, da sie als „Privatgewässer eingestuft war.[487] Auch noch im 20. Jahrhundert waren deshalb die Moosberechtigten dazu verpflichtet, „eine erwachsene, voll arbeitsfähige Mannsperson für jedes Moosrecht auf einen Tag abzustellen" oder aber einen bestimmten Betrag in die Gemeindekasse zu zahlen. Trotz dieser eigentlich klaren Regelung gehörten unausgeführte Räumungsarbeiten und nicht durchgeführtes Ausmähen zu den häufigsten Klagen und entsprechend häufig waren die Beschwerden über „unhaltbare Zustände" im Moor.[488] Als die Marktgemeinde Murnau das mühevolle Ausschaufeln des Baches 1918 mit einem Bagger durchführen lassen wollte, scheiterte das ambitionierte Unternehmen, da der Bagger nicht funktionierte.[489]

Aufladen von Schilfstreu an der Ramsach, 1924

Das in den 1920er Jahren vom Kulturbauamt Weilheim geplante große Kultivierungsprojekt, das neben dem Ausbau des Wegesystems auch eine völlige Umgestaltung des Gewässersystems zum Inhalt hatte, kam auch aus diesem Grund nicht zur Ausführung.[490]

Das Straßen- und Flussbauamt Weilheim sah schon 1923 in den „misslichen Verhältnissen" oberhalb der Lindach-Einmündung einen wesentlichen Grund für die Aufstauungen in der Ramsach und ihr Ausweichen in die südwestlichen Möser. Aber auch der Versuch, den Verlauf der Lindach durch den sogenannten Abschneidergraben und den Lindachsee zu führen, damit der Bach dort Schlamm und Geröll ablagern konnte, brachten nur für einige Jahre eine Erleichterung. Schon 1939 war der Lindachsee beträchtlich verkleinert und die Ramsach staute sich erneut zurück, es blieb nur die Möglichkeit, weiter zu räumen.[491]

Wie bereits erwähnt, hatte die Lindach schon immer größere Mengen an Sand und Geröll aus dem flyschhaltigen Hörnlegebiet mit sich geführt, besonders die Lainen bei Grafenaschau trugen zu einer Vermehrung des Geschiebes bei. Vor der Regulierung des Baches hatte die mäandrierende Lindach das Geschiebe leichter abgelagert, vor allem natürlich bei Hochwasser, wenn sie über ihre Ufer trat und das Geröll auf den Streuwiesen verteilte. Mit zunehmender Regulierung und Begradigung beschleunigte sich der Lauf des Baches, Sand und Gestein wurden weiter transportiert, bis zur Einmündung in die Ramsach und dort als Hindernis aufgeschüttet. Die Lainen bei Grafenaschau stellten darüber hinaus für den Ort eine nicht zu unterschätzende Gefahr dar, sowohl die Glashütte als auch einige Höfe mussten ihre Standorte wechseln, da sie von Schuttlawinen verschüttet worden waren. Schon im 18. Jahrhundert versuchten daher die Einwohner diese Gefahr abzuschwächen und die „Lahne" durch Verbauungen vom Dorf und von den Wiesen wegzuführen sowie für die Holztrift zu begradigen.

Das mühsame Ausräumen und Ausmähen der Ramsach, 1924

Nach dem 1. Weltkrieg bauten russische Kriegsgefangene oberhalb des Ortes beim Fuchsloch die sogenannte Russenmauer, die allerdings 1940 eine Mure zerstörte.[492] Die langsam dahinfließende Ramsach konnte das Geschiebe der Lindach an ihrer Einmündung nicht bewältigen und es kam zu den beschriebenen Stauungen. Dadurch hatte sich jedoch auch das Bett der Ramsach erhöht und sie lag nun „hoch über dem anschließenden Moorgelände". Auch bei der Loisachmündung staute sich die Ramsach, da auch die Loisach Geschiebe dort ablagerte und diese Aufstauungen verlagerten sich natürlich wieder bachaufwärts.[493]

1939 verlangte daher der Murnauer Bürgermeister nun müsse endlich „was für die grundsätzliche Regelung der Verhältnisse im Murnau-Werdenfels Moos getan werden". Bisher sei hier nur Stückwerk zu sehen, jetzt aber könnte der Bau eines Lindachwehrs eine Ableitung der Ramsach ins Moos bzw. den stark abfließenden Schlechtergraben ermöglichen oder alternativ in einem tiefen Graben durch die Murnauer Moostümpel in die Rechtach; außerdem müsste der 1934 gebaute Abschneidergraben wieder hergestellt und anschließend auch dieses Wasser in den Schlechtergraben abgeleitet werden. Die Ramsach, tiefer gelegt und von Dämmen befreit, sei damit die „Saugader" für die Entwässerung der Streugründe. Nur die Mühle Mühlhabing, die ja immer schon unter der Unzuverlässigkeit der Wasserversorgung zu leiden hatte, wäre dann ohne Wasser, aber vielleicht sollte ja der Müller auf Strom umstellen. Um das Problem Mühlhabing aus der Welt zu schaffen, stellte Kürschner schließlich einen Antrag auf Enteignung der Mühle, damit man die störenden Triebwerke beseitigen könne.[494]

Zu einer Enteignung der Mühle kam es natürlich nicht, aber das Problem „Ramsach" musste gelöst werden. Das Ramsachwasser lief inzwischen wieder an mehreren Stellen im Ramsachmoos in den Schlechtengraben und Richtung Rechtach, dadurch war auf einer größeren Strecke die Moosdecke verschwunden und es hatten sich im Weidmoos sogar Seen von mehreren Metern Tiefe gebildet. Das Stauwehr der Mühle Mühlhabing lag nun aufgrund des erhöhten Ramsachbettes nahezu einen Meter über Normalhöhe und bei jedem kleinen Hochwasser entstand eine Wasserfläche, die von der Einmündung des Wiesmahdgrabens ausging, weit über das Kernmoos hinausreichte und die großen Flächen im Hohenboigenmoos wertlos werden ließ. Der Damm war inzwischen ebenfalls schadhaft, eine Wiederinstandsetzung aber zu teuer und zu aufwändig.[495] Während des Kriegs waren für Räumungsarbeiten keine Arbeitskräfte verfügbar, nach dem Ende des Krieges aber mussten die begehrten Moosflächen wieder für die Landwirtschaft zur Verfügung stehen.

Der Murnauer Gemeinderat beschloss daher nach dem Krieg die Ramsach nicht wie üblich auszuschaufeln, sondern das Ramsachbett mit einem Bagger vertiefen zu lassen; der Aushub sollte dazu benützt werden, die Sohle auszugleichen, die Böschungen wurden mit Profillatten und Fichtenlatten profiliert. Den für die Arbeiten benötigten Bagger stellte schließlich die amerikanische Militärregierung zur Verfügung bzw. der Standort Oberammergau. Die Arbeiten selbst übernahm eine Firma.[496]

Das Ausbaggern der Ramsach war also eine umfangreiche Arbeit und verursachte größere Änderungen am Flusslauf. Im Januar 1946 forderte deshalb der Weilheimer Landrat einen ausführlichen Bericht über die Maßnahmen in dem „unter Naturschutz stehenden" Murnauer Moos und ermahnte die Beteiligten, Eingriffe an unter Schutz stehenden Pflanzen wie Spirken, Latschen und dergleichen sowie gewisse Bodenveränderungen zu vermeiden". Das Wasserwirtschaftsamt Weilheim entgegnete daraufhin, dass „an der Landschaft nichts verändert werde und „wesentliche" Schädigungen geschützter Pflanzen ebenfalls nicht zu erwarten seien.[497]

Das Ausbaggern der Ramsach ab der Mühle Mühlhabing flussaufwärts begann im März 1946 und war im Februar 1947 größtenteils vollendet.[498] Im Juni 1948 meldete das Wasserwirtschaftsamt, der Zustand der Ramsach sei nach der Hochwasserkatastrophe so verschlechtert, dass schon bei den geringsten Niederschlägen das Wasser über die aufgeschlickten Ufer trat und wochenlang die anschließenden Grundstücke überflutete. Es sei nun also eine außerordentliche Instandsetzung der Ramsach zwischen Hechendorfer Straßenbrücke und dem Triebwerk Mühlhabing durchzuführen. Von der Einmündung der Rechtach bis zum Sägewerk Mühlbach wurde daher 1951 auch auf dieser Strecke das Flussbett bis zu seiner ursprünglichen Tiefe ausgebaggert und dabei auch zwei Flussschlingen begradigt, das alte Bett an diesen Stellen mit Aushub ausgeglichen. Nach Vorgaben der Regierungsstelle für Naturschutz durften die Uferstrecken nicht künstlich, sondern soweit nötig mit der Anpflanzung von Erlen und Weiden befestigt werden. Der Aushub war auf die Ramsach-Nordseite zu werfen und nicht weiter als fünf Meter vom Fluss entfernt abzulegen.[499]

Natürlich war damit nicht das Ende der Schwierigkeiten erreicht, denn inzwischen war das 1811 neu hergestellte, mittlerweile aber stark vernachlässigte Ramsachflussbett nördlich der Köchel völlig zugewachsen und hätte nur mit gewaltigen Anstrengungen wiederhergestellt werden können. Auf der Suche nach Auswegen plante man nun eine Rückführung der Ramsach in ihr altes Bett, das noch in einigen Flussschleifen erkennbar war. Diese Maßnahme lehnten die zuständigen Naturschutzstellen entschieden ab, denn schon durch das Ausbaggern der Ramsach war eine Senkung des Grundwasserspiegels im Moor eingetreten. Die neuen wasserbaulichen Arbeiten würden diesen Vorgang beschleunigen und auch Auswirkungen auf andere Teile des Moores haben. Wie die Regierungsstelle für Naturschutz in Oberbayern am 20. März 1954 dem Wasserwirtschaftsamt mitteilte, sei der sehr wilde und unzugängliche Schilfsumpf, den die Ramsach inzwischen gebildet hatte, das unwegsamste und interessanteste, wirtschaftlich aber völlig bedeutungslose Kernstück des Murnauer Mooses. Eine Ableitung zurück in die Ramsach würde das Gebiet trockenlegen, es würden weitere Senkungen des Grundwasserspiegels im Moor folgen und der ursprüngliche Charakter dadurch beeinträchtigt werden. Im Weidmoos seien durch das Ausbaggern der Ramsach bereits Riedwiesen und Schilfwälder trockengelegt, und dies führte von einem Jahr zum andern zu einer schlagartigen Umstellung in der Vogelwelt.

Bild oben
Die Ramsach südlich der Einmündung der Lindach 1924

Das Flussbett ist durch Geschiebematerial stark aufgeschüttet und das Flusswasser ergießt sich in die östlichen Moosgründe. Diesen Vorgang versuchte man immer wieder durch Arbeiten am Flussbett zu verhindern, mit kurzfristigem Erfolg. Heute fließt die Ramsach wieder nach Osten und in die Schilfseen aus.

Bild unten
Lindacheinmündung, 1924

Der Zusammenfluss von Lindach und Ramsach existiert heute nicht mehr (siehe oben). Im alten Bett der Ramsach fließt die Lindach.

Ausbaggern der Ramsach, 1946/47

Sumpf- und Wasservögel nehmen beängstigend ab, die Krähe aber zu. 1952 gab es noch ca. 30 Brutpaare von Kibitzen, 1953 nicht ein einziges! Ebenso rapide war die Abnahme der Rohrsänger, Wasserrallen und Bekassine, auch der Brachvogel, der sich doch sonst am längsten hält, sei fast verschwunden. Dafür hielten sich nun vermehrt Trockenvögel wie Nachtschwalben, Heidelerchen, ja sogar erstmals Wachteln hier auf. Die sonst unberührten Schilfwälder bei Hechendorf, bis 1951 fast unzugänglich, würden nun vom Weidevieh zerwühlt werden.
Ein Zulassen der Entwässerungsmaßnahmen würde die Preisgabe des in seiner Ursprünglichkeit immer noch einzigartig dastehenden Murnauer Mooses bedeuten, die vom Naturschutz nicht verantwortet werden könne. Im März 1959 verzichtete die Gemeinde Murnau auf eine Regulierung der Ramsach,[500] wohl auch mit Blick auf das nachlassende Interesse an einer landwirtschaftlichen Bewirtschaftung der Streuwiesen im Moos.

1960 übergab die Gemeinde Murnau die Instandhaltung der Ramsach dem Alpine Rod & Gun Club Murnau ECN-1496, der die Ramsach als Fischwasser pachtete. Fürs erste waren damit die Arbeiten – und Sorgen abgegeben.

Im Mai 1960 allerdings begann der Club mit dem Einsetzen der Fische – die Regenbogenforelle, gewünscht von amerikanischen Fischern, hielt Einzug im Murnauer Moos.[501] Im Oberlauf der Lindach standen die landwirtschaftlichen Interessen und der Schutz der Höfe vor weiteren Vermurungen auf dem Schwemmfächer von Grafenaschau im Vordergrund. Es entstanden neue Verbauungen, dazu eine lange Mauer am Lahnegraben zum Schutz der Wiesen und Höfe.[502]

1964 wurde das Murnauer Moos Landschaftsschutzgebiet, aber ab 1965 diskutierten Anrainer, Wasserwirtschaftsamt und Bund Naturschutz Maßnahmen zur Entwässerung landwirtschaftlich genutzter Flächen außerhalb des Schutzgebiets, da der Wasserrückstau in der Ramsach in den Gemarkungen Schwaigen und Eschenlohe die Existenz der dort angesiedelten Höfe bedrohte. Die dazu nötigen Entwässerungsmaßnahmen wollte man in Verbindung mit der Flurbereinigung in Schwaigen und Eschenlohe durchführen.[503] Das 1811 geschaffene Ramsachbett blieb im Kerngebiet jedoch erhalten, und die Ramsach verläuft im Norden der Köchel auch heute noch fast „unterirdisch", das Flusswasser verteilt sich Richtung Osten.

Bild oben
Planungen für das „Feierabenddorf" Moosrain umfassten ein Hochhaus mit Appartments, Restaurants und Läden.

Bild rechts
In der Siedlung entstand schließlich keine großzügige Hotelanlage, sondern nur ein Gästehaus.

Die neue Siedlung am Moos
Mit Beginn der 1960er Jahre fanden am Nordhang des Murnauer Mooses tiefgreifende Veränderungen statt. Der Molasserücken zwischen Murnau und Bad Kohlgrub war seit dem Mittelalter spärlich besiedelt,[504] erst die Ausbeutung der beiden Bergwerke brachte für einige Jahre eine größere Anzahl von Menschen in diese Gegend. In den 20er Jahren bestand hier das Dampfsägewerk Grafenaschau. Welche Auswirkungen die Ansiedelung der SA-Geländesportschule 1934 und ab 1936 des Reichsarbeitsdienstes bzw. der Feldmeisterschule 4 „Bayern" mit ihren barackenähnlichen Unterkünften sowie des weiblichen Arbeitsdienstes ab 1943 in Murnau-Westried auf das Moos hatte, ist wohl nicht mehr festzustellen – immerhin verfügte die Schule am Rand des Moores über einen Schießstand.[505]

Nach dem Ende des Krieges wurde Westried, günstig gelegen in der Nähe des Bahnhofs von Grafenaschau zu einer kleinen Siedlung. 1950 entstand hier außerdem eine Außenstelle der Frottierwarenfabrik Alfred Böhmer KG aus Kulmbach mit einer bis zu 400-köpfigen Belegschaft. Einflüsse auf den Wasserhaushalt der Umgebung dürfte vor allem die Färberei gehabt haben, der fürs Erste gestattet worden war, in den Wiesmahdgraben zu entwässern. Die Firma bzw. ihre Besitznachfolger existierten bis in die 1990er Jahre, mittlerweile aber war das Werk an die Kanalisation angeschlossen.[506]

Die neue Kanalisation musste auch deshalb gebaut werden, weil im Osten von Westried eine neue Siedlung geplant war. Nach dem Widerruf der Unterschutzstellung des Hanges war der Weg frei für eine weitere Bebauung dieses Geländes und die hier geplante neue Siedlung sollte einen beträchtlichen Umfang einnehmen. Sie war gedacht als eine Verbindung von Wohnhäusern für die in Murnau oder der weiteren Umgebung arbeitende Bevölkerung und einem großen, mehrstöckigen Wohnhaus für Wochenendnutzer. Die Verkehrsanbindung war gegeben mit der Eisenbahnlinie Murnau–Oberammergau, wobei der Bahnhof nach modernen Begriffen etwas weit entfernt liegt, für die 1960er Jahre aber wohl gerade noch zu akzeptieren war. Die Lage der neuen Siedlung war jedoch ausgerichtet an dem modernen Verkehrsmittel, das seit den 1960er Jahren einen enormen Aufschwung erlebte: das Auto.

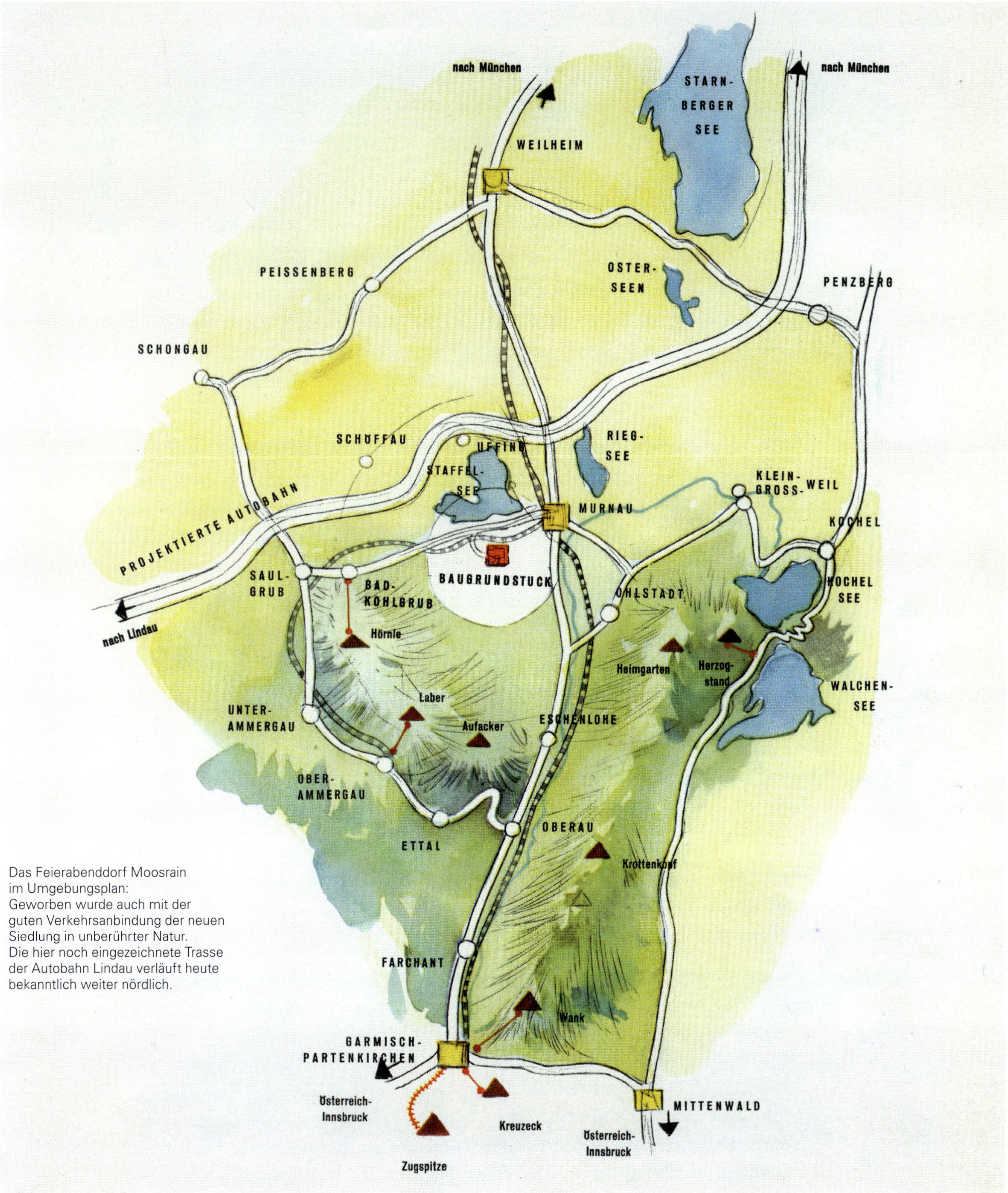

Das Feierabenddorf Moosrain
im Umgebungsplan:
Geworben wurde auch mit der
guten Verkehrsanbindung der neuen
Siedlung in unberührter Natur.
Die hier noch eingezeichnete Trasse
der Autobahn Lindau verläuft heute
bekanntlich weiter nördlich.

Der Flugplatz im Lindachmoos. 1974 wurde der Flugplatz noch weiter in das Moor hinein verlegt.

Für Autofahrer war die Verkehrsanbindung der neuen Wohnsiedlung ideal, in geringer Entfernung zum Arbeitsplatz und am „Feierabend" mitten in der Natur. In der „Feierabendsiedlung" sollten neben 20 Kaufeigenheimen auf Baugebiet 2 nicht am Hang, sondern unten am Moor, ein mehrstöckiges „Tourotel" mit 90 Eigentumsappartements entstehen, dazu ein Moorbad, ein Restaurant, Verkaufsläden, Garagen und Gartenanlagen.[507] Bekanntlich kamen diese Pläne nicht zur Durchführung und es entstand nach der Genehmigung durch die Regierung von Oberbayern die Siedlung Murnau-Moosrain mit einer Beschränkung auf die vorhandene niedrige Bebauung.[508]

Freizeit und Sport im Moos

Es waren nicht nur die Sonntagsausflügler und naturbegeisterten Touristen, die Gefallen an der großen Weite des Moores fanden. 1952 musste die Naturschutzbeauftragte Dr. Ingeborg Haeckel von ihrem Mitstreiter Max Dingler milde Kritik hinnehmen, denn Ingeborg Haeckel, froh darüber, dass der ursprüngliche Plan, im Lindenbachmoos einen kleinen Flugplatz einzurichten, aufgegeben worden war, stimmte dem Bau von Start- und Landebahn am Westhang des kleinen Köchels beim Weghaus zu und damit einem Segelfluggelände in der Nähe der Bundesstraße nach Garmisch.[509] Was Dr. Haeckel als kleines Zugeständnis verstand, sollte sich allerdings später zu einem größeren entwickeln, das so nie hätte gegeben werden dürfen, denn die Flieger, die seit dem Bau der Start- und Landebahnen 1962 ihre fast lautlosen Flugzeuge bisher mit einer Seilwinde in die Luft gebracht hatten, stellten Ende der 1960er Jahre den Antrag auf eine Starterlaubnis mit einem Motorflugzeug, da der Start mit der Seilwinde zu gefährlich geworden war. Nun aber kreiste das Motorflugzeug nach Beobachtungen befreundeter Naturschützer ständig über dem Moor und unternahm „zahlreiche Flüge ohne Schlepp".[510]

Als der Flughafen mit dem Bau der Autobahn A 95 weichen musste, wurde der Flugplatz 1974 auf ein staatliches Grundstück weiter in das Moor hineinverlegt. Es entstanden dazu eine hochwassersichere Halle, die auf Pfählen 20 Meter tief im Moor verankert war, eine 980 Meter lange, befestigte Landebahn, eine zweite Landebahn sowie 1980 auch noch eine Tankstelle.[511] Gleichzeitig ließ sich hier auf einer geteerten Fläche ein Modellflugzeugplatz nieder – sehr hässlich, wie Dr. Haeckel feststellte, und sehr laut. Beide Flugplätze wurden dann später im Rahmen des Moosprojekts verlegt.[512]

Der Bau der Autobahn München–Eschenlohe 1974 bedeutete einen großen Eingriff in das Murnauer Moos.
Foto Thomas Lenhart

Neue Eingriffe im Schutzgebiet

Neben einer älteren, spätestens in den 1960er Jahren aufgegebenen Mülldeponie an der Ramsachstraße,[513] entstand ein Jahr nach der Ausweisung des Murnauer Mooses als Landschaftsschutzgebiet, also im Jahr 1965, auf einem Grundstück am Lindenbach bei Grafenaschau eine weitere Mülldeponie. 1973 und noch einmal 1977 ließ der Landkreis diese Deponie erweitern.[514] Dass die Müllplätze im Landkreis grundwassergefährdend und „eine Verschandelung der Landschaft" sind, war nach Aussagen des Landratsamts Garmisch seit 1958 bekannt. Viele von ihnen – auch die Müllkippe bei Grafenaschau – brannten und verteilten übelriechende und teilweise auch schädliche Schwaden, die aber angeblich keine Veränderungen an der Pflanzenwelt hervorriefen. Außerdem verbreitete sich Ungeziefer „wie Ratten und Krähen". Auf der Suche nach Lösungen und unter Mitwirkung des Bayerischen Landesamts für Umweltschutz, beschloss der Kreistag schließlich den Bau einer Müllverbrennungsanlage bei Eschenlohe. Und „plötzlich" erhob sich unter reger Beteiligung von Dr. Haeckel Widerstand in den Gemeinden Eschenlohe und Ohlstadt, aber auch in der Marktgemeinde Murnau, die große Hoffnungen in das lange angestrebte und dann 1976 verliehene Prädikat „Luftkurort" setzte und nun auch seinen Ruf als Moorheilbad in Gefahr sah. Am 20. August 1973 schickte der Gemeinderat Eschenlohe ein Schreiben an Staatsminister Max Streibl und erklärte, er sei getäuscht worden, hätte daher unter falschen Voraussetzungen für das Projekt gestimmt und kündigte an, der jetzige Gemeinderat würde alle Rechtsmittel ausschöpfen, die aufgezwungene Anlage zu verhindern. Das Wasserwirtschaftsamt Weilheim lehnte die Anlage ebenfalls ab, da die Fachleute Gefahren für Grundwasser und schädliche Emissionen für die Tier- und Pflanzenwelt sowie eine starke Beeinträchtigung des Fremdenverkehrs voraussahen.[515] Mittlerweile waren einige Standorte für eine neue Mülldeponie im Gespräch und die Wahl fiel schließlich auf Schwaiganger. 1980 konnte die Mülldeponie Grafenaschau mit der Eröffnung der Deponie Schwaiganger geschlossen werden.

Zwischen 1986 und 1988 wurde die Deponie rekultiviert und bepflanzt, die Sickerwasser, die man regelmäßig untersuchte, mussten abgepumpt und zur Kläranlage gebracht werden. Im Jahr 2000 begann man damit die Deponie abzutragen[516], an ihrer Stelle befindet sich heute ein See.

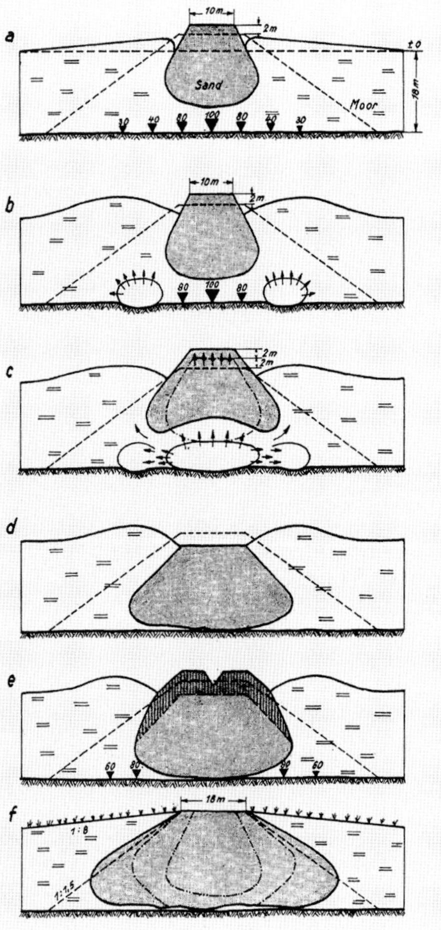

Einer der schwerwiegendsten Eingriffe in das Landschaftsschutzgebiet Murnauer Moos fand mit dem Bau der Autobahn München–Eschenlohe 1969 bis 1973 statt.[517] Schon beim Bau der Einrichtungen für die beiden Hartsteinwerke hatte sich gezeigt, dass Baumaßnahmen in Torflagen dieser Mächtigkeit nicht von großer Beständigkeit waren, da stetige Erschütterung zum Verrutschen von Stützpfeilern führte und Fundamente samt Gebäude in Schieflage brachte. Da aber die Trasse zwischen Großweil und Eschenlohe fast ausschließlich durch moorigen Untergrund führen würde, musste eine solide und dauerhafte Methode gefunden werden. Das Autobahnbauamt München wandte daher das „Sprengschüttverfahren" an, ein in Norddeutschland entwickeltes Verfahren, das bereits in dem Abschnitt Ponholzer Filze bei Iffeldorf angewendet worden war und sich als vielversprechend in diesem schwierigen Untergrund erwiesen hatte. Bei dem Verfahren wird eine Sprengladung in den Torf bis zum mineralischen Untergrund eingebracht, das Dammschüttmaterial darüber aufgefahren, dann die Sprengung gezündet, der Torf durch die Sprengung verdrängt und auf diese Weise der Damm geschüttet.[518]

Bilder oben
Abfolge des „Sprengschüttverfahrens" für den Damm der Autobahn im Moor

Bilder rechts
Ausschnitte aus einem Film der Sprengung bei Ohlstadt

Bild rechts
Die Autobahnauffahrten bei Eschenlohe

Der aus dem Abschnitt Großweil-Murnau entnommene Torf musste natürlich von der Baustelle weggefahren – nach den Berechnungen würden dies etwa 600.000 Kubikmeter nasser Torf sein – sollte in der Geländemulde des Fügsees und seinen landwirtschaftlich genutzten Wiesen und Weiden abgelagert und am Ende der Bauarbeiten planiert werden „um einer besseren Nutzung zugeführt zu werden". Ein aufgeschütteter Damm würde verhindern, dass der Torf bei Hochwasser abgespült wird. Naturschützer waren empört, allen voran natürlich Dr. Ingeborg Haeckel. Sie hatte bereits beobachtet, wie für Baumaßnahmen aus einem im Naturschutzgebiet liegenden Quelltrichter von einem allerdings unwissenden Mitarbeiter, wie Ingeborg Haeckel zugestand, Wasser entnommen worden war, dazu ein tiefer neuer Graben das Wasser aus weiteren Quelltrichtern ableitete und bereits eine tiefe Rinne ausgewaschen hatte.[519] Sowohl mit einzelnen kleinen Eingriffen als auch mit der Schaffung des Autobahnkörpers auf Stelzen war nach dem Ende der Baumaßnahmen der Wasserhaushalt im Murnauer Moos entschieden gestört. Der südliche Teil des Moores bei Eschenlohe trocknete weiter aus, eine Entwicklung, die durch weitere Kultivierungsarbeiten im Zusammenhang mit der bereits erwähnten Flurbereinigung noch eine Steigerung erfuhr: Um die Eschenloher Landwirte für die von der Autobahn überbauten Weiden zu entschädigen begann man nördlich der Autobahn und an der Grenze zum Naturschutzgebiet mit dem Ausbaggern riesiger Entwässerungsgräben mit einer Tiefe zwischen 2,5 und 5 Meter sowie einer Breite von bis zu 8 Meter.[520]

Um Ersatzgrundflächen für Bauern zu schaffen, die für den Autobahnbau Grundstücke aufgeben mussten, zog man tiefe Gräben im Moos.

Bild oben
Südlicher Teil des Hauptgrabens, ausgehend von der Straße nach Schwaigen Richtung Norden. Rechts unten ist austretendes Grundwasser zu erkennen.

Bild unten:
Murnauer Moos gegen Aufacker mit einer Grabeneinmündung in die Rechtach
Beide Fotos Gerhard Klammet

Eine der letzten Sprengungen im Hartsteinwerk am Langen Köchel im August 2000
Foto Anita Kuisle

Das ökologische Bewusstsein

Als 1964 das Murnauer Moos nicht wie erhofft zum Naturschutzgebiet, sondern nur zum Landschaftsschutzgebiet erklärt wurde, war damit zwar der Abbau weiterer Köchel im Moor abgewendet, der sehr umstrittene und von der Firma lange erkämpfte Abbau von Glaukoquarzit am Bärnsteig wurde dagegen erlaubt. Da die Gesellschafter jedoch die hohen Investitionskosten für den Abbau von „Feld C" (Bärnsteig) scheuten, nahm die Firmenleitung vorerst Abstand von den kostspieligen Maßnahmen, seit 1972 ging der Abbau am Köchel in die Tiefe.[521]

Die Abbaumaßnahmen stießen inzwischen auf harsche Kritik, nicht nur weil aus den Wannen der Seilbahn Kalkwasser auf die darunter liegenden Flächen tropfte, sich nach jeder lauten Sprengung der bekannte Schleier über das Moos legte, sondern auch aufgrund der mangelhaften Klärung der Abwässer aus der Gesteinswaschanlage. Da die 1940 angelegten Erdklärbecken nicht mehr zufriedenstellend arbeiteten, leitete man seit etwa 1969 unkontrollierte Mengen an ungeklärten Gesteinsabwässern in die Ramsach ein. Schon 1969 war Beobachtern die milchig-braune, hin und wieder auch kalkweiße Farbe des Ramsachwassers und des Wassers im Schlechtergraben aufgefallen, 1971 zeigten auch die großen Schilfseen und Moosbrühen im Flachmoorgebiet nördlich des Schmatzers und zwischen Ramsach und Rechtach diese Färbung, seit den 1960er Jahren war u.a. aus diesem Grund die Große Rohrdommel aus dem Gebiet verschwunden und die Seerosenblätter in der Ramsach von einer Schlammschicht überzogen.[522]

Besorgniserregend war bei der Verschmutzung der Moorgewässer nicht die unschöne Färbung, sondern die Auswirkungen der mittransportierten Stoffe auf das Ökosystem. Werden nämlich die Abwässer der Gesteinswaschanlage in ein anderes Gewässer eingeleitet, lagern sich die kleinen tonhaltigen Bestandteile an Steinen an, es entsteht eine gallertartige Masse, die sich schließlich zu einem tiefen Schlamm entwickelt in der kein oder nur noch ein

Nach der Stillegung des Hartsteinwerks am Langen Köchel wurden auch die Pumpen abgestellt und im Becken entstand ein See. Foto Franz Schiermeier

ungenügender Sauerstoffaustausch stattfindet, es bilden sich Faulgase wie Methan, meist auch giftiger Schwefel-Wasserstoff, der organisches Leben im Wasser meist vernichtet.[523] Als daher die Hartsteinwerke vorschlugen, die Ramsach als Vorfluter für die zwei neuen Erdklärbecken der Gesteinswaschanlage zu nutzen, lehnte die Regierung von Oberbayern nicht nur diesen, sondern auch den Vorschlag des Bund Naturschutz ab, die zwei Erdklärbecken in ausreichender Entfernung von Wasserläufen anzulegen und verlangte die vollkommene Rücknahme der anfallenden Gesteinsabwaschwässer; die Betriebsleitung stimmte schließlich zu.[524]

1979 wollten die Hartsteinwerke schließlich mit dem Abbau von Abschnitt C am Langen Köchel beginnen und gaben den Landwirten, die dort noch Holzrechte besaßen, den Auftrag die Bäume abzuholzen. Als die Waldbesitzer mit der Rodung begannen, schritt das Forstamt Murnau ein und das Landratsamt ordnete am 20. Dezember 1979 eine Einstellung der Rodungsarbeiten an.[525]

Am 21. Februar 1980 wurde das Murnauer Moos Naturschutzgebiet, Feld C war zwar davon ausgenommen, ein Abbau war nun jedoch nur mit einer Baugenehmigung möglich. Am 10. 8. 1984 bestimmte das Landratsamt per Verordnung die einstweilige Sicherstellung der Randbereiche des Murnauer Mooses als Landschaftsbestandteil.[526] Die neue Besitzerin der Hartsteinwerke, die Firma HOCHTIEF, klagte auf Erteilung der Rodungsgenehmigung und beantragte eine Abbaugenehmigung. 1991 wurde die Abbaugenehmigung versagt, ein Berufungsverfahren blieb erfolglos und wurde 1994 endgültig abgelehnt. Während dieser Jahre ging der Abbau im Steinbruch noch weiter, 1995/96 verkaufte HOCHTIEF schließlich einen großen Teil des Geländes an den Landkreis Garmisch-Partenkirchen und im Jahr 2000 wurde der Betrieb eingestellt. Der Steinbruch lief voll Wasser und es entstand ein weiterer See.[527]

Das stillgelegte Hartsteinwerk am ehemaligen Moosbergköchel, 1984. Die Grube läuft mit Wasser voll. Fotos Berthold Tuß

Weitaus weniger öffentlichkeitswirksam endete der Abbau am Moosbergköchel, obwohl hier der gesamte Köchel samt römischer Siedlung verschwand. Der Leitung des dortigen Hartsteinwerks war bereits seit 1938 bekannt, dass der Abbau innerhalb weniger Jahre beendet sein würde. Ein Aufschub konnte dann mit einem in die Tiefe gehenden Abbau gewonnen werden, aber auch hier war ein baldiges Ende absehbar. Als der Abbau unter die Moorsohle vorstieß, musste das nachströmende Grundwasser ständig abgepumpt werden; die Auswirkungen dieses Wasserentzugs auf das umgebende Moor dürften von einer gewissen Tragweite gewesen sein.[528]
Auf der Suche nach weiteren Geschäftsfeldern bemühte sich die Firma Zehender schon 1955 um eine Genehmigung für Kiesabbau am benachbarten Heumoosberg, der als Rest einer Zwischenmoräne des ehemaligen Loisachgletschers ein größeres Kiesvorkommen enthält.[529] 1964 waren der mittlere und der nördliche Teil des Heumoosbergs in der Gemeinde Hechendorf nicht in die Landschaftsschutzverordnung für das Murnauer Moos aufgenommen, da man Einsprüche befürchtete, die das Verfahren zur Inschutznahme zu sehr verzögert hätten. Die Firma Zehender bemühte sich daher weiter, wenn schließlich auch erfolglos um eine Genehmigung, sogar dann noch als mit Verordnung des Landkreises Weilheim vom 13. Juli 1971 auch der Heumoosberg in seiner Gesamtheit als Landschaftsschutzgebiet sichergestellt war.[530]

1972 war die riesige Grube des ehemaligen Moosbergköchels als zukünftige Mülldeponie im Gespräch; ein von der Betreiberfirma gestellter Antrag wurde nicht genehmigt, aber wie ein Zeitungsartikel im Juli 1987 mitteilte, landete dort „allerhand Unerlaubtes".[531] 1984 entstand dann der Plan, dort eine Erdaushubdeponie einzurichten, 1987 eine Bauschuttsortierungsanlage; alle Anträge stießen aus wasser-

Die stillgelegte Grube
am Moosberg, 1994/95
Fotos Buchner

rechtlichen und aus Gründen des Naturschutzes auf Ablehnung. Die Absicht des Forstamtes Murnau, dort eine Nassholzkonservierungsanlage für Sturmholz aus ganz Oberbayern einzurichten, scheiterte schließlich an dem Beginn des Moosprojekts und den schon 1987 angestoßenen Verhandlungen des Landratsamtes Garmisch-Partenkirchen, mit dem Ziel im Murnauer Moos Grundstücke anzukaufen. Noch im August 1990 stellte man die Pumpen ab, 1992 erwarb der Landkreis das Gelände von 12,8 Hektar um zwei Millionen Mark und ließ die Anlagen ab 1994 abbrechen sowie die Kultivierung des Geländes mit dem zu erwartenden See vorbereiten. Den ehemaligen Steinbruch füllte schließlich das aus dem umgebenden Moor nachströmende Grundwasser und es entstand ein zweiter Moosbergsee.[532]

Bild rechts
Am Moosgraben 2019
Foto Franz Schiermeier

Bild unten
Das Pfingsthochwasser 1999
im Murnauer Moos

Wirtschaftswachstum oder Ökologie

Die Entscheidung gegen einen weiteren Abbau des Langen Köchels und damit für einen Vorrang der Ökologie vor dem Interesse der Produktion[533] – nicht zuletzt das Ergebnis tatkräftiger Öffentlichkeitsarbeit der Naturschützer vor Ort –, war Ausdruck eines gesellschaftlichen und politischen Umschwungs. Mit dem wirtschaftlichen Wachstum der Nachkriegszeit zeigten sich auch die sichtbaren Auswirkungen dieses Wachtums: chemischer Abfall als Schaumkronen oder ölige Schlieren auf Flüssen und Bächen, ungesunde Dämpfe, Abgase und Staub aus Fabriken. Die Reinhaltung der Luft, des Wassers und der Erde wurden zu einem Anliegen, das es trotz wirtschaftlichem Wachstum zu bewältigen galt. Schwerpunkte des Naturschutzes wurden daher neben Energiegewinnung und hier wieder v.a. Wasserkraft, Bergbahnen und die Zersiedelung der freien Landschaft durch Wochenendhäuser auch die Themen Flurbereinigung, Moorkultur und ab den 1960er Jahren Gewässerschutz. Naturschutz bedeutete nicht mehr wie zu Beginn des 20. Jahrhunderts den Schutz eines schönen Landschaftsbildes oder den Schutz einer „Urlandschaft". Die unberührte, die „intakte" Natur in ihrer Gesamtheit sollte nun für zukünftige Generationen geschützt werden. Das Wasserhaushaltsgesetz, das am 1. März 1960 in Kraft trat und dem Detergentiengesetz vom 5. September 1961,

Winterstimmung im Murnauer Moos gegen Heimgarten Foto Waltraud Klammet

das giftige Reinigungsstoffe in Waschmitteln verbot, die Ursache der Schaumkronen und toter Fische in den Flüssen, war die erste Reaktion des Gesetzgebers auf diese auch für den Menschen schädliche Entwicklung.[534]

Im ländlichen Raum bestand jedoch noch in den 1960er Jahren, wie schon gezeigt wurde, ein deutlicher Interessensgegensatz zwischen Naturschutz und Fremdenverkehr – auch in Murnau-Westried war eine Siedlung geplant, die nicht nur den in der Region arbeitenden Menschen, sondern auch und vor allem Touristen zugute kommen sollte. Andererseits war es auch der Ort Murnau, der sich für ein Naturschutzgebiet Murnauer Moos einsetzte, denn Landwirte gab es hier nicht mehr viele, Fremdenverkehr aber wurde zu einem immer wichtigeren Wirtschaftsfaktor.

Die Ölkrise der 1970er Jahre und die folgende wirtschaftliche Stagnation brachte ein langsames Umdenken in der Bevölkerung; Natur- und auch Umweltbelange gerieten in den Vordergrund, wurden in der Öffentlichkeit von Naturschutzgruppen und Bürgerinitiativen diskutiert und die gesteckten Ziele auch erkämpft. Naturschutz wurde zum Umweltschutz. Die Politik hatte das Thema „Umweltpolitik" schon früher entdeckt: In Bayern fand 1970 die feierliche Eröffnung des 1. Nationalparks Bayerischer Wald statt und es entstand das europaweit erste Umweltministerium, das Bayerische Staatsministerium für Landesentwicklung und Umweltfragen. Im Gegensatz zu diesem hehren Anspruch waren dem Ministerium allerdings äußerst geringe Finanzmittel zugestanden, wirtschaftlichen Belangen räumte man in Bayern immer noch Vorrang ein. 1973 verabschiedete der Landtag dann das Bayerische Naturschutzgesetz, 1974 folgten das Bundesimissionsschutzgesetz und 1976 das Bundesnaturschutzgesetz.[535]

Endlich ein Naturschutzgebiet

Ein sich allmählich entwickelndes Bewusstsein für die Bedeutung ökologischer Zusammenhänge auf das Leben Aller bereitete schließlich den Weg für die endgültige Ausweisung des Murnauer Mooses als Naturschutzgebiet: Im April 1980 waren endlich die Bemühungen der Naturschützer an einem vorläufigen Endpunkt angelangt und zumindest für einen 2.355 Hektar umfassenden Teil dieses für den Alpenraum einmaligen Moorkomplexes ein umfassender Schutz ausgesprochen. Mit der Verordnung vom 21. Februar 1980 wurden „aufgrund Bayerisches Naturschutzgesetz Art. 7, 45 Abs. 1, Nr. 2 und Art. 37 Abs. 2 Nr. 1" das Moorgebiet „im Bereich Ohlstadt, Eschenlohe, Schwaigen und Murnau, Landkreis Garmisch-Partenkirchen wird unter Einbeziehung von Randbereichen unter der Bezeichnung

Luftbild von Murnau und dem Murnauer Moos

„Murnauer Moos" in den in § 2 näher bezeichneten Grenzen als Naturschutzgebiet geschützt." Zweck dieser Unterschutzstellung war es, einen „vielfältigen, weitgehend ungestörten und für den Alpenraum einmaligen Moorkomplex zu erhalten und die dort noch vorhandenen Moortypen des Alpenrandes zu bewahren sowie den besonderen Artenreichtum an Pflanzen und Tieren sowie die geologischen Besonderheiten dieses Gebietes zu schützen." Bauten oder auch neue Wege durften nicht mehr errichtet werden, auch das Baden war nun verboten. Eine Ausnahmeregelung besteht für die landwirtschaftliche Nutzung, für die Errichtung von Heustadeln oder auch einfache Weidezäune. Erlaubt ist auch der Unterhalt bestehender Wege, Gräben und ausgebauter Fließgewässer sowie die handgetriebene Torfnutzung in bisherigem Umfang.[536]

Im November 1986 erwarb der Bund Naturschutz im Murnauer Moos für 55.000 Deutsche Mark etwas über fünf Hektar an Streuwiesen und Moosflächen in den Flurbereichen „Schlechten", „Pfändermahd", „Ramsachlüsse", „Rechtachtfilze" und „Im Loch", dazu das „Niedermoos" und das „Brücklmoos". In den folgenden Jahren kamen weitere Flächen dazu und mittlerweile befinden sich mehr als 89 Hektar in der Obhut des Bundes Naturschutz; der Landesbund für Vogelschutz besitzt inzwischen mehr als 60 Hektar. Seit 1989 sind außerdem zwei Naturschutzwächter im Moos und den umliegenden Gemeinden unterwegs, um dafür zu sorgen, dass die für den Schutz des Gebietes, der Pflanzen und Tiere notwendigen Verordnungen eingehalten werden, und dass diese Vorschriften auch verstanden und akzeptiert werden. Denn dass dies nicht immer der Fall ist, zeigte sich bald nach 1980: Der Krebssee war wiederholte Male das Ziel einiger Fischer, die dieses Ziel auch mit dem eigenen Pkw anfuhren, auf den Wegen im Moos fanden Moto-Cross-Rennen statt und noch im Jahr 2000 nutzte die Polizei das Naturschutzgebiet für ihre Übungen mit Hunden und sogar Hubschraubern,[537] um hier nur einige Beispiele zu nennen.

Mit dem Projekt „Zur Errichtung und Sicherung schutzwürdiger Teile von Natur und Landschaft mit gesamtstaatlich repräsentativer Bedeutung" oder kurz „Moosprojekt" mit einem Umfang von über 15 Millionen Euro begann 1992 ein vom Bund gefördertes Großprojekt zur Erforschung der Moore und Erstellung eines Pflege- und Entwicklungsplanes noch erhaltener Moorbereiche im Raum Murnau: das Murnauer Moos, die Loisachmoore, das Ostermoos, die Moore im Staffelseebecken sowie die Moore nördlich von Bayersoien und Bad Kohlgrub. Eine der wichtigsten Aufgaben dieses Projekts war es, Ziele, Leitbilder und Maßnahmen zu formulieren, um die Bedeutung des Gebietes für die Zukunft zu erhalten und teilweise auch zu steigern. Schließlich formierten sich zwei Leitbilder für die zukünftige Entwicklung: Der Schutz und Erhaltung der über Jahrhunderte hinweg entstandenen Kulturlandschaft sowie eine möglichst natürliche Entwicklung zusammenhängender Landschaftsräume.[538]

Die Kulturlandschaft Murnauer Moos ist, wie gezeigt wurde, geprägt durch eine jahrhundertelange ausgeübte Nutzung von Streuwiesen und Moorweiden. Mit dem Rückgang der landwirtschaftlichen Betriebe wurden hier immer mehr Flächen aufgegeben und lagen brach. Auch die seit 1806 existierende und ab 1902 als eigener Verband im Grundbuch eingetragene Moosgemeinschaft Weindorf-Riedhausen, aufgebaut ähnlich wie die der Murnauer Moosberechtigten, zählte zwar 2001 noch 17 Mitglieder, darunter aber nur mehr sieben Landwirte. Damit ging aber auch das eigentliche Verbandsziel verloren, das Garantieren einer gerechten Streunutzung für die Mitglieder. Große Teile der ehemals landwirtschaftlich genutzten Moosteile wie die Strob- und Rechtachlüsse lagen daher um die Jahrtausendwende bereits brach, genutzt wurde nur noch das Weidmoos. Für einige Mitglieder des Verbandes erschien daher das Angebot des Landkreises, Flächen der Moosgemeinschaft für das Naturschutzgebiet zu erwerben, als sehr verlockend. Im September 2001 stimmten die Mitglieder über eine Auflösung der Moosgemeinschaft und das Angebot des Landkreises ab, die Grundstücke zu kaufen oder auch einen Grundstückstausch herbeizuführen; nur zwei der Berechtigten stimmten dagegen. Mit zwei Gegenstimmen erfolgte schließlich der Landverkauf und im Jahr 2002 löste sich die Moosgemeinschaft Weindorf-Riedhausen auf.[539]

Dieser Wandel zu einem gepflegten Naturreservat war nicht ohne Widerstände und Streit möglich, die Auseinandersetzungen zwischen Landwirten und Naturschützern standen den schon in den 1940er und 1950er Jahren ausgefochtenen in nichts nach. Inzwischen ist eine Regelung gefunden und es konnte eine konstruktive Zusammenarbeit von Grundbesitzern, bzw. Landwirten, staatlichen und nichtstaatlichen Stellen, die sich für die Belange des Naturschutzes einsetzen, aber auch von Touristikern und angrenzenden Gemeinden beginnen.[540] Die im Murnauer Moos noch existierenden Streuwiesen werden regelmäßig gemäht, um diese Art der landwirtschaftlichen Nutzung und damit auch die dadurch erst ermöglichte Pflanzenvielfalt beizubehalten. Da das Bayerische Staatsministerium für Landesentwicklung für diese Art der Bewirtschaftung auch Zuschüsse ausgibt, hat die Streuwiesenmahd wieder etwas zugenommen. Eine Beweidung der Moosgründe wird in gewissem Umfang nur noch auf der Eschenloher Gemeinschaftsweide durchgeführt. [541] Die früheren Weidebereiche der Gemeinden Murnau und Ohlstadt werden nicht mehr als Weiden genutzt.

Das durch eine jahrhundertelange agrarische Nutzung geprägte Murnauer Moos, eine Landschaft, in der sich Menschen nur aufhielten, um dort zu arbeiten, hat inzwischen an Aufmerksamkeit gewonnen. Das Moor selbst und nicht mehr nur die Berge im Hintergrund mit dem Moor als farbintensivem Vordergrund stehen nun im Mittelpunkt. Diese Attraktivität kann natürlich Belastungen für das Naturschutzgebiet mit sich bringen – in diesem Wandel der Nutzung dürfte also eine gewisse Herausforderung liegen. Ein positiver Bescheid für die Bewerbung des Landkreises im Jahr 2011 zur Aufnahme der „Alpinen und voralpinen Wiesen- und Moorlandschaften" in die Liste der UNESCO-Weltkulturerbestätten könnte dabei helfen, das Naturschutzgebiet auch in Zukunft vor Veränderungen zu schützen.

Murnauer Moos gegen Wettersteingebirge
und Ettaler Mandl
Foto Waltraud Klammet

Sabine Tappertzhofen

Vegetationsgeschichte im Murnauer Moos

Betrachten wir die Entwicklung des Naturraums „Murnauer Moos" können wir verstehen, warum hier, wie in weiten Teilen Mitteleuropas über den Schutz von Kulturlandschaft gesprochen wird und nicht von Naturlandschaft. Sie erklärt auch, warum wir diese Landschaft in weiten Teilen pflegen und sie nicht einfach sich selbst, respektive der Natur, überlassen.

Das Murnauer Moos liegt direkt am Alpenrand. Bis vor ca. 11.500 Jahren wurde es von einem Eispanzer bedeckt. Weite Teile Bayerns waren eisfrei, von Tundren und Kiefernwäldern bewachsen. In Mitteleuropa lebten Mammut, Wollnashorn und Riesenhirsch, und nicht zuletzt: Menschen.

Bekannt sind für die ersten nacheiszeitlichen Jahrtausende nur relative Angaben zur Temperaturentwicklung, keine zu exakten Durchschnittstemperaturen im Gebiet. Diese Entwicklungen wurden an Bohrkernen im Grönlandeis abgelesen.

Menschen hinterließen anfangs nur wenige archäologische Zeugnisse. Für das Murnauer Gebiet sind wir auf Analogschlüsse aus Pollendiagrammen, archäologischen Funden der Umgebung und Wissen über vegetationskundliche und landwirtschaftliche Zusammenhänge angewiesen.

Etwa vor 11.500 Jahren stieg die Temperatur schlagartig um 3–5 °C an.[1] Das Eis schmolz. Im Gebiet des heutigen Murnauer Mooses entstand kurzzeitig ein See, floss aber recht bald ab und verlandete. Die vegetationsfreie Fläche wurde erst von Tundrenvegetation bedeckt, dann von Kiefernwäldern. Der gesamte südöstliche Teil lag noch im Hochwasserbereich der Loisach. Der nordwestliche Bereich vermoorte langsam. Die Temperaturen lagen unter den heutigen.

Es gab nur Arten, die eingewandert waren. Eine autochthone Vegetation war nicht mehr vorhanden. In den folgenden Jahrtausenden bis heute hielt dieser Prozess der Einwanderung an. Neue Arten wanderten ein, andere wurden verdrängt. Die treibende Kraft für die wechselnde Artenzusammensetzung lag in dieser Anfangszeit vor allem in klimatischen Veränderungen, aber schon bald spielte auch der Mensch eine Rolle.[2]

Die gestrichelte Linie zeigt die Höhe des Loisachgletschers zwischen Aufacker und Estergebirge.
Foto Franz Schiermeier

Chronozone: Präboreal und Boreal
Archäologische Epoche: Mesolithikum
Klimacharakterisierung: Kiefer- Birken- Haselzeit
12.000 bis 8.000 BP

Die Temperaturen erwärmten sich langsam etwa auf heutiges Niveau.

Mitteleuropa war nach den Eiszeiten artenarm, weil die Gebirge mit Ostwestverlauf (Pyrenäen, Alpen, Französisches Zentralmassiv) das Ausweichen der Arten während der Kaltzeiten verhinderten. Jede Eiszeit hatte zu einem weiteren Rückgang der Artenvielfalt geführt. Einige Arten blieben aus der Tundrenvegetation am Rande der Gletscher erhalten und breiteten sich mit der Eisschmelze in Richtung Alpen aus. Die meisten Arten, die wir heute kennen, wanderten aber nach der letzten Eiszeit von Reliktstandorten südlich der Alpen nach Mitteleuropa zurück. Wind und Tiere verfrachteten die Samen nach Norden. Dort mussten sich die Keimlinge später eintreffender Arten in einer dichten Krautvegetation durchsetzen. Wurden sie abgefressen, regenerierten Gehölze langsamer als die Kräuter.[3]

Pollenanalysen lassen darauf schließen, dass die nacheiszeitlichen Kiefernwälder den heutigen Schneeheide-Kiefernwäldern an der Isar bei Wolfratshausen ähnlich gesehen haben. Kiefern gedeihen an extremen Standorten. Sie halten Nährstoffmangel aus, Trockenheit und Nässe – also Bedingungen wie sie auf den gerade abgetauten Flächen vorherrschten. Offensichtlich war die Humusauflage zu dieser Zeit noch gering, sonst wären auch Birken und andere Licht liebende Gehölze vorgekommen. In diesen vergleichsweise lichten Kiefernwäldern hatten noch typische Pflanzen der Tundren Platz.

Mehlprimel
Foto Sabine Tappertzhofen

Eine dieser Pflanzen war die Mehlprimel. Diese kleine, Rosetten bildende Blume, fand auf den nur locker bewachsenen kalkhaltigen Böden gute Bedingungen vor. Pflanzen, deren Blätter bodennah um den Stengel herum angeordnet sind brauchen Platz. Stehen andere Pflanzen, wie zum Beispiel Gräser sehr dicht, werden sie erdrückt. Die Mehlprimel wird auch nur maximal 20 cm hoch. Stehen große Pflanzen neben ihr, fehlt ihr das Licht.
Wir möchten diese hübsche Blume im Weiteren auf ihrem Weg durch die Jahrtausende begleiten und anhand dieser Art zeigen, wie Wildpflanzen an einem Ort je nach wechselnden Lebensbedingungen unterschiedliche Plätze besiedeln und Nischen finden, wie sie vom Menschen unbeabsichtigt verdrängt oder gefördert werden. Damit kommen wir der Antwort auf die Frage näher, warum wir heute Flächen für den Artenschutz bearbeiten.

Am Ende der Eiszeit wurden die Tundren und Wälder von Tieren bewohnt, die wir uns heute nicht mehr in Oberbayern vorstellen können: Wildpferd, Elch, Wisent und Auerochse. Wildpferde verschwanden wahrscheinlich schon im Mesolithikum. Wisent, Elch und Auerochse lebten noch bis ins frühe Mittelalter in weiten Bereichen Mitteleuropas in mehr oder weniger offenen Wäldern. Ihre Anwesenheit im bearbeiteten Gebiet ist wahrscheinlich, weil sich lichte Kiefernwälder mit dichtem Unterwuchs für

Weidetiere wie Wildrinder, Wisent etc. eignen. Durch den Verbiss dieser Tiere und durch Blitzschlag entstehen offene Flächen, die Rückzugsgebiete für typische Wiesenpflanzen sind. Inwieweit Weidetiere die Landschaft offen hielten, kann nicht gesagt werden, weil uns leider keine Funde bekannt sind und keine Aussagen über Populationsdichten möglich sind.

Auffallend an den Torfprofilen vom Langenmoos ist der deutliche Anteil von Holzkohle schon in dieser Epoche, in der es noch keinen Hinweis auf menschliche Besiedlung gibt. Diese Holzkohlemengen sind nach Peters auf natürliche Brände zurück zu führen. Sie traten während der zonalen Verbreitung der Kiefer auf. Als diese durch Eichen und Ulmen abgelöst wurde und nur noch auf Sonderstandorten überlebte, nahm auch die Waldbrandgefahr ab. Dies ist in der deutlichen Abnahme der Holzkohleablagerungen im Mesolithikum nachzuvollziehen. Regelmäßiges Abbrennen von Kiefernwäldern tritt auch heute noch in Sibirien auf und führt dort zu offenen Flächen, die dann wieder von lichtbedürftigen Pflanzen besiedelt werden können.[6]

Für die Zeit der Jäger und Sammler gibt es die Vermutung, Menschen hätten bewusst – aber wahrscheinlich wenig kontrolliert – Brände gelegt, weil die Jagd in offenem Gelände einfacher ist als im Wald und dass nach Bränden Gräser und Kräuter mit höherem Futterwert besser wachsen.[7]

Mehlprimeln konnten auf diesen Standorten aber wahrscheinlich nur in Ausnahmen gedeihen. Nach Bränden ist der Boden oft mit Nährstoffen angereichert und wird rasch von schnellwüchsigen Arten besiedelt.

Im Nordwesten des Murnauer Mooses kam es zu einer kontinuierlichen Torfbildung vom Ende der Eiszeit bis ca. 2000 v. Chr.[8] Torfbildung bedeutet: absterbendes Pflanzenmaterial wird nicht zersetzt, weil der Feuchtigkeitsgehalt im Boden zu hoch ist. Solange die Torfe mit Grundwasser in Berührung stehen, spricht man von Niedermooren. Auf den neutralen bis kalkhaltigen eiszeitlichen Böden im Murnauer Becken entstehen basische bis leicht saure, nährstoffhaltige Böden, auf denen ab dem Atlantikum unter anderem Kiefern, Birken und Erlen gedeihen.

In der Zeit des Präboreals (9.610–8.690 BP) entwickelte sich ein stärker definierter Flusslauf der Loisach und damit auch ungehindertes Torfwachstum an den vom Fluss entfernt liegenden Stellen. Im Südosten des Murnauer Mooses, wurde die Torfbildung aber immer wieder durch Überflutungen durch die Loisach unterbrochen. Durch die Überflutungen kam es wiederholt zur Einlagerung schluffiger Elemente. Was zu einer Absenkung des pH-Werts führt und zu einer Unterbrechung des Torfwachstums.

Wir müssen hier von einem zeitlichen und räumlichen Mosaik verschiedenster offener und bewaldeter Feuchtgebiete bis hin zu trockenen Schutthalten ausgehen. Eine flächige lückenlose Moorbildung hat sicherlich nicht stattgefunden. Das damalige Landschaftsbild unterschied sich stark vom heutigen. Der zentrale Bereich um die Kögel weist bis in unsere Zeit noch eine weitgehend naturbelassene Oberflächenhydrologie auf. Hier kann nach wie vor die räumliche Verzahnung von grundwasserbeeinflussten Vegetationseinheiten, deren Wasserstand zum Teil von dem der Loisach abhängt, mit solchen, die ausschließlich von Regenwasser abhängen, beobachtet werden. Ein direkter Eintrag schluffiger Elemente findet nicht mehr statt.

Schon zu Zeiten der Vereisung des Murnauer Mooses lebten Menschen als Jäger und Sammler in Oberbayern. Während die eiszeitlichen Jäger im Offenland von Aussichtpunkten aus jagten, entwickelten steinzeitliche Jäger nach dem Ende der Eiszeit in zunehmend unübersichtlichem, da baumbestandenem Gelände neue Jagdtechniken und Waffen.

Theoretisch hätten Menschen also die Landschaftsentwicklung vom Abschmelzen des Eises bis heute beobachten und beeinflussen (!) können. Allerdings gibt es für diese frühe Zeit keinerlei Nachweise für die Gegenwart von Menschen im Gebiet des heutigen Murnauer Mooses. Die Bevölkerungsdichte war sicherlich so gering, dass eine nachhaltige Beeinflussung der Landschaft schwer vorstellbar ist.

Chronozone: Atlantikum und Subboreal
Archäologische Epoche: ausgehendes Mesolitikum und Neolitikum
Klimacharakterisierung: Eichen-, Ulmen-, Linden-, Haselzeit
8.000 bis 3.000 BP

In dieser Epoche lagen die Temperaturen meist über den heutigen.

Aus Analysen von Eisbohrkernen aus Grönland wissen wir, dass dieses Zeitalter dadurch geprägt war, dass es wärmer war als heute und feucht. Kiefern wurden im Allgemeinen von der Hasel und Laubbäumen wie Eichen, Ulmen und Linden abgelöst. Dies ist auch im Pollendiagramm vom Langen Filz [9] zu sehen, allerdings fällt die verhältnismäßig große Zahl an Fichtenpollen auf. Fichten können in den lichten Kiefernwäldern keimen und wachsen; ab einer gewissen Größe und Dichte beschatten sie den Boden so stark, dass die Kiefer sich nicht mehr verjüngen kann, weil es zum Keimen ihrer Samen zu dunkel ist. Fichten ertragen mehr Kälte und Schnee als die oben genannten Laubbaumarten. Die große Menge Fichtenpollen im Pollendiagramm muss aber nicht direkt aus dem Langen Filz stammen. Die Fichte hat ihren natürlichen Standort in Moorrandwäldern und in Bergwäldern. Beide Standorte sind am Rand des Murnauer Mooses vorhanden und Pollen von windbestäubten Bäumen wie der Fichte werden weit vertragen.

Gleichzeitig mit dem Schwinden der Ulmen- und Lindenbestände erlangt die seit etwa 7.000 BP vorhandene Buche um 5.000 BP ein erstes Optimum in mitteleuropäischen Wäldern. Dies ist auch im Pollendiagramm des Langen Filz zu erkennen. Die Wälder früherer Epochen aus Kiefern, Eichen, Linden und Ulmen sind meist lichter, als Buchenwälder. Buchen können im Gegensatz zu den vorgenannten Arten im Schatten keimen und solange ausharren, bis sie genügend Licht bekommen, um groß zu werden. Zusammenhängende Buchenbestände sind dann zu dicht, als dass andere Baumarten in größerer Zahl aufkommen könnten.

Die Rolle des Menschen für die Ausbreitung der Buche und Hasel ist umstritten.[10] Die große und plötzliche Verbreitung der Hasel ist nach Küster eigentlich nur durch menschliche Hilfe erklärlich, weil Haselnüsse wichtiges Nahrungsmittel waren. Er geht davon aus, dass die Buche vor allem auf vorher vom Menschen gerodeten Flächen Fuß fassen konnte. Erst mit der Buche kamen auch die für uns heute selbstverständlichen und scheinbar ureuropäischen Tiere wie Rothirsch und Fuchs auf, die im dichter werdenden Wald schwierig zu jagen waren.[11]

Diese Wälder waren für die oben erwähnte Mehlprimel zu schattig. An offenen Stellen war die Krautschicht zu dicht, als dass sich eine kleine Pflanze mit Rosetten hätte durchsetzen können. Mehlprimeln zogen sich ins Gebirge zurück. Im Flachland konnten sie eventuell am Rand von offenen Quellmooren und direkt neben Wildwechseln auf Reliktstandorten überleben. Solche Wildwechsel und Trampelpfade bilden Einschnitte in dichtere Vegetation. An ihren Rändern gibt es Licht und Platz für Blumen wie die Mehlprimel. Diese sind so klein, dass sie nicht über den Weg hängen und dort zertreten werden.

Durch die sogenannte „Neolithische Revolution" ab ca. 7.500 BP, begannen Menschen sesshaft zu werden und Ackerbau zu treiben. Dies führte zu dauerhafteren Siedlungen als es bei Jägern und Sammlern üblich ist. Aber auch diese Siedlungen wurden bis ins frühe Mittelalter hinein in der Regel nach 20–30 Jahren wieder aufgegeben. Über die Gründe wird spekuliert. Diese kurzfristigen Siedlungen hinterließen nur wenige Spuren.

Spärliche archäologische Belege aus dem Gebiet des Murnauer Mooses bedeuten daher nicht zwingend, dass im Neolithikum kaum Menschen dort wohnten. Wenngleich die ersten Ackerbauern in erster Linie auf Lößböden siedelten, können Viehhalter neben Jägern und Sammlern durchaus regelmäßig im Bereich des Murnauer Moores gelebt haben. Im Pollendiagramm vom Langen Filz [12] sind mehr als 7.000 BP alte Pollen von Kulturzeigern zu finden. Seit ca. 3.500 BP finden sich solche Pollen in großer Zahl.

Wenn nomadisierende Hirten und/oder erste Landwirte im Untersuchungsgebiet lebten, dann beeinflussten sie die Landschaft auf ganz andere Art und Weise als heute: Sensen zur Gewinnung von Wiesenheu kamen erst ab der Eisenzeit auf. Vieh weidete im Sommer auf Weiden, am Rande des Moores und im Wald. Die Menschen sammelten Laub und grüne belaubte Zweige, die sie dem Vieh im Winter als Laub- und Nadelheu verfütterten. Mähwiesen gab es also noch nicht oder kaum, dafür wahrscheinlich immer wieder zurück geschnittene Bäume. Eschen und Linden vertragen „Schneiteln" (das Abschneiden von belaubten Zweigen). Andere Arten, wie die Ulme, vertragen dies weniger. So wurden die Artenzusammensetzung und die Dichte der Wälder von Menschen mitgeprägt. Da archäologisches Material häufig nicht erhalten ist, weil überwiegend verrottende Materialien für Hausbau und Werkzeuge verwendet wurden, bleiben nur Pollenanalysen und Analogschlüsse aus naturräumlichen Gegebenheiten und Funden der weiteren Umgebung als Anhaltspunkte für frühes menschliches Wirken.

Ab dem 4. vorchristlichen Jahrtausend gibt es archäologische Nachweise von Menschen im Murnauer Gebiet.[13] Wahrscheinlich hielten sie Vieh und trieben dies bis in die Wälder. Außerdem musste für dieses Vieh Winterfutter gewonnen werden. Es ist davon auszugehen, dass weite Teile des heutigen Murnauer Mooses potentiell zu nutzen gewesen wären. Allerdings gab es sicherlich viele sehr nasse Flächen, die Weidetiere nach Möglichkeit meiden würden.

Im Gebiet um Murnau sind uns keine konkreten Hinweise auf Größe und Artenzusammensetzung von Beständen wildlebender Pflanzenfresser oder Haustiere bekannt. Ob und wenn ja inwieweit, Weidetiere wildlebende Arten verdrängten, welche Rolle Kreuzungen von Haus- und Wildtieren spielten und wie stark der Jagddruck war, können wir also nicht abschätzen. Wir wissen nur, dass diese Vorgänge stattgefunden haben.

Über den Offenlandanteil und die Bedeutung von großen Pflanzenfressern (Megaherbivoren) kann also auch für diesen Zeitraum nur spekuliert werden. Wahrscheinlich war auch der Biber an der Landschaftsgestaltung beteiligt. Er konnte die vorhandenen Bäche aufstauen und so Flächen für eine Bestockung mit Gehölzen zu nass halten. Die Folge sind sogenannte Biberwiesen, also nasse Wiesen an Bächen, die ohne Einwirkung des Bibers von Wald gesäumt wären.

Wenn wir die möglichen Standorte von Mehlprimeln zu dieser Zeit betrachten, kommen neben den Wildwechseln also mindestens ab dem 4. vorchristlichen Jahrtausend noch die Ränder von Pfaden von Weidetieren und Menschen als potentielle Reliktstandorte hinzu.

Im Nordwesten des Murnauer Mooses mit seiner kontinuierlichen Torfbildung brach mit zunehmender Höhe der Torfschicht nach und nach der Kontakt zum Grundwasser ab. Wasser wurde schließlich nur über Regen zugeführt. Niedermoor wandelte sich zu Hochmoor. Hochmoore können nur dort entstehen, wo die Niederschlagsmengen größer als der Wasserverlust durch Verdunstung ist. Die Torfmoose wachsen in die Höhe. Sie wirken wie ein Schwamm. Das Regenwasser wird durch Kapillarwirkung im Torfkörper gehalten. Die Böden werden durch den fehlenden Kontakt zu kalkhaltigem Mineralboden zunehmend saurer und nährstoffärmer. Dies führt besonders in der Krautschicht zu einer fast vollständigen Verschiebung der Artenzusammensetzung. Gehölze werden mit zunehmender Höhe und Nässe des Hochmoores schwachwüchsiger und fallen schließlich ganz aus. Die letzten Bäume sind Moorkiefern oder Spirken, eine der Latsche verwandte Kiefernart.

Der südliche und östliche Teil des Moores wurde immer noch von Hochwässern der Loisach mitgeprägt. Schneeheide-Kiefernwälder zogen sich zurück, Bruchwälder und Auwälder mit Ulme und Eiche, ab etwa 7.000 BP auch mit Erle und Birke, waren vorherrschend.[14] Die Größe des eigentlichen Moorbereichs schwankte.

Chronozone: Subboreal
Archäologische Epoche: Kupfersteinzeit/Bronzezeit
Klimacharakterisierung: Eichen-, Ulmen-, Linden-, Haselzeit
3.000 bis 800 BP

Ab etwa 3250 v.Chr. endete das Klimaoptimum. Die landwirtschaftlichen Methoden wurden daran angepasst. So setzte sich in der Bronzezeit der Anbau von Dinkel am Alpenrand durch. Als Wintergetreide konnte er in dieser regenreichen Region mit spät einsetzendem Frühjahr relativ sicher Erträge liefern. Er wurde im Wechsel mit langjähriger Spelzengerste angebaut. Emmer hatte als Sommergetreide geringere Erträge und spielte keine Rolle mehr.[15] Nach dem Abernten der Getreidefelder wurden die Tiere darüber getrieben. Sie düngten die Felder mit ihrem Kot und hielten das Unkraut niedrig.

Peters konnte in seinen Pollendiagrammen zeigen, dass ab ca. 3.500 BP die Region mehr oder weniger kontinuierlich und wahrscheinlich auch dichter besiedelt war. Spätestens ab dieser Zeit müssen wir mit einem deutlichen Einfluss des Menschen auf bedeutende Teile der Landschaft ausgehen, auch wenn diese Aktivitäten nicht kontinuierlich die gesamte Fläche betraf. Am Ende der Bronzezeit, zur sogenannten Urnenfeldzeit, ist Pferdehaltung in Flussauen und Mooren Oberbayerns nachgewiesen. Hier gedieh wertvolles Futter mit hohem Faser- und Nährstoffanteil, wie es Pferde brauchen.

Noch bis weit ins 20. Jahrhundert hinein wurde z.B. junges Schilf geschnitten. Es ist sehr zuckerhaltig und wurde Pferden als Ersatz für Hafer gefüttert. Die Siedlungen waren durch Palisaden geschützt. Eine entscheidende Rolle für den Siedlungsstandort spielte die Nähe zu Pferdeweiden, da Pferde wertvoll waren und beschützt werden mussten. Später kam dann auch der Pferdehandel hinzu.[16]

Die Pferde brauchten im Winter Qualitätsfutter im Stall. Hierzu wurde Laubheu genutzt, aber auch Futterpflanzen wie Rispenhirse und Ackerbohne angebaut. Beides konnte nach Bedarf von Mensch und Tier verwendet werden.[17]

Es ist denkbar, dass Bronzesicheln nicht nur zum Ernten von Getreide, sondern auch für die Heuernte Verwendung fand. Die so geernteten Heumengen standen aber sicherlich in keinem Verhältnis zur Wiesmahd mit der Sense, wie wir sie aus späteren Zeiten bis ins 20. Jahrhundert hinein kennen.

Ab dieser Zeit gab es in Deutschland überall Siedlungen an Moorrändern, die seither wichtig für die Pferdehaltung waren.[18] Auch wenn bisher keine Siedlungsreste aus dem Murnauer Raum mit entsprechenden Funden bekannt sind, lässt doch die naturräumliche Situation, die Lage an einem alten Handelsweg (siehe S. 21) und die räumliche Nähe zu Fundstätten auf der Roseninsel im Starnberger See und der Siedlung Pestenacker vermuten, dass auch im Murnauer Moos die Pferdehaltung schon früh eine wichtige Rolle spielte.

Hallstattzeit
Eisenzeit/Eichen-Buchenzeit
Hallstadtzeit (7. Jh v.Chr. bis 450 v.Chr.)
Latènezeit 500 bis 15 v.Chr.

Mit Beginn der Hallstadtzeit kommt es in mehrfacher Hinsicht zu einer Wende:
Das Klima war niederschlagsreich und kühlte stark auf maximal heutiges Niveau ab. Dies führte zu geringem Torfwachstum in den Mooren und damit zu weniger im Torf konservierten Informationen.[19]

Zu dieser Zeit nahmen Rodungen und Ackerbau in Mitteleuropa zu. Der Einfluss des Menschen stieg. Es wurde vermehrt Handel auch mit Lebensmitteln betrieben. Das bedeutet, dass erstmals in der Menschheitsgeschichte die Bevölkerungsdichte nicht nur davon abhängt, für wie viele Menschen die lokalen Erträge reichen. Versorgungslücken konnten durch Handel ausgeglichen werden, sofern andere Produkte zur Verfügung standen.

In der Eisenzeit wurden vorwiegend Eisen (vom Erz bis zum fertigen Produkt), Getreide, Felle und Wolle gehandelt. Für den Murnauer Raum ist davon auszugehen, dass verhüttetes Eisen, Felle und Wolle eine wichtige Rolle gespielt haben. Welche Güter dafür erhalten wurden (Wein, Vasen?) wissen wir nicht. Murnau mit seinen feuchten Wiesen war außerdem prädestiniert für die Viehzucht. Vor allem Pferde dürften ein wertvolles Exportprodukt gewesen sein.

Bei Farchant, südöstlich des Murnauer Mooses ist eine Werkstadt für Eisenerzverarbeitung gefunden worden. Das Erz wurde für die Waffen der Reiter und die Wendepflugscharen verwendet, aber auch für Sensen, Pferdegeschirre und Scheren für die Schafschur. Keramik- und Metallfunde aus Farchant weisen darauf hin, dass das Erz zumindest zum Teil aus Schwaz in Tirol kam [20] und dass Eisen nach Freising ging, (siehe S. 22) Es muss gute Gründe für die Verhüttung gerade an dieser Stelle des Handelswegs gegeben haben. Dies könnten zum einen große nutzbare Holzvorkommen gewesen sein, zum anderen muss die Ernährungssituation der Bevölkerung so gut gewesen sein, dass nicht alle Arbeitskräfte ausschließlich für die Nahrungsmittelproduktion benötigt wurden. Es ist zu vermuten, dass das Holz in den Bergen und auf den erhöht liegenden Bereichen geschlagen wurde; allerdings können auch die Spirken (Moorkiefern) interessant gewesen sein: da sie langsam wachsen, lässt sich auf einen guten Brennwert schließen. Durch ihre geringe Dicke sind sie leichter zu schlagen und zu verarbeiten als dicke Buchen- und Fichtenstämme. Noch aus dem 20. Jahrhundert ist bekannt, dass in den Mooren Spirken geschlagen und Kleinsträucher wie Heidelbeeren und Moosbeeren geschnitten und als Einstreu und Brennmaterial genutzt wurden. Ein weiterer Grund könnte sein, dass nicht nur das Tiroler Erz verhüttet wurde, sondern auch sogenanntes Raseneisenerz. Es ist bekannt, dass im Alpenvorland „Raseneisenerz" gewonnen wurde.[21] Hierbei handelt es sich um Ablagerungen in nassen Böden und Mooren, die durch Eisenausfällung aus dem Grundwasser so stark mit Brauneisen durchsetzt und angereichert sind, dass sie Eisen in verhüttbarer Konzentration enthalten. Für diese Art der Eisengewinnung liegen uns aber keine Belege aus dem Murnauer Moos vor.

Die oben vermutete gute Ernährungssituation der Bevölkerung beruhte darauf, dass nicht nur auf den Moränenhügeln Ackerbau betrieben werden konnte; zusätzlich konnte man im Moos besonders im Sommer das Vieh weiden; die Weidegebiete wurden auch ausgedehnt, weil Viehzucht neben der Eisenverhüttung die einzige Möglichkeit war, Gewinne zu erwirtschaften, mit denen man Handel treiben konnte. Für das Pfrühlmoos sind Waldweide und Rodungen ab der Hallstadtzeit nachgewiesen,[22] für die andern Gebiete ist dies denkbar. Moor und Wälder beherbergten außerdem jagdbares Wild. Beetpflug, Hochäcker, Sense und Aufstallung des Viehs sind seit der Eisenzeit, zum Teil bis ins 20. Jahrhundert hinein entscheidende Faktoren für den Nährstoffkreislauf zwischen Stall und Acker.[23]

Mehlprimel am Wegrand
Foto Jonas Meyer

Die ältesten Sensen und eine Zunahme von Grünlandpollen wurden in Deutschland in der Eisenzeit gefunden. Ab dieser Zeit gab es also eine intensive Wiesennutzung, das heißt, Offenland wurde nicht nur überwiegend beweidet, sondern Gras und Kräuter wurden großflächig geerntet, durch Trocknung haltbar gemacht und erst Monate später verfüttert. In den davorliegenden Jahrtausenden (!) wurden nur oder überwiegend Laub und Zweige als Viehfutter geerntet. Unter Umständen wurden zu dieser Zeit die ersten nennenswerten menschlichen Eingriffe in die Natur im Murnauer Gebiet vorgenommen. In späterer Zeit wurden Wiesen be- und entwässert.

Für die Mehlprimel gab es zu dieser Zeit vermutlich wieder mehr Lebensraum: neben den Wildwechseln können sie auch auf der ein oder anderen mageren und feuchten Mähwiese Platz finden.

Römische Kaiserzeit
15 v. Chr. bis 500 n.Chr.

Während der Römerzeit kam es zu einer klimatischen Erwärmung. Die mittlere Jahrestemperatur lag zum Teil 1–1,5°C über dem langjährigen Mittel von 1961 bis 1990.[24]

Da ab der Römerzeit bessere, da trockenere Getreidelager gebaut wurden, war auch der Anbau anderer Getreidearten wie zum Beispiel Weizen möglich. Es gab ab dieser Zeit auch kräftigere und größere Rinder, die hochwertigeres Futter brauchten.[25] Die Römer schätzten diese Tiere, vor allem die Ochsen als gute und gutmütige Zugtiere. Die Milchproduktion war für sie untergeordnet. Die einheimische Bevölkerung aber nutzte die bodenständigen kleinen Rinder. Milch gehörte für sie zu den Grundnahrungsmitteln.[26] Für das Murnauer Gebiet sind diese kleinen Rinder nachgewiesen: auf den nassen Moorflächen sind robuste, leichte Rinder, die auch mageres Futter verwenden, sinnvoll. Nicht umsonst ist das heutige Murnau-Werdenfelser Rind, das bei seiner Zucht im 18. Jahrhundert als groß galt, kleiner als die aktuellen Hochleistungsrassen und gedeiht mit Futter, das die modernen Rassen nie verwerten könnten. Zur Römerzeit wurden sicher nicht nur die Köchel, sondern mindestens auch die Randbereiche des Moores als Viehweide genutzt.

Pferde, Rinder, Schafe, Schweine und Ziegen wurden gehalten. Alle diese Tiere wurden prinzipiell auf Weiden gehalten und waren höchstens im Winter in Ställen. „Weide" bedeutet dabei aber nicht zwingend „Offenland". Die Übergänge zwischen baumfreien Weiden und Wäldern waren fließend. Weidetiere standen grundsätzlich auch im Wald. Schweine können auch im Bruchwald Futter finden und sind für nasse Standorte geeignet, weil ihre Klauen durch Nässe keinen Schaden nehmen. Die trockeneren und damit ackertauglichen Moränenhügel in Verbindung mit waldbestandenen Köcheln und Bergen (Bauholz, Feuerholz), ausgedehnten Weideflächen, die für einen Wald zu nass, für Vieh aber noch nutzbar waren, dazu offene Flächen auf denen Wild gejagt werden konnte, ein Fluss mit gutem Trinkwasser und Verkehrswege – diese Zusammenstellung muss für die Römer hoch attraktiv gewesen sein.

Der Schwarzsee
gegen Hohe Kiste
Foto Karl Wolf

Für den Bau der Römerstraße wurden Fichten und Tannen geschlagen (4.800 Bäume entsprechen ca. 89 ha).[27] Dies ist der erste Nachweis eines großen menschlichen Eingriffs in die Landschaft. Allerdings ist sehr wahrscheinlich, dass es nicht das erste Mal war, dass das Landschaftsbild im Bereich des Murnauer Mooses von Menschen verändert wurde.

Das wirklich Neue in der Römerzeit waren aber nicht nur die neuen Nutztiere und Nutzpflanzen. Diese neuen Arten in Zusammenhang mit dem wärmeren Klima und besseren Kulturmethoden wie dem Fruchtwechsel[28] ermöglichten es, mehr Nahrungsmittel zu erzeugen, als die Bauern selber benötigten. Nach wie vor verlagerten die einheimischen Bewohner alle paar Jahrzehnte ihren Siedlungsort. Sie bauten an, was sie selbst zum Überleben benötigten. Die Römer aber kannten Schrift und feste Grenzen. Außerdem gab es am Limes dauerhafte feste Siedlungen mit Soldaten und anderen Nichtbauern, die versorgt werden mussten.

Diese Siedlungen, die länger als eine Generation an einem Ort bestanden und von Menschen bewohnt wurden, die überwiegend nicht in der Landwirtschaft tätig waren, stellten einen großen Unterschied zu allen vorherigen Siedlungen im Gebiet dar.[29] Die Menschen in den römischen Siedlungen, die keinen Ackerbau betrieben, mussten versorgt werden. Dies übernahmen die Römischen Villen (Gehöfte).

Für den Bereich des Murnauer Mooses ist die römische Siedlung auf dem Moosbergköchel bekannt. Sie wurde zwischen 260 und 280 n. Chr. und ab 375 bis zum frühen 5. Jahrhundert bewohnt.

Heinzen zum Trocknen von Heu
Foto Jonas Meyer

Völkerwanderung / Kaltzeit
375 n. Chr. bis 568 n. Chr.

Entwicklungsgeschichtlich befinden wir uns immer noch in der Eisenzeit. Sie endete mit dem Beginn des Mittelalters. Historisch wurde die Römerzeit von der Völkerwanderung abgelöst. Man geht heute davon aus, dass eine geringe Sonnenaktivität und ein Vulkanausbruch in den Tropen oder eine Kometenexplosion oder ein Meteoriteneinschlag zwischen 350 und 600 n. Chr. zu einem Klimapessimum führten, das die Völkerwanderung auslöste.[30]
In diese Zeit fällt der Beginn eines Machtzentrums am nahegelegenen Staffelsee, das auf Seite 39 näher besprochen wird. Die Fernverbindungen entlang der Loisach und nach Augsburg bestanden nach wie vor. Es ist daher schwer vorstellbar, dass es am Murnauer Moos nicht wenigstens einige Pferdehalter mit einer Landwirtschaft zur Selbstversorgung gab, die Reisende zumindest gelegentlich mit Pferden versorgten. Nachweise hierzu konnten wir nicht finden. Da die einheimische Bevölkerung nach wie vor ihre Siedlungsstätten nur einige Jahrzehnte nutzte, ist kaum mit archäologischen oder gar schriftlichen Hinweisen zu rechnen.

Mittelalter
ca. 6. bis 15. Jahrhundert

Klimatisch ist das Mittelalter in zwei Abschnitte einzuteilen: In eine Warmzeit, das sogenannte „Mittelalterliche Klimaoptimum", und eine Kaltzeit, die sogenannte „Kleine Eiszeit".

Von 850 n. Chr. bis etwa 1250 n. Chr. kam es wieder zu einer Klimaerwärmung, dem Mittelalterlichen Klimaoptimum. Die Temperaturen lagen je nach Untersuchung bei Werten, die denen der Mitte des 20. Jahrhunderts vergleichbar sind, bis etwa 1,5 bis 2 °C über dem langjährigen Mittel von 1961 bis 1990. Damit verbunden war gegen Ende dieser Epoche die bis dato größte Bevölkerungsdichte und die größte Ausdehnung der Kulturlandschaft.[31] Mit dem Ende der Völkerwanderungszeit erlangten auch die ländlichen Siedlungen Ortsfestigkeit. Daher gab es nach ca. 1000 n. Chr. viele Ortsgründungen.[32] Die Stadt Murnau wurde 1150 gegründet.

Bekannt ist zu dieser Zeit die Existenz von Bär, Wolf, Luchs, Fischotter und Wildschwein[33] im Murnauer Moos. Im 14. und 15. Jahrhundert mussten in Murnau sogar Gehöfte weichen, um die herzogliche Bärenjagd nicht zu gefährden.[34] Die Bären mussten toleriert werden, obwohl sie sich immer wieder am damals noch schwerer ersetzbaren Vieh vergriffen. Auch damals gab es schon „Problembären".

Im Murnauer Moos kam es zu allmählichen Veränderungen: Der Verlauf der Loisach war dem heutigen ähnlich. Allerdings verlagerte der Fluss sein vielarmiges Bett noch regelmäßig, wie es für einen Wildfluss typisch ist. Zusätzlich wurden erste Entwässerungs- und Grenzgräben gezogen. Das Ziehen von Gräben führt oft zu einer Versauerung des Bodens, weil der direkte Kontakt zu kalkhaltigem Grundwasser geringer wird. Eine stärkere Entwässerung bremst allerdings die Entwicklung zu Hochmooren.

Ursprünglich basenreiche Niedermoore werden so zu sauren Niedermooren bzw. in Gebieten, in denen nur der Einfluss der Loisach verschwand und keine Gräben gezogen wurden, auch zu Hochmooren.

Dazwischen gibt es zahlreiche Übergangsstadien. Weil saure Nasswiesen in der Regel weniger produktiv sind als solche mit Kalkversorgung, dürfte sich der Futterwert vieler Flächen durch diese Verlagerung verschlechtert haben, mit negativen Auswirkungen besonders auf die Rinderhaltung. Andererseits stieg die Produktion von Weizen und Hafer auf den Moränenhügeln, die mit der in dieser Epoche aufkommenden Dreifelderwirtschaft zur Eigenversorgung angebaut wurden.

Ungefähr seit dem 8. Jahrhundert n.Chr. werden unkultivierte Standorte, Wälder, Brache- und Stoppelfelder gemeinschaftlich als Allmendweide genutzt. Diese Nutzungsform erhielt sich im Murnauer Moos bis ins 20. Jahrhundert.

Ab dem 14. bis ins 17. Jahrhundert kam es zur sogenannten „Kleinen Eiszeit". Die Temperaturen lagen etwa 1 °C unter dem langjährigen Mittel von 1961 bis 1990. Es kam zu zahlreichen Extremwetterereignissen.[35] Während im Rest von Deutschland die Bevölkerung zurückging, der 30-jährige Krieg und die Pest wüteten, kann in Murnau von einer Besiedlungskontinuität ausgegangen werden. Es gab keine Wüstungen, sondern im Gegenteil eine Nutzungsintensivierung durch zusätzliche Schwaigen.[36] Die Landwirtschaft war auf Viehzucht und Milchwirtschaft spezialisiert. Ab etwa dem 15. Jahrhundert wurde das Gebiet in weiten Bereichen als Viehweide und für die Streumahd genutzt. Die großen extensiv genutzten Moorflächen und die (Nieder-)waldbestandenen Köchel und Berghänge, zusammen mit dem vorhandenen Wild, waren wahrscheinlich ein genügend großer Puffer, um Mindererträge auszugleichen – man nutzte einfach mehr Fläche.

Eingezäunt wurden Dorf, Acker und Wiese, nicht aber die Weiden. Diese waren durch Gräben und Hecken begrenzt und gingen in den beweideten Wald über und der wiederum in den dichten Wald. Deshalb ist auch keine Aussage über das Verhältnis zwischen Wald und waldfreier Fläche möglich.[37] Die deutliche Trennung der beiden Bereiche Wald und Offenland in der Neuzeit hat nicht nur anbautechnische Gründe; die Zuständigkeit unterschiedlicher Ämter, Forstamt und Landwirtschaftsamt, bekräftigt heute diese Strukturen.

Mit der Nutzungsintensivierung im Mittelalter nehmen auch die Streitigkeiten zu, was dazu führt, dass es erste schriftliche Zeugnisse zu Tierbeständen und Bewirtschaftungsformen gibt.

Interessant ist die nach wie vor nicht vollständige Trennung von Wiese und Weide. Vor und Nachweide von Mähwiesen sind durch Verträge in einigen Fällen belegt. Diese Praxis zog sich wohl bis weit in die Neuzeit. Nach Einschätzung von Georgii war vom 15. bis zum Beginn des 18. Jahrhunderts die Beweidung die vorherrschende Nutzung der Moore.[38]

Neuzeit

Der Übergang in die Neuzeit verlief schleichend. Die aus Murnau bekannten Vorkommnisse werden ab S. 75 beschrieben. Sie betrafen besonders auch hydrologische Veränderungen, wie Bau und Pflege einer zunehmenden Anzahl Gräben und der Torfabbau. Für beides standen zunehmend bessere technische Möglichkeiten zur Verfügung. Besitzrechtliche Veränderungen führten zunehmend zur Parzellierung und Privatisierung der Allmenden. (siehe S. 95). Alle irgendwie nutzbaren Flächen (ca. 75% der Gesamtfläche) wurden gemäht und beweidet. Auch auf den Streuwiesen und im Schilf stand im Frühjahr Vieh.[39]

Die erste einschneidende Veränderung war das Nachtweideverbot von 1762. „Früher" liefen die Tiere mehr oder weniger frei auf höchstens durch Gräben und Hecken begrenzten Weiden, oft durch Hirten bewacht. Die Felder und Dörfer, seit dem 15. Jh. auch die Mähwiesen, waren eingezäunt. Seit Einführung des Nachtweideverbots war es umgekehrt: die Tiere wurden eingezäunt, Äcker und Wälder waren offen. Müssen Tiere über Nacht in den Stall, liegen die Weiden näher am Dorf. Heute finden wir allerdings immer wieder gerade auch auf Almen eine reine Nachtweide – nachts werden die Weidetiere nicht von Bremsen gestört, was in schwierigem Gelände auch das Verletzungsrisiko vermindert. Nachts jagende Wölfe müssen nicht mehr gefürchtet werden. Allerdings hielt sich die Waldweide noch bis zum Waldweideverbot im ausgehenden 18. Jahrhundert.

Mit der Einführung des Nachtweideverbotes, einer verstärkten Milchwirtschaft und der damit verbundenen verstärkten Stallhaltung von Tieren, vergrößerte sich auch der Bedarf an Einstreu. Die Streuwiesenwirtschaft, wie sie bis in die zweite Hälfte des 20. Jahrhunderts verbreitet war und wie die Älteren die Streuwiesen daher als „natürlich" empfinden, ist also in großer Ausdehnung gerade einmal 250 Jahre alt. Davor gab es sie auch, aber in geringerem Ausmaß.

Nach Georgii gab es bis in die 1950er Jahre eine gemeinschaftlich behirtete Beweidung vor allem mit Murnau-Werdenfelser Rindern. In den historischen Quellen werden immer aber auch Pferde, Schafe und Schweine genannt, wenn auch in deutlich geringerer Zahl. Selbst die Streuwiesen wurden bis Ende Mai mit Vieh bestoßen. Im Sommer blieb das Vieh im Stall und kam nach der Heu- und Grummeternte auf die Weiden. In einigen Bereichen blieb das Vieh bis Mitte/Ende Juni auf den Weiden und wurde dann auf die Almen getrieben. Die Eschenloher Allmende wurde von Mai bis September beweidet. Das Jungvieh kam auf die Almen.

Die hohe Zeit der Streuwiesen ist auch die hohe Zeit der Mehlprimel. Diese mageren und feuchten Wiesen, deren Aufwuchs nur als Einstreu verwendet werden kann, sind der ideale Lebensraum für Mehlprimel und Stengellosen Enzian. Im Frühjahr färbten sich so weite Bereiche des Voralpenlandes rosa und blau von den Blüten der beiden Arten.

Mit der Verbesserung der Transportwege (Eisenbahn, LKW) wurde Stroh als Einstreu billig und leicht verfügbar. Die aufwändig zu bearbeitenden nassen Streuwiesen wurden nach und nach aufgegeben.

Bis Mitte des 20. Jahrhunderts wurde die Streu mit der Sense, später mit kleinen Traktoren und Mähwerken gemäht und auf Strahdrischen und Heinzen zum Trocknen und Zwischenlagern aufgesetzt. Hierfür waren viele helfende Hände notwendig. Mit den heute üblichen schweren Traktoren und wenigen Menschen, wurde die Streugewinnung auf den nassen Böden zunehmend unattraktiv. Da umgekehrt Stroh über große Distanzen transportiert werden konnte und damit die Preise sanken, wurden viele Streuwiesen aufgegeben und verbuschten zusehends. Mehlprimeln und Enziane können sich auf den verfilzten und verbuschten Wiesen nicht mehr durchsetzen und verschwinden. Sie finden keine Reliktstandorte mehr, weil selbst die Wildwechsel meist über gedüngte Wiesen oder zu dunkle Wälder führen. Die Verbuschung führt zwar bei nicht zu nassen Verhältnissen irgendwann zu einem Baumbestand; dieser hat aber mit einem ursprünglichen und natürlichen Wald oft nicht viel gemein.

Über den „natürlichen" Zustand lässt sich trefflich streiten. Weil seit der Eiszeit immer wieder und seit mindestens ein bis zweitausend Jahren durchgehend in eine natürliche Entwicklung eingegriffen wurde, gibt es keinen natürlichen Klimaxzustand, also den natürlichen Endzustand einer natürlichen Entwicklung, zu dem sich eine Fläche zurück entwickeln könnte „würde der Mensch nur die Finger davon lassen". Diese Entwicklung zurück zum mehr oder weniger stabilen natürlichen Zustand, kann es nur in Hochmooren, einigen Hochlagen der Mittelgebirge (z.B. Bayerischer Wald) und den Tropischen Regenwäldern geben. In Niedermooren ist dies kaum möglich. Dies ist in der Regel Kulturlandschaft.

Der Verlust von Streuwiesen in der 2. Hälfte des 20. Jahrhunderts wurde 1984 durch das Bayerische Staatsministerium für Landesentwicklung und Umweltfragen durch die Einführung des finanziellen Erschwernisausgleichs gestoppt. Allerdings wurde damit eine strenge Trennung von Futterwiese und Streuwiese vollzogen, wie sie in der Vergangenheit nicht immer bestanden hat. Auch die Vor- oder Nachweide der Streuwiesen gibt es nicht mehr.

Selbst die Hochmoore wurden nicht erst durch den verstärkten Torfabbau im 20. Jahrhundert verändert. DINGLER[40] beschreibt, woran sich noch manch ältere Anwohner erinnern: Die Spirken (Moorkiefern) wurden geschlagen und die Kleinsträucher (Heidelbeeren, Heidekraut) als Einstreu geerntet. Aus persönlichen Erzählungen ist auch bekannt, dass noch bis in die 2. Hälfte des 20. Jahrhunderts Ochsen ins Moor getrieben und erst im Herbst wieder geholt wurden.

Heute ist die Trennung von Vieh und Landschaft extremer: Die Tiere sind ganzjährig in Laufställen. Zäune gibt es vor allem um Hausgärten und – wo vorhanden – noch um Weiden. Auf den Wiesen gibt es keine Verkotung mehr und keine Trittschäden. Dies hat für die Landwirtschaft viele Vorteile: das zeitaufwändige in den Stall und wieder hinaus Treiben fällt ebenso weg, wie die Verluste durch Trittschäden. Auch Insekten werden von den Tieren fern gehalten. Die auf Kot spezialisierten Insekten und die Rohboden besiedelnden Tiere und Pflanzen verschwinden allerdings von den nicht beweideten, meist gegüllten Flächen.

Die einheitlich mit hohen Mengen an Gülle versorgten Flächen produzieren mit wenigen Arten viel Biomasse/Futter. Vorweide oder Nachweide, also eine Beweidung von Wiesen vor der Wachstumszeit bis etwa Ende Mai und nach der Heu- und Grummeternte im Spätsommer,[41] gibt es nur noch selten. Die zügige maschinelle Mahd großer Flächen führt zu einer Vereinheitlichung der Landschaft.

Konnten Wildtiere früher leicht zwischen frisch gemähten und ungemähten Flächen hin und her wechseln, ist dies heute meist schwierig bis unmöglich. Düngeverzicht und festgelegte Schnittzeitpunkte im Vertragsnaturschutz können die früheren Verhältnisse aber nur unzureichend nachbilden. Ein dauernder Artenschwund ist die Folge.

Die zunehmend im Stall gehaltenen Tiere werden außerhalb der biologischen Landwirtschaft nur noch zum Teil mit Futter von hofeigenen Flächen gefüttert. Die Stoffkreisläufe sind nicht mehr lokal begrenzt. Futtermittel werden industriell hergestellt. Die Pflanzen hierzu werden selbst auf anderen Kontinenten angebaut. Standen nach Tremmel[42] in Murnau im Mittelalter die Tiere noch in einer Dichte von 0,29 GV/ha (Großvieheinheiten je Hektar),[43] so sind heute mehr als 2 bis zu 5 GV normal und bis zu 10 GV/ha möglich. In Biolandbetrieben sind bis 2 GV/ha erlaubt. Die heutige Kuh produziert aber mindestens die gleiche Menge Mist, wie die rechnerische Kuh der Vergangenheit. Dieser Mist wird nicht zurück in die Ursprungsländer des Futters transportiert, sondern lokal, meist als Gülle auf den Wiesen ausgebracht.

Auch die Eigentumsverhältnisse haben einen großen Einfluss auf die Gestaltung der Landschaft: in den vergangenen Jahrtausenden befand sich ein Großteil der Flächen des Murnauer Mooses in Gemeineigentum oder im Eigentum von Großgrundbesitzern wie den Klöstern. Nutzungsrechte wurden zeitlich begrenzt verliehen. Diese Allmendenutzung dauerte etwa von 700 n. Chr. bis Mitte des 20. Jahrhunderts, teilweise sogar bis heute. Bis Mitte des 20. Jahrhunderts wurde die Beweidung großenteils gemeinschaftlich und mit Behirtung durchgeführt.[44] Die Zahl der Nutzer war groß. In einigen Zeiten gab es mehr Bewerber als Grund, was sich unter anderem in den Dokumenten zur Aufnahme von Fremdvieh ausdrückt. Ab der zweiten Hälfte des 16. Jahrhunderts bis Mitte 20. Jahrhunderts wurden Parzellen auf bis zu 10 Jahre verlost. Seit dem ausgehenden 20. Jahrhundert geht die Zahl der Flächennutzer zurück. Noch stärker ist der Schwund der (billigen) Arbeitskräfte – Knechte, Mägde und unverheiratete Geschwister stehen nicht mehr als Arbeitskräfte zur Verfügung, die sich mit einem Gewand, einem trockenen Nachtlager und einem gefülltem Teller glücklich schätzen. Als Folge werden viele Flurstücke von wenigen Landwirten mit großen Spezialmaschinen bewirtschaftet. Nur so sind sie wirtschaftlich konkurrenzfähig. Allerdings werden so große Flächen gleichzeitig und schnell gemäht und abgeräumt. Vor allem nicht flugfähige Tiere wie etliche Insekten zumindest in ihren Jugendstadien oder noch flugunfähige bodenbrütende Vögel und ihre Gelege, gehen dabei zu Grunde.

Zu einer zunehmend technisierten Landwirtschaft gehören auch andere, teils industrielle Faktoren, wie der Torfabbau im 20. Jahrhundert und der Gesteinsabbau. Beides wird auf Seite 119 erörtert. Heute ist der Torfabbau in Bayern mit wenigen kleinen Ausnahmen verboten. Brenntorf spielt in Zeiten von Öl und Gas auch keine Rolle mehr. Nicht vergessen werden sollte aber, dass wertvolle intakte Hochmoore in anderen Regionen Europas durchaus noch großflächig abgebaut und damit 10.000 Jahre alte Pflanzen und Biotope zerstört werden. Grund ist aber nicht mehr der essentielle Wunsch, im Winter nicht zu erfrieren und eine warme Mahlzeit zu bekommen, sondern Zierpflanzen in Töpfen und Gärten zu haben.

Nicht zu vergessen ist ein anderer Faktor, der eine ungestörte natürliche Entwicklung beeinflusst, vor Ort aber nicht gänzlich verändert werden kann: Die Belastung mit Stickoxiden aus der Luft. Sie liegt nach Wagner in Deutschland bei durchschnittlich 18 kg Stickstoff-Deposition pro ha und Jahr. Eine ungedüngte Fläche erhält heute durch die Luftverschmutzung mehr verwertbaren Stickstoff als extensives Grünland in den 1950er Jahren des vorigen Jahrhunderts. Weil nährstoffarme Standorte meist artenreich sind, besteht eine besondere Bedrohung für Arten magerer Standorte selbst dann, wenn sich ihre Nutzung augenscheinlich nicht verändert hat.

Die nun schon häufig betrachtete Mehlprimel bekommt jetzt alleine durch die Düngung aus der Luft mehr Konkurrenz durch stärker wüchsige Arten, die auf eine bessere Stickstoffversorgung angewiesen sind.

Hinzu kommen Emissionen, die die Versauerung von Böden beeinflussen – Stichwort „Saurer Regen", der natürlich nicht nur auf Wälder Einfluss hat, sondern auch die Artenzusammensetzung nicht bewaldeter Flächen beeinflusst. Diesem Einfluss kann man keine Fläche entziehen.

Ein weiterer Faktor der Landschaftsgestaltung liegt in der gewachsenen Arbeitsteilung und der globalisierten Nahrungsmittelproduktion. Wurde Landschaft in der Vergangenheit in erster Linie durch essentielle Bedürfnisse wie Essen und Wohnen durch Menschen genutzt und verändert, so spielt heute die Freizeitnutzung eine große Rolle. Sie wird mehr und mehr als essentiell empfunden, nicht mehr die Gewinnung von Lebensmitteln. Letztere werden nur noch in Ausnahmefällen vor Ort produziert. Man könnte provokant formulieren: Das Gebiet ist intakt, wenn das Radwegenetz gut ausgebaut ist, nicht wenn es die Bevölkerung ernährt.

Wichtig für die Zukunft ist, neue Ziele zu definieren, sich über das grundsätzliche Lebensrecht anderer Lebewesen im Klaren zu sein und entsprechende Maßnahmen zu planen und zu finanzieren.

ANMERKUNGEN
TEIL I

Christine Rädlinger

Kultivierte Wildnis

Geschichte des Murnauer Mooses

1
Straßen im Moos

Seite 12 bis 45

1 Doben/Frank, S. 18–20, S. 113; Feldmann, S. 16 f.; Engelbrecht, S. 18 f.

2 Dacqué, S. 24 f.; Doben/Frank, S. 17

3 Doben/Frank, S. 114 f.; zum Kohlenabbau bei Murnau s.u.

4 Feldmann, S. 18–20

5 Jerz, S. 43; Doben/Frank, S. 41; Th. Schneider, Schwemmkegel, S. 46

6 Feldmann, S. 22–23; Th. Schneider, Schwemmkegel, S. 137

7 Laforce/Schuch, S. 56 f; Th. Schneider, Schwemmkegel, S. 45 f., S. 289

8 Jerz, S. 43; Laforce/Schuch, S. 63; Th. Schneider, Naturräumliche Ausstattung, S. 151–158

9 Th. Schneider, Naturräumliche Ausstattung, S. 158; zu den Schwemmkegeln in historischer Zeit Th. Schneider/Immerz. Ein Verlauf der Loisach zwischen den Kocheln nach Norden wie ihn der Botaniker und Innsbrucker Professor Helmut Gams, vermutetet, Marktarchiv Murnau, Nachlass Dr. Haeckel, A I,3 v. 15.06.1971 sowie noch Th. Schneider, Schwemmkegel, S. 142 f., wird heute als weniger wahrscheinlich angenommen.

10 Th. Schneider, Schwemmkegel, S. 58 f., S. 144

11 Th Schneider, Schwemmkegel, S. 60; z. Schwarzsee S. Krämer, (1965), S. 151, der davon ausgeht, dass der Schwarzsee ein Restsee ist.

12 Th. Schneider, Schwemmkegel, S. 47, 60

13 z. Pfrühlmoos K. Weber, S. 74; der Lange Filz bei M. Peters, Pollenanalytische Untersuchungen, S. 127. Vgl. Michael Peters/Martinus Fesq-Martin/Amei Lang/Catherina Sokol/Arne Friedmann, Die Münchshöfener Kultur und ihr Zusammenhang mit ersten Cerealia-Nachweisen im oberbayerischen Alpenvorland, Münchshöfener Kultur.pdf (Zugriff am 01.09.2019) Hier wird als möglicher Grund für diese temporären Ansiedelungen der Beginn von Kupferabbau im Tiroler Inntal angeführt.

14 Wührer, S. 58

15 Wührer, S. 59 f.; eine Liste von Funden bei Zanier, Eschenlohe, S. 216; Bayer. Landesamt für Denkmalpflege, Bayer. Denkmalatlas Nr. D-1-8332-0018

16 M. Peters, Kelten, S. 552; ders., Pollenanalytische Untersuchungen, S. 127; z. Regional- und Ferntransport der Pollen K. Weber, S. 30; zur rotierenden Nutzung von Siedlungsland A. Lang, 1996, S. 36; Diepolder, S. 171

17 K. Weber, S. 74

18 Bürger, S. 127, 170

19 Küster, Geschichte der Landschaft, S. 122; s. dazu auch Tappertzhofen in diesem Band.

20 Wührer, S. 59 f.; Trixl, S. 24

21 A. Lang, 2010, S. 13

22 Koschik, S. 64.

23 A. Lang, 1995; dies., 2010; zu einem schmalen Streifen rätischer Besiedelung entlang des südbayerischen Alpenfußes zuletzt Zanier, Döttenbichl, S. 525–533; Eschenlohe, S. 217; s. a. Stefan Schumacher, Rätische Inschriften im Pürschlinggebiet bei Unterammergau, in: W. Zanier, Der Spätlatène- und frühkaiserliche Opferplatz auf dem Döttenbichl südlich von Oberammergau (Münchner Beiträge zur Vor- und Frühgeschichte Bd. 62) Bayerische Akademie der Wissenschaften, München 2016, S. 821–829

24 Liste der Denkmäler und Bodendenkmäler des Bayerisches Landesamts für Denkmalpflege, Reg.bez. Obb., Gap, Eschenlohe, Stand 20.08.2014

25 Wührer, S. 60 f.; A. Lang, 1995, S. 5

26 K. Weber, S. 74; M. Peters, Kelten, S. 552; ders., Pollenanalytische Untersuchungen, S. 129 f.; Wührer, S. 61 f; Haas-Gebhard, S. 35; Th. Wagner, S. 9

27 Dazu Zanier, Döttenbichl; ders., Alpenfeldzug, S. 17

28 dazu M. Peters, Kelten, S. 552; ders., Pollenanalytische Untersuchungen, S. 130; Zanier, Alpenfeldzug, S. 11 nimmt anhand der schriftlichen Quellen eine durchgängige Besiedelung zumindest des Alpennordrands an; vgl. auch ders., Eschenlohe, S. 217

29 Garbsch, S. 4; Esders, Öffentliche Aufgaben, S. 198; dazu a. Heitmeier, Verkehrsorganisation, S. 28

30 Dietz, S. 92

31 Lang/Schultz/Zanier, Holz-Kies-Straße, S. 31; Zanier, Archäologisch-historische Auswertung, S. 196, 203; hier auch zur Diskussion über die Datierung des Ausbaus.

32 Vgl. Lang/Schultz/Zanier, Via Claudia, S. 318

33 F. Wagner, S. 74

34 Diese Straßenstation ist nur aus einer mittelalterlichen Kopie der römischen Straßenkarte bekannt. Die lange diskutierte Zuordnung ad Cofeliacas zum Oberammergauer Kofel soll hier nicht wieder aufgegriffen werden. Heute wird allgemein der Moosberg im Murnauer Moos mit dieser Bezeichnung verbunden.

35 Lang/Schultz/ Zanier, Holz-Kies-Straße, S. 25–30; zuletzt Bankus, S. 58

36 dazu ausführlich Herzig; Bankus, S. 57–61.

37 Lang/Schultz/ Zanier, Holz-Kies-Straße, S. 29, 30 f.; Herzig, 118; Zanier, Archäologisch-historische Auswertung, S. 184, S. 188 f.

38 Zanier, Archäologisch-historische Auswertung, S. 190–195, 197 f., 209–215

39 Dazu die Beispiele in: conquiescamus! longum iter fecimus. Römische Raststationen und Straßeninfrastrukturen im Ostalpenraum, Akten des Kolloquiums zur Forschungslage zu römischen Straßenstationen Innsbruck 4./5. Juni 2009 (= IKARUS Bd. 6), Innsbruck 2010

40 Dazu Zanier, Archäologisch-historische Auswertung, S. 216

41 Vgl. auch die Fotos unten

42 Zusammengefasst in Mackensen, Th. Wagner

43 Mackensen, S. 235; Th. Wagner, S. 31; H. Steiner/Isabelle Harb, Römische Straßenstationen an der Via Claudia Augusta auf der Malser Heide (Vinschgau), in: conquiescamus! longum iter fecimus, (s. Anm. 39) S. 190–213, S. 213

44 F. Wagner, S. 78; Zanier, Archäologisch-historische Auswertung, S. 218–220, der eine Zuordnung des Wegeabschnitts zur Siedlung auf dem Moosbergköchel angesichts der ungesicherten Datierung nur als „plausibel" annimmt.

45 Mackensen, S. 235; Th. Wagner, S. 21

46 F. Wagner, S. 77.

47 Garbsch, S. 72; Mackensen, S. 234 f.; Th. Wagner, S. 22

48 Garbsch, S. S. 67–69

49 Garbsch, S. 67; Jütting, S. 113; J. Peters,183 f.

50 Dazu Later u. Deutinger

51 Mackenesen, S. 235.

52 Garbsch, S. 5

53 Haas-Gebhard, Insel Wörth, S. 38

54 Haas-Gebhard, Insel Wörth, S. 41–43

55 Haas-Gebhard, Insel Wörth, S. 42

56 s. dazu die von Hubert Fehr und Irmtraud Heitmeier im Jahr 2012 herausgegebene Aufsatzsammlung.

57 Th. Fischer, Spätzeit, S. 404

58 Th. Fischer, von den Römern zu den Bajuwaren, S. 406 f

59 Th. Fischer, von den Römern zu den Bajuwaren, S. 410; zur pagus-Diskussion Heitmeier, Herzogtum, S. 580, und zu H. Wolfram, der den Wallgau zu dieser Zeit nicht als menschenleere Ödnis sieht.

60 Haas-Gebhard, Unterhaching; z. Finsinger Weg Schefzik/Volpert, S. 13.

61 Th. Fischer, 411; Later, S. 569

62 Dazu H. u. M. Menke; Wührer, Archäologische Einordnung, zur kulturellen Einordnung des Gräberfelds

63 F. Wagner, S. 79

64 Scholz, S. 26–65

65 Heitmeier, Herzogtum, S. 592–600

66 Vgl. Greule, der den Ort im Elsass vermutet und das althochdeutsche staffal, stafful für Staffel, Stufe als namengebend annimmt.

67 Haas-Gebhard, Insel Wörth, S. 57–61; dies., Staffelsee, S. 2233; dazu jedoch Later, S. 581 f., der eine nichtchristliche Nutzung des ersten Steinbaus ebenfalls für möglich hält.

68 Die Schenkung in MB 7, S. 38; Leo Weber, S. 226; Haas-Gebhard, Insel Wörth, S. 31; z. den Klostergründern Prinz, Frühes Mönchtum, S. 434; Reindel, S. 218 f., nimmt eher eine agilolfingische Gründung an

69 Prinz, Innere Entwicklung, S. 356. Die Verbindungen der Klöster Polling und Wessobrunn zu den Agilolfingern soll hier nicht weiter diskutiert werden, vgl. Reindel, S. 212, 219f.

70 dazu Störmer

71 Thomas Meier, S. 124 ff.; Elmshäuser, S. 354

72 Brevium Exempla, S. 250–252; grundsätzlich dazu Elmshäuser; Paulus; Haas-Gebhard, S. 57, 61, 68–76, S. 80. Zur Datierung um 790 Prinz, Innere Entwicklung, S. 358, der das Inventar in einer Reihe mit den Güterverzeichnissen anderer bayerischer Bistümer und Klöster nach der Absetzung Tassilos III. durch Karl d. Gr. sieht. Direkter Auftraggeber dürfte aber der Bischof von Augsburg Sintpert oder sein Nachfolger Hanto gewesen sein, s. Elmshäuser, S. 352. Elmshäuser datiert das Inventar daher auf 810.

73 Dazu Later; ebd., S. 599 zu mehreren christlichen Glaubensgemeinschaften an einem Ort. Noch eindeutiger Deutinger, S. 613–624

74 Brevium Exempla, S. 252, vgl. Fastlinger, S. 142

75 Beispiele bei Haas-Gebhard, Insel Wörth, S. 30

76 Vgl. die Aufstellung in Brevium Exempla, S. 252

77 Schätzung von Dollinger, S. 114; diese Größenordnung muss jedoch nicht zwingend sein.

78 Grüninger, S. 663; Heitmeier, Herzogtum, S. 593

79 Brevium Exempla, S. 252; Ausführlich dazu und zu den folgenden Abschnitten Esders, S. 191–200

80 Brevium Exempla, S. 252; zu carrada Esders, S. 204, S. 199 Anm. 45; zur Villikation Grüninger, S. 678

81 Heitmeier, Verkehrsorganisation, S. 28; s. andererseits Greuler

82 Grüninger, S. 854; Thomas Meier, S. 144; zur Militärorganisation Esders, S. 199. Die Verteidigung war inzwischen nach Süden, Richtung Italien ausgerichtet.

83 Haas-Gebhard, Archäologische Ausgrabungen, S. 156

84 Zur Einführung des Bistums und zu seinem Ende existieren höchst unterschiedliche Daten; zuletzt dazu Leo Weber. In den Brevium Exempla wird das Kloster im Staffelsee als Teil des Bistums Augsburg gesehen.

85 Die Urkunde von 1246 in MB 16, Nr. 5, S. 265; Verwalter Ulrich Nick in BayHStA, GU Murnau Nr. 157 v. 1451, Nr. 184 v. 1454; dazu auch Hruschka, Mittelalter, S. 66

86 zur römischen Straße Steidl, S. 73–80; zu Neuburg S. Czysz/ Dietz/ Fischer/ Kellner, S. 488 f.

87 Vgl. Marktarchiv Murnau, Urkunde v. 12.5.1476; dazu Baumann, S. 43 ff.; Malzer, S. 287 f.; zu Zirl s. ebd., Kurbaiern 18299 v. 1462 Oktober 25

88 Haberstroh, S. 559 f.; die frühmittelalterlichen Gräber auf geoportal.bayern.de/bayernatlas-klassik

89 Reitzenstein, S. 220

2
Das bäuerliche Weidegebiet
Seite 46 bis 73

90 s. dazu die Darstellung auf dem Plan von 1699

91 Koschade/Hruschka, S. 252; Kratzsch/Winghart, S. 3–5, 29–32; zur Glocke auch G. Krauß

92 Th. Meier, S. 149 f.

93 Fastlinger, S. 52, 64 f., 146 f.; Wismüller 1, S. 4

94 Baumann, S. 117

95 Butz, Grafenaschau, S. 7 ohne genauere Angaben

96 MB 7, Nr. 1, S. 229 f; Hruschka, katholische Kirche, S. 252; zu Weichs G. Buchner, S. 161

97 MB 34 b, S. 371 ff

98 zu Aschau als Teil der Pfarrei „Ramsau" S. Butz, Grafenaschau, S. 7

99 BayHStA, KL Fasz. 210 Nr. 50, o. Dat.

100 Hemmerle, S. 336, 415.

101 Hruschka, Mittelalter, S. 69; zu Hagen S. Gebhart, S. 97 f.

102 Albrecht, Ettal, S. 29.

103 MB 34 b, S. 372

104 Hruschka, Mittelalter, S. 67

105 MB 34 b, S. 372

106 Hruschka, Mittelalter, S. 141

107 Baumann, S. 24 f.; Hurschka, Mittelalter, S. 72–74

108 BayHStA, GU Murnau 1338 Juni 26

109 Marktarchiv Murnau, Urkunde v. 1476 Mai 31; Hruschka, S. 74 f

110 Marktarchiv Murnau, Urkunden Abschriften v. 1360 November 30; Baumann, S. 30 spricht hier fälschlicherweise von Ober- und Niederried

111 Baumann, S 43–47, S. 62–65, S. 81–84; Hruschka, Mittelalter, S. 75

112 BayHStA, GU Murnau 1432 März 13, v. 1436 Mai 31, v. 1444 August 11, v. 1453 August 29, v. 1479 Oktober 13; Baumann, S. 34–37

113 BayHStA, Urkunden Kurbaiern 18196 v. 1454 Juni 11

114 Die Stellung des Pflegers geht aus den getätigten Rechtsgeschäften, s. die oben erwähnten Urkunden. Entsprechend des mittelalterlichen Eigentumsrechts war die Zustimmung bei Tausch und Verkauf derjenigen Person nötig, die das Obereigentum an einem Grundstück besaß. In den Unterlagen des Weilheimer Heiliggeistspitals erscheint das Weghaus nicht.

115 BayHStA, GU Urkunden Murnau Nr. 25 von 1457; Nr. 155 v. 1451, Nr. 157 v. 1451, 133/134 beide 1444, Nr. 151 v. 1449, Nr. 175, 184 (beide 1454) Nr. 208 v. 1462.

116 BayHStA, GL Fasz. 2897 Nr. 50, Beschreibung der Wasserschäden v. 9.1.1741

117 BayHStA, KL Fasz. 210, Nr. 50; Kastner, S. 84–86

118 BayHStA, GL Fasz. 2897 Nr. 50, Beschreibung der Wasserschäden v. 9.1.1741

119 Kastner, S. 88, nennt für 1802 neben 12 Zugpferden neun Ochsen, 22 Mastbullen, neun Melkkühe und ein Kalb

120 Baumann, S. 117

121 Albrecht, Ettal, S. 30, 49

122 1350 finden sich alle Besitzungen im ersten Salbuch Kloster Ettals, Albrecht, Ettal, S. 29.

123 Johann Andreas Schmeller Bayerisches Wörterbuch 1, Nachdruck München 2002, Sp. 1021f.

124 BayHStA, GU Murnau, v. 1450 September 4, 1452 August 8; Malmühle und Sägmühle im Leibgedingsbrief v. ebd., 1484 Februar 2

125 Albrecht, 4, S. 21; Helmuth Stahleder, Herzogs- und Bürgerstadt. Die Jahre 1157–1505, Chronik der Stadt München 1, München 1995, S. 240

126 Brevium Exempla, S. 252

127 von den Driesch/Manhart, S. 283

128 Küster, S. 122

129 MB 34 b, S. 372

130 MB 34 b, S. 372

131 MB 34 b, S. 372

132 K. Weber, S. 76

133 Dollinger, S. 384

134 Sandberger, S. 313, 363

135 MB 34 b, S. 372; z. Lokalisierung Fronrieds Butz, Vorder- und Hinterbraunau, S. 19; Maasberg, S. 155; zum Übergang in den Besitz Murnaus Hruschka, Mittelalter, S. 198

136 BayHStA, GU Murnau 1349 April 5; 1349 April 6

137 Butz, Vorder- und Hinterbraunau, S. 14–17

138 BayHStA, GU Murnau, Nr. 142 v. 1446 Leibgedingsbrief für Heinz den Hohenleitner; Heinz Hohenleitner ist 1452 in Aschau angesiedelt, s. GU Murnau, Nr. 162; der Verkauf an Kloster Andechs in ebd., Nr. 216 v. 1465 Dezember 27, mit Notizzettel zum Tausch mit Kloster Ettal; Volkert (Spindler 2), S. 569

139 vgl. Leibgedingsbrief BayHStA, GU Murnau, v. 1472 November 30

140 BayHStA, GU Murnau Nr. 219, 220, 221 von 1467; s.a Butz, Grafenaschau, S.8, der von einer Teilung der ersten Aschauer Schwaige ausgeht. Leider verzichtete Butz auf Fußnoten.

141 Ober, S.61, 344

142 Ober, S.235

143 Beck, S.26 f., 28 f.

144 BayHStA. KL Fasz. 204 Nr. 36, v.12. Juni 1567, Streit um den Viehtrieb im Grainbichl zwischen Kohlgrub und Murnau; die Almweide z.B. in BayHStA, KL Fasz. 206 Nr. 41

145 BayHStA, KL Fasz. 205 Nr. 40, Abschrift

146 BayHStA, KL Fasz. 204 Nr. 37 v. 26.4.1574, Abschrift

147 Marktarchiv Murnau, A XI Differenzen wegen Weide, Holz- und Besitzrechte

148 BayHStA, KL Fasz. 210 Nr. 50, Beschwerdebrief Eschenlohe 1583

149 Generell ist damit ein zu mähender Platz gemeint, Schmeller,1, Sp. 1567

150 Marktarchiv Murnau, A XI, Differenzen wegen Weide, Holz- und Besitzrechten, v. 1479

151 Marktarchiv Murnau, A XI, Differenzen wegen Weide, Holz- und Besitzrechten, v. 1483; Baumann, S.48

152 BayHStA, KL Fasz. 210 Nr. 50, v. 30.8.1583, „ein Zetl mit alter Handschrift"; Marktarchiv Murnau, A XI Differenzen mit Auswärtigen; Baumann, S.47 f.

153 Marktarchiv Murnau, A XI Differenzen mit Auswärtigen, v. 1486; Baumann, S.48

154 BayHStA, KL Fasz. 204 Nr. 36, Vertrag v. 21. 4. 1557

155 Remigius Vollmann, Flurnamensammlung in Bayern. Heimatstudien. Sonderbeigaben zu den Bayerischen Heften für Volkskunde herausgegeben vom Bayerischen Landesverein für Heimatschutz, o.J. (1919), S.84; M. R. Buck, Oberdeutsches Flurnamenbuch. Ein alphabetisch geordneter Handweiser für Freunde deutscher Sprach- und Kulturgeschichte, 2. Auflage Bayreuth 1931, S.316; Kerbe oder schmale Vertiefung auch bei Joseph Schnetz, Flurnamenkunde. 2. unveränderte Auflage. München: Selbstverlag des Verbandes für Flurnamenforschung, 1963, S.108

156 Die Grünen in der Aschau zwischen Aufacker und Langem Köchel auf dem Plan in Dingler, 1943; die Langen Grünen, Marktarchiv Murnau, Flurnummerpläne; Plan SW 25–14 ergänzt 1962

157 Frdl. Hinweis Helmut Stuber, Murnau

158 Marktarchiv Murnau, A IX Verbot des Moosabbrennens Herzog Wilhelms v. 1530: das Verbot galt für die Untertanen zwischen Ohlstadt und Kochel.

159 Marktarchiv Murnau, A XI Differenzen mit Ettal, von ca. 1500

160 Braunau bestand im 17. Jahrhundert aus 6 Höfen

161 Ober, S.237

162 Die Anzahl der Höfe aus BayHStA, KL Fasz.204 Nr. 37

163 Fastlinger, S.112; Wismüller 1, S.4 f; Malek, S.43

164 Störmer, S.332

165 Wismüller, 1, S.5

166 Vgl. die Beschwerde der Eschenloher in BayHStA, KL 210 Nr. 50; Baumann, S.38, 54, 114

167 Marktarchiv Murnau, A XI, Verleihung und Verlosung Gemeindegründe, v. 25.5.1583

168 Marktarchiv Murnau, A IX Grabenmachen im Moos; BayHStA, Kl Fasz. 204 Nr. 36, 142 r v. 1570/71

169 Vgl. Wismüller 1, S.6

170 Marktarchiv Murnau, A XI, Streit mit Ettal und dem Müller zu Mühlhabing, Extract o.Dat.

171 Marktarchiv Murnau, A IX Grabenmachen im Moos

172 Marktarchiv Murnau, A XI, Verleihung und Verlosung Gemeindegründe

173 BayHStA, KL Fasz. 204 Nr. 36, Rezess v. 20. November 1556; Marktgemeinde Murnau, A XI Verleihung und Verlosung Gemeindegründe

174 Marktgemeinde Murnau, A XI Differenzen mit Ettal wegen der Rolisch- und Ramsachlüsse

175 Marktgemeinde Murnau, A XI, Grabenmachen im Moos; ebd., 1699–1702

176 Zu sehen ist diese Riese auf dem Plan zum Grabennetz im Murnauer Moos von 1699, Marktarchiv Murnau.

177 Baumann, S.50 f

178 BayHStA, KL Fasz. 2898 Nr. 51, Castulus Riedl v. 17.6. 1757

179 Vgl. den Plan von 1699

180 BayHStA, KL Fasz. 2898, Nr. 51, v. 12.11.1640

181 BayHStA, KL Fasz. 2898, Nr. 51, v. 28.7.1730; v. 2.10.1756; v. 17.6.1757

182 BayHStA, KL Fasz. 204 Nr. 36 v. Juni 1643; Fasz. 210 Nr. 50 um 1700

183 Ober, S.214; BayHStA, KL Fasz.210 Nr. 50, Stiftbuch des Steinheÿl; s.a. ebd., GL Fasz. 2896 Nr. 50, Produkt Kloster Ettal Nr. 9 „von einem sich zeigenden grauen Steinbruch in den Köcheln, 1683"

184 BayHStA, KL 204 Nr. 36, Juni 1643

185 BayHStA, KL Fasz. 204 Nr. 36

186 Dingler, Tierwelt, S.61

187 Baumann, S.43

188 BayHStA, KL Fasz. 199 Nr. 26, v. 1557

189 BayHStA, KL Fasz. 199 Nr. 26, v. 6.11.1570, 28.5.1571, 22.1.1569, 1571, 1557

190 BayHStA, KL Fasz. 199 Nr. 26, v. 1571; 1573; 20.7.1580;

191 BayHStA, KL Fasz. 204 Nr. 36, Nr. 12, fol. 52 o.Dat.

192 BayHStA, KL Fasz. 204 Nr. 36, Stiftsregister ca. 1400, fol. 14; Stiftsregister 1463, fol. 19, v. 1469, fol. 21

193 BayHStA, KL Fasz. 204 Nr. 37 v. 1689

194 BayHStA, Kl Fasz. 204 Nr. 36, 142 r v. 1570/71

195 Marktarchiv Murnau, A XI, Verleihung und Verlosung Gemeindegründe

196 BayHStA, KL Fasz. 204 Nr. 36/ 12

197 Marktarchiv Murnau, A XI 1699–1702 Streit mit Ettal und dem Müller zu Mühlhabing; Baumann, S.60 f.

198 Marktarchiv Murnau, A XI Abschriften von Tauschverträgen über die beiden Güter Rollisch und Ramsach (1451–1479)

199 Marktarchiv Murnau, A XI, 1699–1702 Streit mit Ettal und dem Müller zu Mühlhabing

200 Marktarchiv Murnau, A XI, 1699–1702 Streit mit Ettal und dem Müller zu Mühlhabing; Baumann, S.118

201 Marktarchiv Murnau, A XI, Fischer- und sonstige Differenzen mit Ettal und dem Ettalischen Müller zu Mühlhabing (1710–1738)

202 Zur Verfassung von 1806 und der rechtlichen Situation Murnaus Pledl, S.83

3
Die neue Zeit

Seite 74 bis 113

203 Diese Bestimmungen nach Butz, Grafenaschau, S.35

204 Marktarchiv Murnau, A XI 1699–1702 Streit mit Ettal und dem Müller zu Mühlhabing; der Halbach in Marktarchiv Murnau, Ordner 6-4-1-2/3, Vergleich v. 12.7.1806

205 Baumann, S.118 f.

206 BayHStA, Kurbayern Geh. Landesarchiv 1227, fol. 438–440

207 Ober, S.214; Butz, Grafenaschau, S.14. Zum Transport auf dem Moosweg s. Marktarchiv Murnau, A IX Kultivierung des Murnauer Mooses, 30.7.1895; ebd., Regulierung der Ramsach, v. 15.5.1897

208 Ober, S.260; Hruschka, Straßen, S.164

209 BayHStA, GL Fasz. 2896 Nr. 50, v. 24.4.1772

210 BayHStA, PlS.7390; Ober, S.60 f., 344

211 Schlögl, S.39, S.88, Anm. 218

212 BayHStA, GL Fasz. 2896, Nr. 50, Protokoll v. 16.–19.11.1767

213 Marktarchiv Murnau, A VII Bau und Instandhaltung, v. 16. Mai 1872

214 StAM, LRA Gap 105 931, 7.5.1853 zu den umfangreichen Transporten auf dem Weg

215 Krätz/Priesner

216 Krätz/Priesner, S.16

217 Marktarchiv Murnau A VII Bau und Instandhaltung (1785–1934), 28.5.1889

218 StAM, LRA Gap 105 931, v. 7.5.1853, 24.7.1853, 9.8.1853

219 Marktarchiv Murnau A VII, Bau und Instandhaltung (1839–1857)

220 StAM, LRA Gap 105 931, 6.8.1855, 14.10.1855, 6.8.1856, 25.10.1856

221 Ober, S.261

222 Hofer/Hruschka, Die Bahn, S.174, 177

223 StAM, LRA Weilheim Nr. 6612

224 Fünfgelder, S.297–299, 301–303

225 dazu Peter Schwarz

226 Der Weg von Eschenlohe zu den Schwaigen ist zu sehen auf den Flurkarten von 1810, BayHStA, Kartensammlung 44/ SW 26-13 und 44/ SW 26-14; zur neuen Straße StAM, LRA Gap 105 929, v. 2.1.1857

227 StAM, LRA Gap 105 931, v. 13.11. 1857

228 StAM, LRA Gap 105 929

229 Marktarchiv, A VII, Bau und Instandhaltung (1785–1934) v. 27. 5. 1925

230 Hruschka, Straßen, S. 163; z. Ausbau des Kienbergs s. Dussler

231 Hruschka, Straßen S. 163

232 BayHStA, GL Fasz. 2897, Nr. 50

233 BayHStA, GL Fasz. 2897, Nr. 50

234 BayHStA, GL Fasz. 2897, Nr. 50, v. 12.4.1728; v. 22.3.1730

235 BayHStA, GL Fasz. 2897, Nr. 50, v. 3.9.1629; v. 9.1.1741

236 BayHStA, GL Fasz. 2896, Nr. 50, v. 13.6.1770 v. 4.7.1770

237 BayHStA, GL Fasz. 2896, Nr. 50, v. 20.3.1772

238 BayHStA, GL Fasz. 2896, vor allem v. 11.12.1799, v. 14.4.1802

239 Dazu Abel, S. 288 f.; zum Oderbruch Blackbourne, S. 38–53

240 Zusammenfassend dazu W. Müller, S. 24–28

241 Diese Ansicht findet sich noch 1860 beim Verfasser des Physikatsberichts Weilheim, s. Neubauer, S. 55 f. In der Forschung wurde dieses Thema bereits ausführlich behandelt.

242 Wismüller 1, S. 9; eine Zusammenfassung der Maßnahmen zur Landesverbesserung bei Radlmair/ Plachter/ Pfadenhauer

243 Dazu W. Müller.

244 W. Müller, S. 124; zur Spezifikation der „Öden Gründe" s. StAM, Rentmeisteramt München, Unterbehörden 12 967, v. 19.5.1722

245 BayHStA, KL Ettal 49h, fol. 4-8

246 W. Müller, S. 128 f.

247 Ivo Schneider, S. 54

248 W. Müller, S. 129, 134, 183

249 BayHStA, KL Fasz. 204 Nr. 37, v. 26.4.1773, v. 14.5.1773, v. 15.4.1773

250 BayHStA, KL Fasz. 204 Nr. 37, v. 21.7.1773

251 s. dazu unten

252 Wiesmüller 1, S. 19–27

253 Wiesmüller 1, S. 59 f., 63

254 Dazu Ivo Schneider, S. 55 f

255 Dazu Hoser; F. Koch

256 Marktarchiv Murnau, Nachlass Dr. Haeckel, A I,1, Vorgang Kahlschlag 1950

257 Marktarchiv Murnau, A XI Verteilung der Bartholomä-Möser

258 Marktarchiv Murnau, A XI Verteilung der Bartholomä-Möser, 13.4.1802; dazu Wismüller 2, S. 61

259 Marktarchiv Murnau, A XI Verteilung der Bartholomä-Möser, 13.4.1802

260 Marktarchiv Murnau, A XI Verteilung der Bartholomä-Möser, 26.1.180, Losungsregister 1803

261 StAM, LRA Gap, Nr. 107 139

262 Abel, S. 324; R. Beck, S. 102

263 W. Müller, S. 166

264 StAM, LRA Garmisch, Nr. 107 138

265 Marktarchiv Murnau, A IX Umlagen Register 1735; ebd., Bestand an Rindvieh und Kuhhirtenanlag 1729–1805

266 Baumann, S. 149

267 Marktarchiv Murnau A IX, Moosweide und Weide bei der Galthütte, 24.4.1820; vgl. Gampe

268 Marktarchiv Murnau A IX, Moosweide und Weide bei der Galthütte

269 Marktarchiv Murnau A IX, Moosweide und Weide bei der Galthütte, Regulativ v. 1851, Liste ohne Jahresangabe

270 Marktarchiv Murnau A IX, Verzeichnis des Viehs auf der Moosweide und bei der Galthütte 1835–1869

271 Geiersberger, S. 34

272 Geiersberger S. 34 f.

273 Marktarchiv Murnau, ZA, Ordner 7.005, Abschrift aus dem Grundbuch über die 1846 verteilten Gemeindegründe; dazu auch Geiersberger, S. 33 f.

274 Marktarchiv Murnau, ZA, Ordner 7.005, Abschrift aus dem Grundbuch über die 1846 verteilten Gemeindegründe.

275 Marktarchiv Murnau, ZA, Ordner 6-4-1-2/3, v. 5.7.1806. Der Ödenanger samt Moosweg auf dem Plan BayHStA, Pls. 2161

276 StAM, LRA Gap Nr. 62484, v. 5.10.1912 zu den Anfängen ab 1804. Die Berechnungen beziehen sich auf 2 Anwesen mit einer Hofgröße von ½, die zusammen ca. 70 Stück auftrieben sowie auf 39 Söldner, für die durchschnittlich zwei Tiere, also 78 auf die Weide trieben.

277 StAM, LRA Gap Nr. 107 139, v. 15.10.1823

278 StAM, LRA Gap Nr. 62 490

279 StAM, LRA Gap Nr. 62 490

280 StAM, LRA Weilheim, Nr. 7032 v. 8.9.1851

281 StAM, LRA Gap Nr. 62490 v. 2.9.1851

282 Butz, Grafenaschau, S. 37

283 StAM, LRA Gap, Nr. 106 204, v. 30.6.1865

284 StAM, LRA Gap Nr. 62484, v. 5.10.1912; zu den Konflikten in anderen Orten Oberbayerns s. W. Müller, S. 168–184; zur Verteilung der Weiden in Eschenlohe allgemein Malzer, S. 305–310, S. 404. Die Teilung der Gemeindeweiden im Moos waren 1867 allerdings noch nicht abgeschlossen.

285 StAM, LRA Gap Nr. 62484, v. 3.9.1912, v. 4.9.1912, v. 17.9.1912

286 StAM, LRA Gap Nr. 106 204, 23.10.1861, 13.7.1861

287 StAM, LRA Gap Nr. 106 204, v. 30.6.1865, v. 13.4.1867

288 Marktarchiv Murnau, A IX, Kultivierung des Murnauer Mooses 1837–1932, v. 26.9.1853

289 Marktarchiv Murnau, A IX, Kultivierung des Murnauer Mooses 1837–1932, v. 15.7.1856

290 StAM, LRA Weilheim 7013

291 Marktarchiv Murnau, A IX, Kultivierung des Murnauer Mooses 1837–1932, 24.3.1857, 24.3.1857, 25.3.1857, 28.3.1857

292 Marktarchiv Murnau, A IX, Kultivierung des Murnauer Mooses 1837–1932, v. 24.5.1857

293 Marktarchiv Murnau, A IX, Kultivierung des Murnauer Mooses 1837–1932, 16.12.1862

294 Neubauer, S. 52 f.

295 Zusammenfassend dazu Vasold, S. 33, 224–226

296 Marktarchiv Murnau, ZA, Ordner 6-4-1-2/3, v. 5.7.1806

297 Marktarchiv Murnau, ZA, 6-4-1-2/3, v. 12.7.1806

298 Marktarchiv Murnau, A IX Regulierung der Ramsach, Lindach und Triebbach, v. 10.5.1811; Wolf, Flößerei und Mühlen, S. 18–20

299 Wolf, Flößerei und Mühlen, S. 60

300 StAM, LRA Weilheim, Nr. 9649, Kgl. Forstamt Schongau v. 13.4.1883

301 Wolf, Flößerei und Mühlen, S. 14f.

302 Wolf, Flößerei und Mühlen, S. 11, 14; ders., Flößerei und Trift, S. 40

303 Wolf, Flößerei und Mühlen, S. 15–18; z. Weichser Wehr S. 42–51

304 StAM, LRA Weilheim 9649; ausführlich zu dieser Auseinandersetzung Wolf, Flößerei und Mühlen, S. 56–62

305 StAM, LRA Gap Nr. 106 028, v. 29.1.1865

306 StAM, LRA Gap Nr. 106 028, v. 31.3.1865, v. 31.3.1864

307 StAM, LRA Gap Nr. 106 028, Spezialprojekt über die Korrektion der Ramsach

308 StAM, LRA Gap Nr. 106 028; Marktarchiv Murnau, A IX, Kultivierung des Murnauer Mooses 1837–1932, v. 23.12.1870; s. dazu Wolf, Flößerei und Mühlen, S. 33 f

309 StAM, LRA Gap Nr. 106 028, v. 6.2.1867, 2.2.1868, 17.3.1868, 14.9.1868

310 Zur Realisierung der Arbeiten s. die Einschätzung von Georgii, S. 50. Aufrufe zum Räumen der Ramsach in StAM, LRA Gap, Nr. 106 028; die wasserrechtliche Zuordnung erst 1926, s. ebd., 16.9.1926

311 Dazu zuammenfassend Radlmair/ Plachter/Pfadenhauer, S. 94 f

312 Vollmar, S. 31

313 Marktarchiv Murnau, A IX Regulierung der Ramsach, Lindach und des Triebbach, v. 24.9.1854

314 Marktarchiv Murnau, A IX Regulierung der Ramsach, Lindach und des Triebbaches, 21.4.1861

315 Marktarchiv Murnau, A IX, Kultivierung des Murnauer Mooses 1837–1932, v. 30.7.1895, v. 12.12.1985

316 Marktarchiv Murnau, A IX Kultivierung des Murnauer Moos 1837–1932, v. 1889

317 Grafenaschau mit Fuchsloch und Glashütte, gehörte darüber hinaus ab 14.5.1853 zur Gemeinde Schwaigen und nicht mehr zu Kohlgrub, s. Albrecht, Weilheim, S. 51

318 Marktarchiv Murnau, A IX Regulierung der Ramsach, Lindach und des Triebbaches, 14.4.1884, 15.5.1897, 15.5.1901. Zur Korrektur der Lindach s. a. Wolf, Flößerei und Mühlen, S. 27–31

319 Marktarchiv Murnau, A IX Regulierung der Ramsach, Lindach und des Triebbaches, 1.10.1934, 26.6.1835; Marktarchiv Murnau, ZA, Ordner 6-4-1-2/3; Geiersberger, S. 40 f

320 Neubauer, S. 30

321 Marktarchiv Murnau, A IX, Kultivierung des Murnauer Mooses 1837–1932, Auszug aus dem Grundstückskataster

322 Geiersberger, S. 46

323 Geiersberger, S. 46

324 Fassl, S. 35

4
Eingriffe in das Ökosystem
Seite 114 bis 143

325 Hruschka, Fremdenverkehr, S. 184 f.

326 Dazu Lallinger

327 Max Dingler, „Ein Führer durch den Markt und seine Umgebung", Murnau 1910;
Murnau am Staffelsee. Bayerisches Hochland o. Autor, Murnau o. Dat;
s.a. Murnau am Staffelsee. Bayerisches Hochland, hg. v. Kurbad- und Fremdenverkehrs-Verein Murnau, Murnau (1925/26);
Hruschka, Fremdenverkehr, S. 186–188

328 Vgl. Vollmar, S. 31; Zusammenfassend zu den Auswirkungen der Eingriffe in das Gewässersystem Georgii, S. 52

329 Geiersberger, S. 46 f; das Gutachten d. Kgl. Bayerischen Moorkulturanstalt in Marktarchiv Murnau, ZA, Ordner 7043, v. 20.4.1920

330 Vollmar, S. 32

331 Geiersberger, S. 42 f;
Wolf, Flößerei und Mühlen, S. 22

332 StAM, LRA Gap Nr. 62 326; die Unterlagen der Gemeinde Eschenlohe sind derzeit nicht zugänglich, möglicherweise befinden sich dort noch weitere Hinweise auf die Realisierung des Arbeitsbeschaffungsprogramms, das dann aber nach der Machtübernahme durch die Nationalsozialisten vom Reichsarbeitsdienst übernommen wurde. Zur Entdeckung der Römerstraße durch den Reichsarbeitsdienst s. Heinrich Dingler, Arbeitsdienst findet eine Römerstraße, Völkischer Beobachter 204 v. 23.7.1934,

333 BayHStA, KL Fasz. 204 Nr. 36 zu 1643

334 BayHStA, GL Fasz. 2896 Nr. 50;
Garbsch, Tafel 4/2

335 Garbsch, S. 4

336 Zeitungsartikel v. L. Huber o. Dat (Winter 1940?) im Marktarchiv Murnau, Nachlass Haeckel, A I,1; Christian Schmitz, Über das Vorkommen nutzbarer Fossilien in den bayerischen Alpen, in: Kunst- und Gewerbe-Blatt des polytechnischen Vereins für das Königreich Bayern 28, 28. Jg. H. IV, April 1842, Sp. 292–381, zit. nach Marktarchiv Murnau, ZA, Schlossmuseum Murnau, S. 58

337 Neubauer, S. 37

338 Garbsch, S. 5–10

339 Scharl, S. 26

340 Geiersberger, S. 44; Th. Wagner, S. 13 f

341 BayHStA, MHIG Nr. 5998, 13.8.1938

342 BayHStA, MHIG Nr. 5998, v. 11.10.1937, Genehmigung v. 30.12.1937

343 Geiersberger, S. 44

344 s. unten

345 Scharl, S. 26 f

346 Scharl, S. 29–31

347 StAM, LRA Garmisch, Nr. 62 662, z. Landrat v. 29.6.1939, der die Schließung des Werks aus Gründen der Sauberkeit, des Landschaftsschutzes und aus gesundheitlichen Gründen begrüßte.

348 Scharl, S. 25–27

349 Hölzl, S. 12

350 Dazu Grau und grundsätzlich Hölzl

351 Zur Entstehung der Heimatschutzbewegung Andersen, Heimatschutz; ders./Reinhard Falter, S. 297;
Hölzl, S. 12

352 Hölzl, S. 9

353 Haushofer, S. 4;
Andersen/Falter, S. 297

354 Eigner, S. 110;
Andersen/Falter, S. 299;
Andersen, S. 146 f.

355 Jahresbericht Bayerischer Landesausschuss für Naturpflege Nr. 1 v. 1906, Nr. 6, v. 1911, S. 27, S. 30

356 O. Kraus, S. 20

357 Eigner, S. 43; Jahresbericht Bayerischer Landesausschuss für Naturpflege Nr. 7, 1912, S. 17

358 Jahresbericht Bayerischer Landesausschuss für Naturpflege Nr. 8, 1913, S. 23

359 Hölzl, S. 85

360 BayHStA, ML 3404, hier zu Bayer. Landtag, Tagung 1921/22, Beilage 2107

361 O. Kraus, S. 20–24;
Geiersberger, S. 51

362 Jahresbericht LAN, 19–21, 1924–1926, S. 5

363 Dazu Ade; F. Vollmar, S. 13

364 BayHStA, ML 3405

365 Dingler, gestern,heute, morgen, S. 35;
Geiersberger, S. 51;
Grau, S. 57

366 BayHStA, ML 3405

367 Scharl, Unternehmensgeschichte, S. 27;
Geiersberger, S. 52

368 Klosterarchiv Benediktbeuern, Nachlass Josef Demleitner, Brief des Bund Naturschutz an Demleitner v. 25.5.1929; P. Dr. Franz Schmid sei an dieser Stelle für seine Hilfe gedankt.

369 grundsätzlich Uekötter

370 vgl. Hölzl, S. 120, Anm. 663

371 Hölzl, S. 113

372 Zum RNG zusammenfassend Dirscherl, S. 55

373 RGBl 1935 I, Nr. 68, S. 821–825;
Text auch bei Dirscherl, S. 273–277;
dazu Hasenöhrl, S. 47 f.

374 Hölzl, S. 112

375 Uekötter, S. 10, 15

376 BayHStA, OBB Akten 12716, v. 29.6.1936

377 Hölzl, S. 128 f.;
Dirscherl, S. 174

378 Bll. für Naturschutz 23. Jg., 1940, S. 98 f.

379 Hölzl, S. 113, 117;
zu Seifert umfassend Zeller

380 Bll. für Naturschutz 19. Jg., 1936, S. 136–138;
Hölzl, S. 120 f.;
Zeller, NDB, S. 189

381 Die Akten der Regierung von Obb. sind nach eigenen Angaben für diesen Zeitraum Kriegsverlust, ebenso die Akten der Bayerischen Landesstelle für Naturschutz vor 1945, vgl. dazu die kurze Behördengeschichte im Repertorium, BayHStA

382 Vollmar, S. 13

383 Grundlegend zu Max Dingler s. Litten; zu seinen Aufenthalten im Murnauer Moos und der Mitgliedschaft in der Bayerischen Landesstelle für Naturschutz s. d. Personalakt BayHStA, MK 44630.
Die Beiträge Max Dinglers in der Münchner Feldpost. Heimatblätter für die Frontsoldaten des Gaues München-Oberbayern finden sich in den Jahren 1942–1944; Prof. Edith Reim sei an dieser Stelle für ihren Hinweis gedankt.

384 Schlossmuseum Murnau, Nachlass Max Dingler, Inv. Nr. 11995, 82, Rede zum 60sten Geburtstag Max Dinglers am 14. Mai 1943. Barbara Wehrmann sei an dieser Stelle herzlich für ihre hilfreichen Hinweise zur Aktenlage gedankt.

385 Zu Edith Ebers s. Hölzl, S. 119, Anm. 660

386 E. Ebers, S. 55

387 z. Landrat Wiesend Hölzl, S. 127

388 Vgl. Fluhr-Meyer

389 BayHStA, ML 3406, Landesplanungsbehörde v. 12.10.1939, Abschnitt „Abbau der verschiedenen Kögel"

390 Marktarchiv Murnau, ZA, Ordner 3033, Wirtschaftliches aus dem Murnauer Moos

391 Marktarchiv Murnau, ZA, Ordner 3033, v. 2.7.1937; v. 17.8.1937

392 Marktarchiv Murnau, ZA, Ordner 3033, Bgm. Murnau v. 7.2.1938

393 BayHStA, MHIG 5998, v. 28.2.1938; v. 13.8.1938

394 BayHStA, MHIG 5998, v. 29.5.1941; v. 28.2.1938

395 BayHStA, MHIG 5998, Staatsministerium d. Innern v. 28.10.1937

396 BayHStA, MHIG 5998, v. 28.2.1938

397 BayHStA, MHIG 5998, v. 28.2.1938

398 BayHStA, MHIG 5998, v. 13.8.1938

399 Die §§ 5 und 19 verweisen auf die Tätigkeit der Unteren Naturschutzbehörden, § 13 auf die Eintragung in das Naturdenkmalbuch durch die Untere Naturschutzbehörde.

400 Marktarchiv Murnau, ZA, Ordner 3033, v. 17.9.1938, v. 3.10.1939.

401 Völkischer Beobachter 89 v. 30.3.1939

402 Scharl, Kooperation und Gegnerschaft, S. 123 f.

403 Marktarchiv Murnau, ZA, Ordner 6. 412/3 Ramsach-Instandhaltung ab 1806

404 Scharl, Kooperation und Gegnerschaft, S. 124

405 BayHStA, ML 3406, v. 12.10.1939

406 BayHStA, ML 3406, v. 12.10.1939

407 BayHStA, ML 3406, v. 12.10.1939

408 BayHStA, ML 3406, v. 12.10.1939

409 BayHStA, ML 3406, v. 12.10.1939

410 BayHStA, ML 3406, v. 23.10.1939; v. 5.12.1939

411 Zur Rolle Görings BayHStA ML 3406, v. 2.1.1941;
Veröffentlichung im Regierungsanzeiger Nr. 217/218 v. 6.8.1940;
s.a. BayHStA, MHIG 5998

412 Marktarchiv Murnau, ZA, Ordner 3033, Niederschrift der Sitzung v. 25.09.1940;
Notiz „Wirtschaftliches aus dem Murnauer Moos";
Murnauer Bürgermeister v. 30.09.1940

413 Marktarchiv Murnau, ZA, Ordner 3033, v. 20.11.1940

414 Marktarchiv Murnau, ZA, Ordner 3033, v. 10.2.1941

415 BayHStA, ML 3406 v. 2.11.1940; ebd., Referat 19 o.Dat.; Staatsminist. d. Inn. v. 1.3.1941

416 BayHStA, ML 3406, Ref. 19 o. Dat; Staatliche Landwirtschaftsstelle und Kreis-Landwirtschaftsschule Weilheim v. 14.3.1941, Reichsminister f. Finanzen v. 29.5.1941

417 BayHStA, MHIG 5998, v. 21.5.1941; Kurznotiz z. Terminänderung; Marktarchiv Murnau, ZA, Ordner 3033, Niederschrift der Sitzung v. 6.6.1941. Eine Zusammenfassung der auf der Sitzung besprochenen Themen liegt sowohl aus dem Minsterium für Handel, Industrie und Gewerbe als auch von der Marktgemeinde Murnau vor. Die Gewichtung dieser Niederschriften ist höchst gegensätzlich, wichtige Themen fehlen jeweils.

418 BayHStA, MHIG 5998, v. 7.6.1941

419 Marktarchiv Murnau, ZA, Ordner 3033 v. Niederschrift der Sitzung v. 6.6.1941; Marktarchiv Murnau, Nachlass Dr. Haeckel, A I, 14, z. 6.6.1941

420 BayHStA, MHIG 5998, v. 7.6.1941; BayHStA, ML 3406, v. 8.4.1942

421 Markarchiv Murnau, Nachlass Dr. Haeckel, A I, 14, z. 6.6.1941; ebd., Dingler v. 17.10.41; vgl. a. Hölzl, S. 124, Anm. 684

422 Marktarchiv Murnau, Nachlass Dr. Haeckel, A I, 14, Seifert v. 21.10.1941

423 Marktarchiv Murnau, Nachlass Dr. Haeckel, A I, 14, Kreisbeauftragter v. 17.10.1941 sowie mehrere Schreiben.

424 Marktarchiv Murnau, Nachlass Dr. Haeckel, A I, 14, Landrat v. 21.10.1941

425 Marktarchiv Murnau, Nachlass Dr. Haeckel, A I, 1, v. 11.6.1943

426 Scharl, Unternehmensgeschichte, S. 44

427 Hruschka, Verkehrs- und Kommunikationswesen, S. 164 f; z. Linienführung der Reichsautobahnen Zeller; z. Autobahnplanung BayHStA, ML 3406, Landesplanungsbehörde v. 12.10.1939

428 Scharl, Unternehmensgeschichte S. 40 ff; dies., Chronik, S. 22

429 Scharl, Unternehmensgeschichte, S. 44

5
Das neue Umweltbewusstsein

Seite 144 bis 177

430 Marktarchiv Murnau, Nachlass Dr. Haeckel, A I,1, ZA v. Dr. L(eopold) Huber o. Dat (wohl Winter 1940); Naturschutzvergehen v. 31.1.1948; z. Oflag VII A S. Hruschka, S. 112 f., S. 118 f.; grundsätzlich Martin Lohmann, Alpenblick hinter Stacheldraht. Das polnische Offziersgefangenenlager VII A in Murnau 1939–1945, hg. v. Hist. Verein Murnau a. Staffelsee e.V., München 2017

431 Hochlandbote 1, 4.1.1947; Geiersberger, S. 47

432 Marktarchiv Murnau, Nachlass Dr. Haeckel, A I, 1, Landrat v. 2.4.1946, v. 28.5.1946; 28.4.1947; Gutachten Haeckels zum Torfwerk o. Dat; Geiersberger, S. 47

433 Marktarchiv Murnau, ZA, Ordner 3033, Gemeinderat Murnau v. 22.1.1951

434 Geiersberger, S. 47

435 „Von Kopf bis Fuß voll Dreck" Elisabeth und Feilx Huber erzählen vom Torfstich im Murnauer Moos, ZA Marktarchiv Murnau, Stw. Torfstich

436 Marktarchiv Murnau, ZA, Ordner 3033, Gemeinderat Murnau v. 22.1.1951; Landratsamt Garmisch-Partenkirchen v. 28.3.1951

437 Marktarchiv Murnau, ZA, Ordner 7043, v. 25.1.1959, v. 11.2.1959

438 Geiersberger, S. 49

439 Rede Ingeborg Haeckel 15.11.1994, aus: Gerti Fluh-Meyer, Dr. Ingeborg Haeckel - Pionierin

440 Engels, S. 383

441 Engels, S. 366, 386

442 Engels, S. 388

443 Marktarchiv Murnau, Nachlass Dr. Haeckel, A I,1, Landratsamt Weilheim v. 2.7.1946, v. 5.5.1947

444 Marktarchiv Murnau, Nachlass Dr. Haeckel, A I,1, Anfrage f. Innenministerium v. 32.1.1948; mehrere Listen von Pflanzenraub und -zerstörung

445 Marktarchiv Murnau, Nachlass Dr. Haeckel, A I,1, v. 31.1.1948

446 Marktarchiv Murnau, ZA, Ordner 3033, v. 24.6.1947

447 Marktarchiv Murnau, Nachlass Dr. Haeckel, A I,1, o.Dat.

448 Marktarchiv Murnau, Nachlass Dr. Haeckel, A I,1, Aufsatz v. 3.2.1949

449 Marktarchiv Murnau, Nachlass Dr. Haeckel, A I,1, Zusammenstellung v. 1949; Dingler, gestern, heute, morgen, S. 33; zusammenfassend a. Georgii, S. 52; z. Moosberg Marktarchiv Murnau, ZA, Stw. Moosberg, ZA v. 7.3.52

450 Scharl, Kooperation, S. 125

451 Schongauer Anzeiger, Hochlandbote, v. 4. Juni 1949, S. 6, Max Dingler, Sirenen am Langen Köchel

452 Schongauer Anzeiger, Hochlandbote, Nr. 67 v. 11. Juni 1949, Der Fabelerzähler am Langen Köchel

453 Schongauer Anzeiger, Hochlandbote, Nr. 67 v. 11. Juni 1949

454 vgl. Lanzinner, S243 f.; z. Kontroverse Arbeitsplätze gegen Naturschutz vgl. Scharl, Kooperation, S. 126

455 Marktarchiv Murnau, Nachlass Dr. Haeckel, A I,1, 24.1.1951; Scharl, Unternehmensgeschichte, S. 54

456 Marktarchiv Murnau, ZA, Stw. Moosberg, Vortrag Strohwasser 1994

457 Marktarchiv Murnau, Nachlass Dr. Haeckel, A I,1, v. 19.1.1956, v. 1.2.1956

458 Marktarchiv Murnau, ZA, Ordner 3033. Bayerische Staatszeitung 49 v. 1.12.1951

459 Marktarchiv Murnau, ZA, Ordner 3033, ZA o. Dat., Landwirtschaftliches Wochenblatt 6 v. 9.2.1952

460 Marktarchiv Murnau, ZA, Ordner 3033, Anordnung v. 12.2.1951, Verhandlung v. 31.3.1955

461 Zitiert nach Dingler, heute, gestern, morgen, S. 35

462 Dingler, heute, gestern, morgen, S. 36; Dingler, ebd., vermutete, dass zuerst neue Richtlinien für den Erlass von Schutzanordnungen erforderlich waren, was schließlich mit dem Landesstraf- und Ordnungsgesetz im Juni 1958 geschah.

463 Marktarchiv Murnau, ZA, Ordner 3033, Bekanntmachung v. 26.9.1955, v. 30.1.1952

464 Marktarchiv Murnau, ZA, Ordner 3033, v. 6.6.1959

465 Marktarchiv Murnau, ZA, Ordner 3033, v. 6.6.1959; Untere Naturschutzbehörde v. 8.3.1960

466 Marktarchiv Murnau, Nachlass Dr. Haeckel, A I,1, Dingler, Um den Bestand des Murnauer Mooses

467 Pledl, S. 145, 159

468 Georgii, S. 53

469 Geiersberger, S. 35

470 Marktarchiv Murnau, ZA, Ordner 7.005, v. 25.5.1951

471 Marktarchiv Murnau, ZA, Ordner 7.005, 1. Bürgermeister v. 29.5.1961

472 Marktarchiv Murnau, ZA, Ordner 7.005, v. 25.5.1951

473 Geiersberger, S. 35

474 Georgii, S. 53

475 Marktarchiv Murnau, ZA, Ordner 7005, Sitzung v. 10.12.1959

476 Marktarchiv Murnau, Ordner 7005, Sitzung v. 10. Dezember 1959

477 Marktarchiv Murnau, Ordner 7006, Amtsblatt d.Reg. v. Obb. Nr. 12, 14. Jg. v. 29.5.1964

478 Vgl. Pledl, S. 159

479 Die Impfung gegen Rauschbrand wurde 1922 entwickelt, S. https://de.wickipedia.org/wiki/Rauschbrand, Zugang am 13.3.2016

480 Marktarchiv Murnau, ZA, Ordner 5115

481 s. oben

482 Marktarchiv Murnau, ZA, Ordner 5115, v. 16.4.1964, v. 19.1.1967

483 Marktarchiv Murnau, ZA, Ordner 7.005, Landratsamt v. 17.3.1970 zu dieser Rechtsform

484 Marktarchiv Murnau, ZA, Ordner 7.005, v. 2.4.1970

485 Marktarchiv Murnau, ZA, Ordner 7.005, v. 2.2.1972

486 Marktarchiv Murnau, ZA, Ordner 7.005, Sitzung v. 23.4.1970

487 StAM, LRA Garmisch 106 028, v. 16.9.1926; Wolf, Flößerei und Mühlen, S. 11

488 Marktarchiv Murnau, ZA, Ordner 6.412/3, v. 18.3.1914, v. 5.6.1914, v. 13.3.1923

489 Wolf, Flößerei und Mühlen, S. 21

490 Wolf, Flößerei und Mühlen, S. 22

491 Marktarchiv Murnau, ZA, Ordner 6.412/3, v. 18.6.1923, 26.11.1930, v. 23.9.1932, v. 21.10.1936, v. 11.1.1939

492 Schneider/Immerz, S. 47–49

493 Marktarchiv Murnau, ZA, Ordner 6.412/3, v. 11.2.1939; Ordner 6.104, v. 30.10.1939

494 Marktarchiv Murnau, ZA, Ordner 6.412/3, v. 11.1.1939, Enteignungsantrag v. 1939

495 Marktarchiv Murnau, ZA, Ordner 6.412/3, v. 16.5.1941; Ordner 6.104, v. 30.10.1939

496 Marktarchiv Murnau, ZA, Ordner 6.104, v. 27.11.1945, v. 27.12.1945, 16.10.1946, v. 26.2.1947

497 Marktarchiv Murnau, ZA, Ordner 6.104, v. 18.1.1946, v. 30.1.1946

498 Marktarchiv Murnau, ZA, Ordner 6.104, v. 13.3.1946, v. 26.2.1947

499 Marktarchiv Murnau, ZA, Ordner 6.412/3, v. 16.6.1948, 31.1.1951

500 Marktarchiv Murnau, ZA, Ordner 6.412/3

501 Marktarchiv Murnau, ZA, Ordner 6.412/3, 29.1.1960; frdl. Mittlg. Reinhold Lehmann, GeökConsult

502 Schneider/Immerz, S. 42; s.a. Georgii, S. 52 zur Zusammenlegung Triftbach mit Schlangenbach

503 Marktarchiv Murnau, ZA, Ordner 6.412/3, Besprechung v. 15.07.1965

504 Vgl. dazu den Plan von Castulus Riedel, BayHStA, PlS. 7390

505 Hruschka, S. 110; frdl.Hinweis Helmut Stuber, dem an dieser Stelle für seine Hilfe gedankt sei.

506 zur Firma Böhmer Pledl, S. 157 f.; z. Kanalisation frdl. Mittlg. Helmut Stuber

507 Marktarchiv Murnau, Nachlass Dr. Haeckel, A I,12, Prospekt der Siedlung

508 Marktarchiv Murnau, ZA Jahresbericht 1966, S. 107, P. 610 Landesplanung, Ortsplanung –Bebauungspläne

509 Marktarchiv Murnau, Nachlass Dr. Haeckel, A I,1, v. 01.10.52; s.a. ebd, Notiz Dingler

510 Marktarchiv Murnau, Nachlass Dr. Haeckel, A I, 4; zu den drei Standorten der Sportfliegergruppe Werdenfels im Murnauer Moos S. Mempel, S. 20

511 Marktarchiv Murnau, Nachlass Dr. Haeckel, A I, 4, Garmischer Tagblatt v. 16.8.1974; Mempel, S. 43

512 Marktarchiv Murnau, Nachlass Dr. Haeckel, A I, 4, v. 9.3.1970; Geiersberger, S. 49 f.

513 Marktarchiv Murnau, ZA, Ordner 9.021

514 Geiersberger S. 50

515 Marktarchiv Murnau, Mappe „Müll", Landratsamt Garmisch 5.12.1973, Bericht Raumordnungsverfahren; Schreiben v. 20.8.1973

516 Geiersberger, S. 50

517 Geiersberger, S. 50

518 Marktarchiv Murnau, Nachlass Dr. Haeckel, A I,3, v. 6.6.1968

519 Marktarchiv Murnau, Nachlass Dr. Haeckel, A I,3, 7.9.1969, 23.4.1968

520 Marktarchiv Murnau, Nachlass Dr. Haeckel, A I,3, 8.6.1967; ebd., A I,20, Brief v. 17.3.1981 Geiersberger, S. 50

521 Scharl, Kooperation, S. 128 f.

522 Marktarchiv Murnau, Nachlass Dr. Haeckel, A I,3, Kreisbeauftragter f. Naturschutz v. 1.3.1971; Gutachten v. 15.6.1971

523 Marktarchiv Murnau, Nachlass Dr. Haeckel, A I,3, Geschäftsführer BN v. 17.3.1971

524 Marktarchiv Murnau, Nachlass Dr. Haeckel, A I,3, Geschäftsführer BN v. 17.3.1971, Landratsamt v. 25.10.1971

525 Scharl, Kooperation, S. 129

526 Scharl, Kooperation, S. 130

527 Scharl, Kooperation, S. 130 f.

528 Geierberger, S. 44

529 Marktarchiv Murnau, Nachlass Dr. Haeckel, A I,5, v. 9.3.1955

530 Marktarchiv Murnau, Nachlass Dr. Haeckel, A I,2, v. 4.9.1973

531 Marktarchiv Murnau, ZA Moosberg, 2.7.1987

532 Marktarchiv Murnau, ZA Moosberg, MurnauerTagblatt v. 3.2.1994, 11.3.94, v. 19./20. 12.1992; Geiersberger, S. 44

533 Scharl, Kooperation, S. 130

534 Hasenöhrl, S. 112, 58

535 Hasenöhrl, S. 58, 112, 262, 272 f.; Scharl, Kooperation, S. 129

536 Garmisch-Partenkirchner Tagblatt v. 2.April 1980, darin: Amtsblatt für den Landkreis Gap Nr. 13 (Verordnungsblatt 14. März, tritt am 15. März in Kraft)

537 Geiersberger, S. 50, 52; Murnauer Tagblatt v. 25.11.1986

538 Alfred Wagner/Ingrid Wagner, S. 1

539 Marktarchiv Murnau, ZA, Ordner 7.006

540 Kühn, S. 85

541 Georgii, S. 53

QUELLEN
TEIL I

Christine Rädlinger

Kultivierte Wildnis

Geschichte des Murnauer Mooses

Bayerisches Hauptstaatsarchiv
(BayHStA)

Gerichtsurkunden (GU)
Murnau

Gerichtsliteralien (GL)
Fasz. 2896 Nr. 50, 2897

Kartensammlung
44/ SW 26–13; 44/ SW 26 –14

Klosterliteralien (KL)
Ettal 49h

KL Faszikel: Fasz. 199 Nr. 26; Fasz. 204 Nr. 36, Nr. 37; Fasz. 205 Nr. 40, Fasz. 206 Nr. 41; Fasz. 210, Nr. 50; Fasz. 2898 Nr. 51

Kultusministerium (MK)
44630, 5998

Kurbayern Geh. Landesarchiv 1227

Ministerium für Handel, Industrie und Gewerbe (MHIG) Nr. 5998

Oberste Baubehörde (OBB)
Akten 12716

Plansammlung (Pls)
2161, 7390

Staatsministerium für Landwirtschaft (ML)
3404, 3405, 3406

Marktarchiv Murnau
(MaM)

A VII Bau und Instandhaltung

A IX Bestand an Rindvieh und Kuhhirtenanlag 1729–1805

- Grabenmachen im Moos
- Kultivierung des Murnauer Mooses
- Kultivierung des Murnauer Mooses 1837–1932
- Moosweide und Weide bei der Galthütte
- Regulierung der Ramsach
- Regulierung der Ramsach, Lindach und Triebbach
- Umlagen Register 1735
- Verbot des Moosabbrennens Herzog Wilhelms
- Verzeichnis des Viehs auf der Moosweide und bei der Galthütte 1835–1869

A XI Abschriften von Tauschverträgen über die beiden Güter Rollisch und Ramsach (1451–1479)

- Differenzen wegen Weide, Holz- und Besitzrechte
- Differenzen mit Auswärtigen
- Differenzen mit Ettal
- Differenzen mit Ettal wegen der Rolisch- und Ramsachlüsse
- Fischer- und sonstige Differenzen mit Ettal und dem Ettalischen Müller zu Mühlhabing (1710–1738)
- 1699–1702 Streit mit Ettal und dem Müller zu Mühlhabing
- Verleihung und Verlosung Gemeindegründe
- Verteilung der Bartholomä-Möser

Flurnummernpläne

Mappe „Müll"

Nachlass Dr. Haeckel:
A I, 1; A I,2; A I,3; A I,5

Urkunden

Urkunden Abschriften

Zeitungsartikel

Marktarchiv Murnau Zwischenarchiv (ZA)

Jahresbericht 1966

Ordner 3.033, 5.115, 6.104, 6.412/3, 7.043, 7.005, 7.006, 9.021

Schlossmuseum Murnau
(SchlMM)

Nachlass Max Dingler, Inv. Nr. 11995/ 82

Staatsarchiv München
(StAM)

Landratsämter (LRA)

- Garmisch-Partenkirchen (Gap) 62 326, 62 484, 62 490, 62 662, 105 929, 105 931, 106 028, 106 204, 107 138, 07 139
- Weilheim 6612, 7013, 7032, 9649
- Plansammlung (Plg) 536
- Rentmeisteramt München, Unterbehörden 12 967

Staatliche Graphische Sammlung
(SGS)

Bayerisches Landesamt für Denkmalpflege
(BLFD)

Gedruckte Quellen

Brevium Exempla ad describendas res ecclesiasticas et fiscales, bearbeitet von Alfred Boretius und Victor Krause, in: Monumenta Germaniae Historica. Capitularia regum Francorum, Hannover 1883 (Nachdruck 1984), S. 250–256

Monumenta Boica Band 7, hg. v. d. Akademie der Bayerischen Wissenschaften, München 1766

Monumenta Boica Band 16, hg. v. d. Akademie der Bayerischen Wissenschaften, München 1795

Monumenta Boica Band 34 b, hg. v. d. Akademie der Bayerischen Wissenschaften, München 1845

ANMERKUNGEN
TEIL II

Sabine Tappertzhofen

Vegetationsgeschichte im Murnauer Moos

1 Peters 2009
2 Poschlod 2015, S. 41 f.
3 Küster 2013, S. 65
4 Peters 2009
5 Peters 2009, S. 550
6 Ellenberg 1982
7 Harari 2013
8 Schneider 2017, S. 151–158
9 Peters 2009
10 Poschlod 2015, S. 31 f.
11 Küster 2013, S. 70
12 Peters
13 Wührer 2002
14 Pollendiagramm in Peters 2009, S. 550
15 Küster 2013, S. 113
16 Küster 2013, S. 122
17 Küster 2013, S. 124
18 Küster 2013, S. 126
19 Peters 2009
20 Amei Lang, 1996, S29 f.
21 Küster 2013, S. 128
22 Weber in Peters 2009
23 Küster 2013, S. 133
24 Poschlod 2015, S. 39 und 54
25 Küster 2013 , S.164
26 Joris Peters S.184
27 Peters 2009
28 Poschlod 2015, S. 54
29 Küster 2013 , S.156
30 Poschlod 2015 und Reicholf
31 Poschlod 2015, S. 67
32 Küster 2013, S. 169
33 Wagner 2000, S. 47
34 vgl. S. 21 und 28
35 Poschlod 2015, S. 38 und 81 ff.
36 vgl. S. 21 und 25
37 Küster 2013, S. 195
38 Georgii, in Wagner 2000, S. 48; s. ebd. zum folgenden
39 Strohwasser
40 Dingler 1943, S. 59
41 Wagner 2000, S. 51
42 1992 in Weber 1999
43 GV/ha bedeutet Großvieheinheiten je Hektar, wobei eine GV einer milchgebenden Kuh entspricht. Bei 0,3 GV steht also eine Kuh auf 3,3 Hektar (13.000 qm) Land, während heute eine Kuh auf 0,1 bis 0,5 ha (1.000 bis 5.000 qm) steht.
44 Wagner 2000, S. 51

LITERATUR
TEIL I

Christine Rädlinger

Kultivierte Wildnis

Geschichte des Murnauer Mooses

Wilhelm Abel
Geschichte der deutschen Landwirtschaft vom frühen Mittelalter bis zum 19. Jahrhundert, Stuttgart 1978 (3. Auflage)

Albert Ade
Ein Ausflug ins Murnauer Moos, Bll. für Natur und Naturpflege 8, 1925

Dieter Albrecht
Das Landgericht Weilheim, Historischer Atlas von Bayern I,4, München 1952

Dieter Albrecht
Die Klostergerichte Benediktbeuern und Ettal, Historischer Atlas von Bayern I,6, München 1953

Arne Andersen
Heimatschutz. Die bürgerliche Naturschutzbewegung, in: F.J. Brüggemeier/Th. Rommelspacher (Hg.), Besiegte Natur. Geschichte der Umwelt im 19. und 20. Jahrhundert, München 1987, S. 143–158

Arne Andersen /Reinhard Falter
„Lebensreform" und „Heimatschutz", in F. Prinz/M. Krauss (Hg.), München–Musenstadt mit Hinterhöfen, München 1988, S. 295–299,

Mark Bankus
Archäologische Erforschung der frührömischen Holz-Kies-Straße, in: Die Frührömische Holz-Kies-Straße im Eschenloher Moos, hg. v. Werner Zanier (Münchner Beiträge zur Vor- und Frühgeschichte Bd. 64) Bayerische Akademie der Wissenschaften, München 2017, S. 13–63

Simon Baumann
Geschichte des Marktes Murnau, Murnau 1855 (Neudruck 1984)

Rainer Beck
Ebersberg oder das Ende der Wildnis. Eine Landschaftsgeschichte, München 2003

David Blackbourne
Die Eroberung der Natur. Eine Geschichte der deutschen Landschaft, München 2006

Blätter für Naturschutz
19. Jg., 1936

Blätter für Naturschutz
23. Jg., 1940

Georg Buchner
Ortsnamen im Werdenfelser Land, OA 62, 1921, S. 131–163

Ortrud Bürger
Prähistorische Landschaftskunde am Fallbeispiel Pestenacker. Pollenanalytische Untersuchungen zur Vegetations- und Siedlungsgeschichte im Altmörengebiet zwischen Lech- und Isar (Bayerisches Alpenvorland), Diss. München 1995

Hans Butz
Grafenaschau. Geschichte einer ehemaligen Ettaler Klosterschwaige, Typoskript 1976

Hans Butz
Vorder- und Hinterbraunau, Apfelbichel und Plaiken. Geschichte ehemaliger Klosterschwaigen, 1978, Typoskript im Marktarchiv Murnau

Wolfgang Czysz/Karlheinz Dietz/Thomas Fischer/Hans-Jörg Kellner
Die Römer in Bayern, Hamburg 2005

Edgar Dacqué
Die Geologie der Murnauer Gegend, in: Das Murnauer Moos, hg. v. Max Dingler, München 1943, S.24–28

Karlheinz Dietz
Okkupation und Frühzeit, in: Wolfgang Czysz, Karlheinz Dietz, Thomas Fischer, Hans-Jörg Kellner, Die Römer in Bayern, Hamburg 2005

Roman Deutinger
Wie die Baiern Christen wurden, in: Hubert Fehr/Irmtraut Heitmeier, Die Anfänge Bayerns. Von Raetien und Norikum zur frühmittelalterlichen Baiovaria, St. Ottilien 2014, S. 613–633

Gertrud Diepolder
Grundzüge der Siedlungsstruktur, in: Die Bajuwaren. Von Severin bis Tassilo 488–788, Katalog z. Landesausstellung Bayern/Salzburg 1988, S. 168–179

Karlheinz Dietz
Okkupation und Frühzeit, in: Wolfgang Cysz/Karlheinz Dietz/Thomas Fischer/Hans-Jörg Kellner, Die Römer in Bayern, Stuttgart 1995, S. 18–100

Max Dingler
Die Tierwelt des Murnauer Mooses, in: Max Dingler (Hg.), Das Murnauer Moos, München 1943 (2. Auflg.), S. 61–73

Max Dingler
Das Murnauer Moos – gestern, heute, morgen. Ein Ruf an das öffentliche Gewissen, in: Jb. d. Vereins z. Schutz der Alpenpflanzen und -tiere, 1960, 25. Jg.

Max Dingler
Um den Bestand des Murnauer Mooses, o. Dat.

Stefan Dirscherl
Tier- und Naturschutz im Nationalsozialismus. Gesetzgebung, Ideologie und Praxis, Göttingen 2012,

Philippe Dollinger
Der Bayerische Bauernstand vom 9. bis zum 13. Jahrhundert, hg. v. Franz Irsigler, München 1982

Angela von den Driesch/Henriette Manhart
Schloss Murnau. Die Tierknochenfunde (13.–18. Jahrhundert), in: Schloss Murnau. Ein Bauwerk der Stauferzeit und seine Geschichte, hg. v. Schlossmuseum Murnau (= Forschungen zur Archäolgie und Baugeschichte des Mittelalters und der Frühen Neuzeit 1), Murnau 1994, S. 280–291

Hildebrand Dussler
Geschichte der Ettaler Bergstraße (= Mohr, Löwe, Raute 5), 1997

Edith Ebers
Aufgaben der Geologie von heute im Naturschutz, Bll. für Naturschutz, 22. Jg., 1939, S. 54–57

Konrad Elmshäuser
Untersuchungen zum Staffelseer Urbar, in: Strukturen der Grundherrschaft im Frühen Mittelalter, hg. v. W. Rösner, Göttingen 1989, S. 335–370

Hubert Engelbrecht
Zur Geologie des Langen Köchels im Murnauer Moos, in: Industrie und Natur, Zur Geschichte des Hartsteinwerks Werdenfels im Murnauer Moos, hg. v. Schlossmuseum Murnau , Bonn 2000, S. 11–22

Gottfried Eigner
Naturpflege in Bayern, München 1908

Jens Ivo Engels
„Hohe Zeit" und „dicker Strich": Vergangenheitsdeutung und -bewahrung im westdeutschen Naturschutz nach dem Zweiten Weltkrieg, in: J. Radkau/F. Uekötter, Naturschutz im Nationalsozialismus, Frankfurt a. Main/New York 2003, S. 363–404

Stefan Esders
„Öffentliche" Abgaben und Leistungen im Übergang von der Spätantike zum Frühmittelalter: Konzeption und Befund, in: Von der Spätantike zum Frühen Mittelalter: Kontinuitäten und Brüche, Konzeptionen und Befunde, hg. v. Theo Kölzer/Rudolf Schieffer, (VF LXX) Ostfildern 2009, S. 189–245

Peter Fassl
Land-Energie-Klima, in: Peter Fassl/Otto Kettemann (Hrsg.), Mensch und Moor. Geschichte der Moornutzung in Bayern, Kronburg-Illerbeuern 2014, S. 25–39

Max Fastlinger
Die wirtschaftliche Bedeutung der bayerischen Klöster in der Zeit der Agilolfinger, Freiburg 1902

Ludger Feldmann
Erd- und Landschaftsgeschichte, in: Markt Murnau am Staffelsee. Beiträge zur Geschichte Bd. 1, hg. v. Markt Murnau am Staffelsee, Bonn 2002, S. 16–26

Thomas Fischer
Spätzeit und Ende, in: Wolfgang Cysz/Karlheinz Dietz/Thomas Fischer/Hans-Jörg Kellner, Die Römer in Bayern, Stuttgart 1995, S. 358–405

Thomas Fischer
Von den Römern zu den Bajuwaren, ebd., S. 405–415

Konrad Fünfgelder
Die Kohlengruben „Schwarzerde", „Echelsbach" „Gottes Gnade" und Sankt-Martins-Zeche". Die Geschichte kleiner Pechkohle Abbaustätten im Pfaffenwinkel, in: Lech-Isar-Land 2016, S. 279–307

Gertrud Fluhr-Meyer
Dr. Ingeborg Haeckel (1903–1944) Kämpferin für das Murnauer Moos und Pionierin der Umweltbildung, Blätter zur Bayerischen Naturschutzgeschichte, hg. v. Bayerischen Akademie für Naturschutz und Landschaftspflege, München 2007

Gertrud Fluhr-Meyer
Dr. Ingeborg Haeckel–Pionierin der Umweltbildung und Kämpferin für das Murnauer Moos, in: Schönere Heimat 104 Jg., H. 2, 2015, S. 147

Charlotte Gampe
Murnauer Jungvieh auf der Bäckenalpe, Historischer Verein Murnau am Staffelsee e.V., Jahrbuch 1995, S. 177–181

Jochen Garbsch
Der Moosberg bei Murnau, (Veröffentlichungen der Kommission zur Archäologischen Erforschung des Spätrömischen Rätien, 6), München 1966

Hansjakob Gebhart
Staffelsee-Chronik, Murnau 1931

Ingrid Geiersberger
Das Murnauer Moos, in: Markt Murnau am Staffelsee. Beiträge zur Geschichte Bd. 1, hg. v. Markt Murnau am Staffelsee, Bonn 2002, S. 26–58

Bertram Georgii
Geschichtliche Nutzung aus der Sicht des Naturschutzes, in: Alfred Wagner, Ingrid Wagner, Bertram Georgii, Pflege- und Entwicklungsplan Murnauer Moos, Moore westlich des Staffelsees und Umgebung, Endbericht Februar 2000, (= unveröff. Gutachten im Auftrag des Landkreises Garmisch-Partenkirchen, Unterammergau und Ettal), S. 46–54

Bernhard Grau
Naturdenkmalpflege–Die Anfänge des Naturschutzes in Bayern im 19. Jahrhundert in Bayern, in: Entdeckungsreise Vergangenheit. Die Anfänge der Denkmalpflege in Bayern (hg. v. Gerhard Hetzer/Michael Stephan), München 2008, S. 43–65

Albrecht Greule
Stafulon, in Reallexikon der Germanischen Altertumskunde Bd. 29, Berlin/New York 2005, S. 485

Sebastian Grüninger
Die Suche nach dem Herrenhof: Zur Entwicklung der Grundherrschaft im frühmittelalterlichen Bayern, in: Gründerzeit. Siedlung in Bayern zwischen Spätantike und frühem Mittelalter, hg. v. J. Haberstroh/I. Heitmeier, St. Ottilien 2019, S. 659–691

Brigitte Haas-Gebhard
Archäologische Ausgrabungen auf der Insel Wörth im Staffelsee, in: Dedicatio. Hermann Dannheimer zum 70. Geburtstag, Kallmünz/OPF. 1999, S. 140–162

Brigitte Haas-Gebhard
Die Insel Wörth im Staffelsee. Römische Befestigung, Frühmittelalterliche Kloster, Pfarrkirche, hg. v. d. Archäologischen Staatssammlung München und dem Bayerischen Landesamt für Denkmalpflege, Stuttgart 2000 (Führer zu den archäologischen Denkmälern in Bayern, Oberbayern 2)

Brigitte Haas-Gebhard
Unterhaching - Eine Grabgruppe der Zeit um 500 n. Chr., in: H. Fehr/I. Heitmeier, Die Anfänge Bayerns. Von Raetien und Norikum zur frühmittelalterlichen Baiovaria, St. Ottilien 2014, S. 245–273

Brigitte Haas-Gebhard
Staffelsee, in: Germania Benedictina II, 3, Männer- und Frauenklöster der Benediktiner in Bayern 3, München 2014, S. 2231–2240

Jochen Haberstroh
Transformation oder Neuanfang? Zur Archäologie des 4.–6. Jahrhunderts in Südbayern, in: Gründerzeit. Siedlung in Bayern zwischen Spätantike und frühem Mittelalter, hg. v. Jochen Haberstroh/Irmtraut Heitmeier, St. Ottilien 2019, s. in: Gründerzeit. Siedlung in Bayern zwischen Spätantike und frühem Mittelalter, hg. v. J. Haberstroh/I. Heitmeier, St. Ottilien 2019, S. 523–573

Ute Hasenöhrl
Zivilgesellschaft und Protest. Eine Geschichte der Naturschutz- und Umweltbewegung in Bayern 1945–1980, (Umwelt und Gesellschaft 2), Göttingen 2011

Max Haushofer
Der Schutz der Natur, München 1907

Irmtraut Heitmeier
Verkehrsorganisation und Infrastruktur an alpinen Passstraßen im frühen Mittelalter, in: Infrastruktur und Distribution zwischen Antike und Mittelalter, hg. v. Ch. Later/M. Helmbrecht./U. Jecklin-Tischhauser, Hamburg 2015, S. 7–37

Irmtraut Heitmeier
Das „planvolle" Herzogtum. Raumerschließung des 6.–8. Jahrhunderts im Spiegel der Toponymie, in: Gründerzeit. Siedlung in Bayern zwischen Spätantike und frühem Mittelalter, hg. v. J. Haberstroh/I. Heitmeier, St. Ottilien 2019, S.573–659

Josef Hemmerle
Das Bistum Augsburg 1, Die Benediktinerabtei Benediktbeuern, (=Germania Sacra NF 28/1), Berlin/New York 1991

Franz Herzig
Die Hölzer der Ausgrabung 1996 der frührömischen Holz-Kies-Straße, in: Die Frührömische Holz-Kies-Straße im Eschenloher Moos, hg. v. Werner Zanier (Münchner Beiträge zur Vor- und Frühgeschichte Bd. 64) Bayerische Akademie der Wissenschaften, München 2017, S. 97–125

Richard Hölzl
Naturschutz in Bayern von 1905–1945: Der Landesausschuss für Naturpflege und der Bund Naturschutz zwischen privater und staatlicher Initiative, Regensburger Digitale Texte zur Geschichte von Kultur und Umwelt 1, 2005

Manfred Hofer/Marion Hruschka
Die Bahn, in: Markt Murnau am Staffelsee. Beiträge zur Geschichte Bd. 1, hg. v. Markt Murnau am Staffelsee, Bonn 2002, S.174–184

Paul Hoser
Die Donaumooskultivierung und ihre Folgen, in: Umweltgeschichte in der Region (= Forum Suevicum 9), hg. v. R. Kießling/W. Scheffknecht, 2012, S. 205–239

Marion Hruschka
Murnau im Mittelalter und der frühen Neuzeit, in: Markt Murnau am Staffelsee. Beiträge zur Geschichte Bd. 1, hg. v. Markt Murnau am Staffelsee, Bonn 2002, S. 65–80

Marion Hruschka
Weimarer Republik und Nationalsozialismus, S, 94–118

Marion Hruschka
Verkehrs- und Kommunikationswesen, Straßen, in: ebd., S. 163–168

Marion Hruschka
Vom Fremdenverkehr zum Tourismus, in: ebd., S. 184–196

Marion Hruschka
Katholische Kirche in: ebd., S. 196–217

Jahresbericht Bayerischer Landesausschuss für Naturpflege Nr. 1 v. 1906

Jahresbericht Bayerischer Landesausschuss für Naturpflege Nr. 6, v. 1911

Jahresbericht Bayerischer Landesausschuss für Naturpflege Nr. 7 v. 1912

Jahresbericht Bayerischer Landesausschuss für Naturpflege Nr. 8 v. 1913

Jahresberichte des Landesausschuss für Naturpflege LAN) 19–21, 1924–1926

Hermann Jerz
Geologie von Bayern, Teil II: Das Eiszeitalter in Bayern–Erdgeschichte, Gesteine, Wasser, Boden, Stuttgart 1993

Ingrid Jütting
Die ländliche Besiedelung und ihre wirtschaftlichen Grundlagen, in: Die Römer zwischen Alpen und Nordmeer (hg. v. L. Wamser), Germering/München 2000, S. 108–114

P. Josef Kastner
Schweige Weghaus-Eschenlohe, in: Ettaler Mandl, Stimmen aus Abtei-Jung- und Altettal, Jg. 82–1/2, 2003, S. 78–89

Friedrich Koch
Das Donaumoos, in: Peter Fassl/Otto Kettemann (Hrsg.), Mensch und Moor. Geschichte der Moornutzung in Bayern, Kronburg-Illerbeuern 2014, S. 51–67

Gerhard R. Koschade/Marion Hruschka
Kirchliche Kunst, in: Markt Murnau am Staffelsee. Beiträge zur Geschichte Bd. 1, hg. v. Markt Murnau am Staffelsee, Bonn 2002, S. 223–280

Harald Koschik
Ein urnenfelderzeitliches Metallhandwerkerdepot „aus der Gegend um Murnau"– Gedanken zum tatsächlichen Fundort, in: Festschrift für Hermann Dannheimer zum 80. Geburtstag, München 2010, S. 63–67

Otto Krämer
Hydrographie des Murnauer Mooses (1965), in: Das Murnauer Moos. Monographie einer Naturlandschaft, Historischer Verein Murnau am Staffelsee e.V. 1999/2000, S. 135–162

Otto Krätz/Claus Priesner
Die ettalische Glashütte in Aschau, in: Jahresbericht Hist. Verein Murnau 5. Jg. 1984, S. 41–56

Klaus Kratzsch/Stefan Winghart
Das Ramsachkircherl am Murnauer Moos, Weiler i. Allgäu, 2019

Otto Kraus
Vom bayerischen Moorschutz: Das Hochmoor am Kesselsee bei Wasserburg/Inn

Jahrbuch d. Vereins zum Schutze der Alpenpflanzen und -tiere 22, 1957, S. 20–25

Gustav Krauß
Über eiserne Kirchenglocken Oberbayerns, OA 48, 1893/94, S. 522–528

Harald Kühn
Murnau zwischen Moos und Malern, in: Schönere Heimat Jg. 104, 2015/Heft 2, S. 84–96

Hansjörg Küster
Geschichte der Landschaft in Mitteleuropa, München 2010 (4. Auflage)

Josef Lallinger
Dr. August Max Einsele. Gedenkblatt zum hundertsten Geburtstage

Staffelseebote 15. Jg., Nr. 46, 10. Juni 1903

Amei Lang, Ulrich Schultz, Werner Zanier
Die frührömische Holz-Kies-Straße im Moos bei Eschenlohe, in: Mohr, Löwe, Raute 6, 1998, S. 22–41

Amei Lang, Ulrich Schultz, Werner Zanier
Die frührömische Holz-Kies –Straße im Eschenloher Moos. Ein Vorbericht der Grabung 1996, in: Via Claudia. Neuere Forschungen Elisabeth Walde (Hg.) Innsbruck 1998, S. 315–327

Maximilian Lanzinner
Zwischen Sternenbanner und Bundesadler. Bayern im Wiederaufbau 1945–1958, Regensburg 1996

Christian Later
Zur archäologischen Nachweisbarkeit des Christentums im frühmittelalterlichen Baiern, in: Hubert Fehr/Irmtraud Heitmeier, Die Anfänge Bayerns. Von Raetien und Noricum zur frühmittelalterlichen Baiovaria, St. Ottilien 2012, S. 567–611

Liste der Denkmäler und Bodendenkmäler des Bayerisches Landesamts für Denkmalpflege, Reg.bez. Obb., Gap, Eschenlohe, http://geodaten.bayern.de/denkmal_static_data/externe_denkmalliste/html/regbezlist.html, Stand 20.8.2014

Freddy Litten, Max Dingler
Die andere Seite, in: Literatur in Bayern Nr. 43, 1996, S. 10–23

Jürgen Maasberg
Die Almwirtschaft des Klosters Ettal und der umliegenden Gebiete im ehemaligen Klostergrundherrschaftsbezirk in geschichtlicher, wirtschaftlicher und rechtlicher Betrachtung, Diss. Innsbruck 1967

Michael Mackensen
Moosberg, in Reallexikon der Germanischen Alterumskunde 20, 2002, Berlin/New York, S. 232–236

Corinna Malek
Die Moorkultur in Schwaben vor 1800, in: Peter Fassl/Otto Kettemann (Hrsg.), Mensch und Moor. Geschichte der Moornutzung in Bayern, Kronburg-Illerbeuern 2014, S. 39–51

Christian Malzer
Zwischen Mythos und Moderne - Die Ettaler Klosterwälder und ihre Nutzung, in: Die Ettaler Klosterwälder im Wandel der Geschichte. Geschichten gestalten Geschichte, hg. v. K. Pukall, Ettaler Mandl 93, 2018

Guntbert Mempel
50 Jahre Sportfliegergruppe Werdenfels. Eine Chronik. (1960–2000, 2000–2010) überarbeitete Auflage 2010

Helga und Manfred Menke
Das frühmittelalterliche Gräberfeld von Sindolvesdorf/Sindelsdorf, Lk Weilheim-Schongau, Bayerisches Landesamt für Denkmalpflege, Bodendenkmalpflege Bd. 99, Kallmünz 2013

Thomas Meier
Das Kloster im See. Überlegungen zu einem mittelalterlichen Lagetyp, in: Siedlungsforschung. Archäologie–Geschichte–Geographie 27, 2009, S. 113–163

Waltraud Müller
„Zur Wohlfahrt des Gemeinden Wesens". Ein Beitrag zur Bevölkerungs- und Sozialpolitik Max III. Joseph (1745–1777), MBM 133, 1984

Markt Murnau am Staffelsee (Hg.), Schlossmuseum Murnau, Schlossmuseum Murnau o.Dat.

Brigitte Neubauer
Physikatsberichte der Landgerichte Weilheim (1860/61) und Schongau (1858), OA 119, 1995, S. 7–96

Luitgard Ober
Kohlgrub. Eine Ortsgeschichte. Mit besonderer Berücksichtigung der Zeit unter den beiden Klöstern Rottenbuch und Ettal 1295/1330–1803, St. Ottilien 1956

Christof Paulus
Ein karolingisches Güterverzeichnis. Zeugnis für die Bedeutung des Klosters Staffelsee, in: Schönere Heimat 97. Jg. H. 1, 2008, S. 16–21

Joris Peters
Die Haustierhaltung, in: Die Römer zwischen Alpen und Nordmeer (hg. v. L. Wamser), Germering/München 2000, S. 182–188

Michael Peters
Von den Kelten zu den Römern - Eine vergleichende Landesgeschichte zwischen Alpen und Donau, in: Alpen, Kult und Eisenzeit, Festschrift für Amei Lang zum 65. Geburtstag, hg. v. Jennifer M. Baggley/Christian Eggl/ Daniel Neumann/ Michael Schefzik, Rahden 2009, S. 539–565

Michael Peters
Pollenanalytische Untersuchungen im Umfeld der Frührömischen Holz-Kies-Straße, in: Die Frührömische Holz-Kies-Straße im Eschenloher Moos, hg. v. Werner Zanier (= Münchner Beiträge zur Vor- und Frühgeschichte Bd. 64) Bayerische Akademie der Wissenschaften München 2017, S. 125–135

Wolfgang Pledl
Murnau im Königreich Bayern, in: Markt Murnau am Staffelsee. Beiträge zur Geschichte Bd. 1, hg. v. Markt Murnau am Staffelsee, Bonn 2002, S. 80–94

Friedrich Prinz
Frühes Mönchtum im Frankenreich. Kultur und Gesellschaft in Gallien, den Rheinlanden und Bayern am Beispiel der monastischen Entwicklung (4.–8. Jahrhundert) München 1965

Friedrich Prinz
Die innere Entwicklung: Staat, Gesellschaft, Kirche, Wirtschaft, in: Handbuch der bayerischen Geschichte 1, hg. v. M. Spindler, München 1981, S. 352–519

Stefan Radlmair/Harald Plachter/ Jörg Pfadenhauer
Geschichte der landwirtschaftlichen Moornutzung im süddeutschen Alpenvorland, in: Natur und Landschaft, 74 Jg. /3, 1999, S. 91–98

Kurt Reindel
Christentum und Kirche, in: Handbuch der bayerischen Geschichte 1, hg. v. M. Spindler, München 1981, S. 178–189

Wolf Armin von Reitzenstein
Lexikon Bayerischer Ortsnamen, Herkunft und Bedeutung. Oberbayern, Niederbayern, Oberpfalz, München 2013

Adolf Sandberger
Altbayerische Studien zur Geschichte von Siedlung, Recht und Landwirtschaft, München 1985

Ingrid Scharl
Chronologie zur Unternehmensgeschichte, in: Industrie und Natur, Zur Geschichte des Hartsteinwerks Werdenfels im Murnauer Moos, hg. v. Schlossmuseum Murnau , Bonn 2000, S. 22–25

Ingrid Scharl
Unternehmensgeschichte des Hartsteinwerks Werdenfels, in: ebd., S. 25–97

Ingrid Scharl
Kooperation und Gegnerschaft - Zur gemeinsamen Geschichte von Hartsteinwerk und Naturschutz am Langen Köchel, in: ebd., S. 123–133

Michael Schefzik/ Hans P. Volpert
Ausgrabungen in Unterbiberg, Lkr. München 1995 und 2001. Die vorgeschichtlichen Gräber, Siedlungen und das spätantike Gräberfeld am Hachinger Bach, Volkenschwand 2003

Daniel Schlögl
Der planvolle Staat, Raumerfassung und Reformen in Bayern 1750–1800, (Schriftenreihe zur Bayerischen Landesgeschichte 138), München 2002

Ivo Schneider
Joseph von Utzschneider–Vision und Wirklichkeit eines neuen Bayern, Regensburg 2014

Thomas Schneider
Schwemmkegel-Talsohlen- und Moorentwicklung am Alpennordrand im Spät- und Postglazial, Geographica Augustana 1, 2006

Thomas Schneider/Christoph Immerz
Loisachhochwässer und jüngere Entwicklungsgeschichte der Murkegel im Umkreis des Murnauer Mooses, in: Ber. d. Naturwiss. Ver. f. Schwaben e.V., Bd. 110, 2006, S. 40–53

Thomas Schneider/Christoph Immerz
Naturräumliche Ausstattung und Geologisch-Geomorphologische Entwicklung des Murnauer-Moos-Beckens im Spät- und Postglazial, in: Die Frührömische Holz-Kies-Straße im Eschenloher Moos, hg. v. Werner Zanier (= Münchner Beiträge zur Vor- und Frühgeschichte Bd. 64) Bayerische Akademie der Wissenschaften München 2017, S. 135–167

Ulrike Scholz
Steinplattengräber im bayerischen Raum. Archäologisch-historische Studie zu einem frühmittelalterlichen Grabtypus, Universitätsforschungen zur Prähistorischen Archäologie Bd. 92, 2002

Schongauer Anzeiger, Hochlandbote, Jahrgang 1949

Peter Schwarz
Wie es zu machen sei wenn wir die Mutung ganz aufgeben, Historischer Verein Murnau e.V. Jahrbuch 16, 1995, S. 63–89

Bernd Steidl
Einige Aspekte zur Verkehrsinfrastruktur und zu den Vici in Rätien, in: Römische Vici und Verkehrsinfrastruktur in Raetien und Noricum,(=Schriftenreihe des Bayerischen Landesamtes für Denkmalpflege Nr. 15), München 2016, S. 68–84

Wilhelm Störmer
Fernstraße und Kloster. Zur Verkehrs- und Handelsstruktur des westlichen Altbayern im frühen Mittelalter, ZBLG 29, 1966, S. 299–343

Simon Trixl
Von der Frühbronzezeit ins Mittelalter. Der Burgstall bei Hagen und seine bewegte Vergangenheit, in: Der Burgadler 2011, hg. v. Verein zur Erhaltung und Erforschung der Eschenloher Heimatgeschichte, S. 22–35

Frank Uekoetter
The Green and the Brown. A History of Conservation in Nazi Germany, Cambridge 2006

Manfred Vasold
Pest, Not und schwere Plagen. Seuchen und Epidemien vom Mittelalter bis heute, München 1991

Wilhelm Volkert
Staat und Gesellschaft. Erster Teil: bis 1500, in: Handbuch der bayerischen Geschichte 2, hg. v. M. Spindler, München 1988, S. 536–624

Fritz Vollmar
Das Murnauer Moos, in Bll. f. Naturschutz, 1941, 24.Jg./1, S. 13–18

Alfred Wagner/Ingrid Wagner
Aufgabenstellung und Ziele, in: Alfred Wagner, Ingrid Wagner, Bertram Georgii, Pflege- und Entwicklungsplan Murnauer Moos, Moore westlich des Staffelsees und Umgebung, Endbericht Februar 2000, (= unveröff. Gutachten im Auftrag des Landkreises Garmisch-Partenkirchen, Unterammergau und Ettal), S. 1–2

Friedrich Wagner
Das Murnauer Moos in vor- und frühgeschichtlicher Zeit, in: Das Murnauer Moos, hg. v. Max Dingler, München 1943, S. 74–81

Thomas Wagner
Der Moosberg - Murnaus vergessenes römisches Erbe, in: Schriften d. Hist. Vereins Murnau am Staffelsee e.V. Jg. 22, 2004, S. 7–39

Karin Weber
Vegetations- und Klimageschichte im Werdenfelser Land, Augsburger Geographische Hefte 13, 1999

Leo Weber
Die Anfänge des Klosters Buron/Benediktbeuern im frühen 8. Jh. und seine Beziehungen zur Insel Wörth im Staffelsee, in: Jb. d. Vereins für Augsburger Bistumsgeschichte 36, 2002, S. 225–239

Wolfgang Wirth
Gesamtkunstwerk Straße, Die Geschichte des Autobahnpioniers Hans Lorenz, München 2019

Franz Xaver Wismüller
Geschichte der Moorkultur in Bayern 1 (die Zeit bis 1800), München 1909

Franz Xaver Wismüller
Geschichte der Moorkultur in Bayern 2 (die Zeit von 1800–1825), München 1934

Karl Wolf
Flößerei und Trift auf der oberen Loisach, Historischer Verein Murnau am Staffelsee, e.V., Jahrbuch 28, 2011, S. 25–121

Karl Wolf
Flößerei und Mühlen im Murnauer Moos, Historischer Verein Murnau am Staffelsee, e.V., Jahrbuch 29, 2012, S. 9–77

Barbara Wührer
Zur Vor- und Frühgeschichte Murnaus und seiner Umgebung, in: Markt Murnau am Staffelsee. Beiträge zur Geschichte Bd. 1, hg. v. Markt Murnau am Staffelsee, Bonn 2002, S. 58–64

Barbara Wührer
Archäologische Einordnung des Gräberfeldes, in: Helga und Manfred Menke, Das frühmittelalterliche Gräberfeld von Sindolvesdorf/Sindelsdorf, Lk Weilheim-Schongau, Bayerisches Landesamt für Denkmalpflege, Bodendenkmalpflege Bd. 99, Kallmünz 2013, S. 17–28

Werner Zanier
Der Alpenfeldzug 15 v. Chr. und die augusteische Okkupation in Süddeutschland, in: Die Römer zwischen Alpen und Nordmeer (hg. v. L. Wamser), Germering/ München 2000, S. 11–18

Werner Zanier
Der Spätlatène- und frühkaiserliche Opferplatz auf dem Döttenbichl südlich von Oberammergau (Münchner Beiträge zur Vor- und Frühgeschichte Bd. 62) Bayerische Akademie der Wissenschaften, München 2016

Werner Zanier
Die Römische Holz-Kies-Straße im Eschenloher Moos - Eine archäologisch-historische Auswertung, in: Die Frührömische Holz-Kies-Straße im Eschenloher Moos, hg. v. Werner Zanier (Münchner Beiträge zur Vor- und Frühgeschichte Bd. 64) Bayerische Akademie der Wissenschaften, München 2017, S. 167–251

Thomas Zeller
Straße, Bahn, Panorama. Verkehrswege und Landschaftsveränderung in Deutschland von 1930 bis 1990, Frankfurt/New York 2002 (= Deutsches Museum, Beitrr. z. histor. Verkehrsforschung)

Thomas Zeller
Seifert, Alwin, in: NDB Bd. 24, Berlin 2010, S. 189

LITERATUR
TEIL II

Sabine Tappertzhofen

Vegetationsgeschichte im Murnauer Moos

Dingler, Max
Das Murnauer Moos,
Eine kurz gefasste Darstellung
Verlag Carl Gerber München, 1943

Ellenberg, Heinz
Vegetation Mitteleuropas mit den Alpen,
3. Aufl., Stuttgart, Ulmer, 1982

Harari, Yuval Noah
Eine kurze Geschichte der Menschheit,
München, 2013

Küster, Hansjörg
Die Geschichte der Landschaft in Mitteleuropa, Verlag C.H. Beck, 2013

Meyer, Rudolf K.;
Schmidt-Kaler, Hermann
Wanderungen in die Erdgeschichte, Bd. 8,
auf den Spuren der Eiszeit südlich von
München, östlicher Teil, 1997

Miehle, Peter; Haas, Birgit;
Stroh, Katharina; Ulbrich, Guido
Das Klima der Vergangenheit, Landesamt
für Umwelt; Augsburg, 2013

Peters, Michael
Von den Kelten zu den Römern, eine
vergleichende Landschaftsgeschichte
zwischen Alpen und Donau, in: Bagley, J.
et al. (Hrsg.): Alpen, Kult und Eisenzeit;
Festschrift für Amei Lang, Rahden 2009

Poschlod, Peter
Geschichte der Kulturlandschaft, Entstehungsursachen und Steuerungsfaktoren
der Entwicklung der Kulturlandschaft,
Lebensraum- und Artenvielfalt in Mitteleuropa, Ulmer Verlag Stuttgart, 2015

Reichholf, Josef
Eine kurze Naturgeschichte des letzten
Jahrtausends, Fischer Verlag, 2008

Schneider, Thomas
Naturräumliche Ausstattung und Geologisch-Geomorphologische Entwicklung
des Murnauer-Moos-Beckens im Spät- und Postglazial,
in: Die Frührömische Holz-Kies-Straße
im Eschenloher Moos, hg. v. Werner
Zanier (= Münchner Beiträge zur Vor- und Frühgeschichte Bd. 64), Bayerische
Akademie der Wissenschaften München
2017, S. 135–167

Wagner, Alfred, Wagner, I.;
Georgii, B.
Pflege und Entwicklungsplan Murnauer
Moos, Moore westlich des Staffelsees
und Umgebung, Auftraggeber: Landkreis
Garmisch, 2000

Weber, Karin
Vegetations- und Klimageschichte im
Werdenfelser Land, Augsburger Geographische Hefte 13, Augsburg, 1999

Wührer, Barbara
Zur Vor- und Frühgeschichte Murnaus
und seiner Umgebung
in: Hruschka, Marion, Markt Murnau am
Staffelsee, S. 58–64, Murnau, 2002

BILDNACHWEIS

3
Das Loisachtal bei Murnau.
StadtAM, Hist. Verein v. Obb., BS-A-08-30

4
Johann Georg von Dillis
Mooshäusl
MstM, Inv. Nr. 28/334

6
Naturschutzgebiet Murnauer Moos gegen Estergebirge
Foto Waltraud Klammet

8
Torfstiche im Ohlstädter Filz
Foto Waltraud Klammet

10
Simon Warnberger
Gegend bei Schwaiganger
SGS München, Inv. Nr. 14991

12
Molasseriegel zwischen Murnauer Moos und Staffelsee
Luftbild SchlMM

13
Hangabrutsche am Rissberg 2019
Foto Edgar Hohl

14
Überfliegung der 1920er Jahre
BayHStA/Abtlg. IV

15
Überfliegung der 1920er Jahre,
BayHStA/Abtlg. IV

16 oben
Schwarzsee gegen den Heimgarten
Foto Karl Wolf

16 unten
Die Lindach im Oberlauf
Foto Reinhold Lehmann

17 oben
Moosbergsee
Foto Gerhard Klammet

17 unten
Die Rechtach
Foto Reinhold Lehmann

18 oben
Foto Reinhold Lehmann

18 unten
Strukturwechsel Kies-Moor
Foto Reinhold Lehmann

19 oben
Reinhold Lehmann

19 unten
Einer der Quelltöpfe im Moos
Foto Reinhold Lehmann

20
Hellerberg
Foto Edgar Hohl

21
„Veste" Ohlstadt
Foto Thomas Lenhart

22/23
Blick vom Hörnle
Foto Edgar Hohl

25
Römische Straße zwischen Eschenlohe und Grafenaschau
BLFD

26
Das römische Straßensystem im Murnauer Moos auf den Urpositionsblättern
Grafik Franz Schiermeier
Landesamt für Digitalisierung, Breitband und Vermesseung

28
Philipp Apian, Karte des Herzogtums Bayern, 1563 (Auschnitt)

30 oben
Moosbergköchel
BLFD

30 unten
Siedlungsfläche auf dem Moosbergköchel
BLFD

31 oben
Mauerreste der römischen Siedlung auf dem Moosbergköchel
BLFD

31 unten
Südtor der Befestigungsmauer
BLFD

32
Staffelsee mit Insel Wörth
MaM, Leihgabe Verschönerungsverein Murnau e.V.

33
Staffelsee, Postkarte
MaM

34/35
Karte zur alten Salzstraße nach Lindau von Castulus Riedl
BayHStA/Plansammlung Inv.Nr. 6686

36
Hagen
Foto Edgar Hohl

37
Weichs
Foto Edgar Hohl

38
Ludwig Neureuther
Seehausen mit Staffelsee 1802
SGS, Inv. Nr. 622

40
Mühle „Ascha"
Plan (Ausschnitt) von 1699
BayHStA/Plansammlung Inv. Nr. 216)

44/45
Kloster auf der Insel Wörth
BayHSTA/Plansammlung Inv. Nr. 2003

46
Heinrich Bürkel
Murnauer Moos um 145/50
Private Sammlung

48
Postkarte von 1911
MaM/ Leihgabe Verschönerungsverein Murnau e.V.

48
Die alte Glocke der Kirche St. Georg
Foto Thomas Lenhart

50
Plan von ca. 1600
BayHStA/Planslg Inv. Nr. 20583-II

52
Das Gut Weghaus am Weghauser Köchel
Foto Thomas Lenhart

52
Siegel des Heiliggeist Weghauses
BayHStA/Kurbaiern-Urkunden 1818

53
Die Mühle Mühlhabing an der Ramsach
BayHStA/Plansammlung Inv. Nr. 2161

54
Max Joseph Wagenbauer
Ansicht von Murnau
SGS, Inv. Nr. 15187 Z verso

56
Pferde
Foto Franz Schiermeier

57
Bauernhof um 1800
SGS, Inv. Nr.

58
Simon Warnberger
Murnauer Moos
SGS, Inv. Nr. 15182 Z verso

61
Abtransport von Schilfstreu
Foto SchlMM

62/63
Holztransport
BayHStA/Plansammlung Inv. Nr. 2161)

64
Grenzverlauf zwischen den Gemeinden Aschau und Murnau, Plan von 1754
BayHStA/Plansammlung Inv. Nr. 20582-I

66
„Schiff" oder „die Plettn".
Foto MaM

67
Alter Steinbruch am Moosbergköchel in den 1930er Jahren
BLFD

68
Bärenjagd Erzherzog Ferdinands
Wien, KHM-Museumsverband

70
Gewässersystem im Nordteil des Murnauer Mooses 1699.
MaM, Foto Karl Wolf

72
Zusammenfluss von Lindach und Ramsach, Plan von 1699 (Ausschnitt).
MaM, Foto Karl Wolf

73
Ramsach und der 1556 gegrabene Halbach bei der Mühle Mühlhabing auf dem Plan von 1699 (Ausschnitt).
MaM, Foto Karl Wolf

74
Plan von Castulus Riedl 1727/28
BayHStA/Plansammlung Inv. Nr. 20584

76/77
„Mappa Specialis über die Churfürstlichen Land- und Rottstraßen" C. Riedl 1767
BayHStA/Plansammlung Inv. Nr. 7390

78
Glashütte oberhalb von Grafenaschau auf einem Plan von 1754 (Ausschnitt)
BayHStA/Plansammlung Inv. Nr. 20582-I

79
Bahnhof Murnau
Postkarte von 1909 MaM/ Leihgabe Verschönerungsverein Murnau e.V.

79
Bahnhof Murnau
Foto Franz Schiermeier

82/83
Plan des Blauen Angers bei Eschenlohe von 1765
BayHStA/Plansammlung Inv. Nr.20581

84
Gemeindegründe der Gemeinden im Bereich des Murnauer Gemeindelandes, Plan von 1805.
SchlMM, Inv. Nr. 10125

85
Die Murnauer Waldungen 1805
SchlMM, Inv. Nr. 10126

88/89
Blatt Loisach I, Stromatlas von Adrian von Riedl 1806/1808
Bayerische Staatsbibliothek

90
Die Mooskolonie Kleinaschau auf dem Blatt Loisach I, Stromatlas von Adrian von Riedl (Ausschnitt)
Bayerische Staatsbibliothek

91
Aufteilung der Weidegründe zwischen Eschenlohe und Schwaigen 1823
StaM/Planslg Nr. 536

93
Die Murnauer Galthütte am Langen Filz
MaM

94
Mühle Mühlhabing in den 1920er Jahren
Postkarte MaM

95
„Ödenanger" bei der Mühle Mühlhabing ca. 1925
Postkartensammlung Peter König Murnau

96
Katasterplan von 1862/82
MaM)

97
Katasterplan von 1862/82 (Ausschnitt)
MaM

102
Katasterplan von 1862/82 (Ausschnitt)
MaM

103
Holztransport im Winter in den 1920er
StaM/Abgabe Wasserwirtschaftsämter

104
Holztransport im Sommer bei den Schwaigen in den 1920er Jahren.
StaM/Abgabe Wasserwirtschaftsämter

105
Loisachflößer aus Murnau und Hagn
Namen der Flößer von Karl Wolf
MaM

106/107
Korrektur der Loisach bei Hechendorf bis 1870
Wasserwirtschaftsamt Weilheim

108
Wehr bei Weichs
Wasserwirtschaftsamt Weilheim

109
Mühle Mühlhagen in den 1920er Jahren
StaM/Abgabe Wasserwirtschaftsämter

110
Altes Loisachwehr vor dem Ettaler Mandl
MaM

111
Plan für die Korrektur der Lindach 1901
MaM, A IX 1809–1935

114
Christian Ernst Bernhard Morgenstern
Das Murnauer Moos mit Wetterstein-Gebirge 1857
Privatbesitz

115
Postkarte aus Murnau
MaM/ Leihgabe Verschönerungsverein Murnau e.V.

116
Die geplante Entwässerung des Murnauer Mooses 1924
Wasserwirtschaftsamt Weilheim

117 oben
Gruppe von Arbeitern auf der römischen Straße 1934
BLFD

118 unten
Baracken des Reichsarbeitsdienstes in Moosrain
Postkartensammlung Peter König

119 oben
Moosbergköchel vor dem Ettaler Mandl mit beginnendem Abbau, 1930er Jahre
BLFD

110 unten
„Das Römerkastell auf dem Moosberg"
MaM/ Leihgabe Verschönerungsverein Murnau e.V.

120 oben
Der Bau des Silos 1928/29 auf dem Moosbergköchel
SchlMM, Fotoalbum Kohn/Erlangen

120 unten
Bahnschienen auf dem Moosberg
BLFD

121
Gesellschafter des Hartsteinwerks Moosberg
SchlMM

122
Das Brechwerk des Hartsteinwerks am Langen Köchel 1930
SchlMM

122
Der Lange Köchel 1935
SchlMM

124
Ernst Kaiser, Moorlandschaft
SGS München, Inv. Nr. 20954

128 und 129
Rundblick im Murnauer Moos 1924
Wasserwirtschaftsamt Weilheim

132 oben
Abbau des Moosbergs 1935
Foto Gerhard Klammet

132 unten
Sprengung am Moosbergköchel in den 1930er Jahren
BLFD

133
Besuch von Innenminister Adolf Wagner im Hartsteinwerk am Langen Köchel am 4.12.1933
SchlMM

134
Kiebitzgelege und Brachvogel
Fotos Gerhard Klammet

135
Schienen für die Bahn zum Moosberg
BLFD

136
Gesteinsabbau am Moosbergköchel
SchlMM, Fotoalbum Kohn/Erlangen

137
Das projektierte Naturschutzgebiet 1937.
MaM/ZA, Ordner 3033

140
Bau der Olympiastraße bei Spatzenhausen 1934
Staatliches Straßenbauamt Weilheim

141 (2)
Bau der Olympiastraße bei Kerschlach
Staatliches Straßenbauamt Weilheim

144
Josef Weiss, See mit Spirken 1935
SGS München, Inv. Nr. 23

146 (2)
Torfabbau im Langen Filz
SchlMM

148
Der Moosbergköchel 1972
SchlMM

149
Das Hartsteinwerk am Mossbergköchel
SchlMM)

150
Der Lange Köchel 1955
SchlMM

151
Die Werkskantine am Langen Köchel 1952
SchlMM

152
Wohnanhänger, Postkarte
MaM/Leihgabe Verschönerungsverein Murnau e.V.

153 (2)
Postkarte oben: MaM; unten ebd., Leihgabe Verschönerungsverein Murnau e.V.

154
Moosverlosung am „Ähndl"
SchlMM

155
„Strahdrischn"
MaM/Leihgabe Verschönerungsverein Murnau e.V.

157
Kühe, Foto Franz Schiermeier

158
Hochwasser im Murnauer Moos 1924
StaM/Abgabe Wasserwirtschaftsämter

159
Aufladen von Schilfstreu an der Ramsach 1924
StaM/Abgabe Wasserwirtschaftsämter

160
Das mühsame Ausräumen und Ausmähen der Ramsach 1924
StaM/Abgabe Wasserwirtschaftsämter

162 oben
Ramsach südlich der Einmündung der Lindach 1924

162 unten
Lindacheinmündung 1924

163
Ausbaggern der Ramsach 1946/47
MaM

164
Planungen für das „Feierabenddorf" Moosrain
Prospekt MaM/Nachlass Haeckel AI,12

164 unten
Postkartensammung Peter König

165
Lageplan „Feierabenddorf" Moosrain
MaM/Nachlass Haeckel AI,12

166
Der Flugplatz im Lindachmoos
MaM

167
Der Bau der Autobahn München-Eschenlohe 1974
Foto Thomas Lenhart

168
Die Autobahnauffahrten bei Eschenlohe
SchlMM

168 unten
Sprengschüttverfahren
Wolfgang Wirth, Gesamtkunstwerk Straße, 2019
Filmausschnitte mit frdl. Genehmigung von Prof. Wolfgang Wirth

169 oben:
südlicher Teil des Hauptgrabens
Foto Gerhard Klammet

169 unten
Murnauer Moos gegen Aufacker
Foto Gerhard Klammet

170
Sprengung im Hartsteinwerk am Langen Köchel im August 2000
Foto Anita Kuisle

171
Nach Stillegung des Hartsteinwerks
Foto Franz Schiermeier

172 (2)
Das stillgelegte Hartsteinwerk am ehemaligen Moosbergköchel 1984.
Fotos Berthold Tuß

173 (2)
Foto Buchner, Hechendorf
(über Josef Keller, Weindorf) 1994

174 oben
Am Moosgraben
Foto Franz Schiermeier

174 unten
Das Pfingsthochwasser 1999 im Murnauer Moos
MaM

175
Winterstimmung im Murnauer Moos gegen Heimgarten
Foto Waltraud Klammet

176
Undatiertes Luftbild von Murnau und dem Murnauer Moos
MaM

178
Murnauer Moos gegen Wettersteingebirge und Ettaler Mandl
Foto Waltraud Klammet

179
Eiszeitgletscher
Foto und Grafik Franz Schiermeier

180
Mehlprimel
Foto Sabine Tappertzhofen

184
Foto Waltraud Klammet

186
Mehlprimel
Foto Jonas Meyer

187
Der Schwarzsee gegen Hohe Kiste
Foto Karl Wolf

188
Heinzen
Foto Jonas Meyer

189
Foto Sabine Tappertzhofen

191
Foto Sabine Tappertzhofen

Dank

Wie so häufig ist auch dieses Buch mit der tatkräftigen Unterstützung Vieler zustande gekommen.

Mein Dank gilt daher vor allem der Rosner & Seidl Stiftung, durch deren finanzielle Unterstützung die Recherchen durchgeführt und schließlich das Manuskript auch gedruckt werden konnte. Wesentliche Anstöße zum Forschungsthema kamen von Dr. Richard Bauer, der auch bereitwillig verschiedene Thesen mit mir diskutierte. Dafür möchte ich ihm an dieser Stelle ganz besonders danken. Auch meiner Koautorin Dr. Sabine Tappertzhofen, die trotz zahlreicher Verpflichtungen sich die Zeit nahm, einen pflanzenkundlichen Beitrag zu einem historischen Fachbuch zu leisten, möchte ich meinen Dank aussprechen.

Historikerinnen und Historiker sind immer abhängig von der Lage der Quellen. Im Murnauer Marktarchiv war diese ideal und die Quellen wurden mir von Sieglinde Birke und Maria Eckl mit großer Umsicht zugänglich gemacht. Vor allem der bereitwilligen Hilfe von Archivleiterin Dr. Marion Hruschka aber ist es zu danken, dass ich hier nicht den Überblick verlor. Sie widmete mir bereitwillig einen großen Teil ihrer Zeit und von ihr erhielt ich außerdem wertvolle Hinweise zum weiteren Vorgehen. Deshalb sei ihr an dieser Stelle ganz herzlich gedankt. Mein Dank geht außerdem an Dr. Edith Raim, Augsburg, an Helmut Klinner, Mittenwald und Eva Graf, Aachen sowie an Thomas Lenhart für zahlreiche belebende Gespräche und Diskussionen. Waltraud Bergmeister und Helmut Stuber, beide Murnau, brachten mir einige besondere Aspekte des Murnauer Mooses nahe.

Der ehemalige Bürgermeister bzw. Landrat und jetziger Abgeordneter des Landtags Harald Kühn half mit seinem umfassenden Wissen. Auch ihm gilt mein Dank. Unterstützung und Hilfe erfuhr ich auch im Staatsarchiv München; Dr. Christoph Bachmann und Robert Bierschneider möchte ich dafür besonders danken.

Bücher werden durch Bilder erst anschaulich – sowohl die Leiterin des Schlossmuseums Murnau, Dr. Sandra Uhrig, als auch Christine Ickerott-Bilgic unterstützten mich dabei großzügig. Ihnen gilt daher ebenfalls mein ganz besonderer Dank. Danken möchte ich Frau Waltraud Klammet, die mir großzügig eigene Fotos sowie Fotos ihres Vaters Gerhard Klammet für den Druck überließ.

Tatkräftige Unterstützung bei der Bildbeschaffung leisteten auch Karl Wolf und Peter König vom Historischen Verein Murnau. Ihnen sei an dieser Stelle ganz herzlich für ihre Hilfe gedankt. Danken möchte ich darüber hinaus Dr. Markus Hundemer und Dr. Stefan Pongratz im Landesamt für Denkmalpflege für die großzügige und problemlose Bereitstellung von Fotos, sowie den Mitarbeitern im Wasserwirtschaftsamt Weilheim und dem Staatlichen Bauamt Weilheim für ihre Hilfe bei der Suche nach weiteren Bildvorlagen.

Nicht zuletzt geht mein Dank an Franz Schiermeier und Edgar Hohl, die dafür sorgten, dass der fachliche Inhalt dieses Buches eine schöne Hülle erhielt; wieder einmal ist es ihrer Umsicht und Geduld zu danken, dass das Buch überhaupt zustande kam.

Dr. Christine Rädlinger
München, im Oktober 2019

Impressum

Christine Rädlinger

Kultivierte Wildnis
Die Geschichte des Murnauer Mooses

Gestaltung und Satz
Franz Schiermeier, Edgar Hohl
Gesetzt aus der Univers von Adrian Frutiger

Franz Schiermeier Verlag München
München, Oktober 2019
ISBN 978-3-943866-83-4